하느님의 시간 속에 인간의 시간

Original Title : MENSCHENZEIT IN GOTTESZEIT
Author : Egon Kapellari
Copyright : ⓒ 2002 Verlag Styria Graz Wien Köln

Translated by Francis Xavier Ahn
Korean translation copyright ⓒ 2013 by Diocese of Masan, Korea

하느님의 시간 속에 인간의 시간

교회인가 | 2013년 8월 7일
1판 1쇄 찍음 | 2013년 10월 10일
1판 1쇄 펴냄 | 2013년 10월 14일

지은이 | 에곤 카펠라리
옮긴이 | 안명옥/홍성군

펴낸이 | 박현동
펴낸곳 | 들숨날숨
주소 | 718-806 경북 칠곡군 왜관읍 관문로 61(왜관리 134의 1)
전화 | 054-970-2400 · 팩스 | 054-971-0179
www.bundobook.co.kr
출판등록 | 2000년 1월 14일 제2000-5호

ISBN 978-89-939-2645-3 03230
값 12,000원

ⓒ 천주교 마산교구, 2013
이 책은 저작권법에 의해 한국 내에서 보호를 받는 저작물이므로
무단 전재와 무단 복제를 금합니다.

에곤 카펠라리 저 | 안명옥·홍성군 역

하느님의 시간 속에 인간의 시간

전례주년에 따른 여정

들숨날숨

차 례

서문 · *6*
한국어판 서문 · *9*
역자 서문 · *11*

1. **대림절**
   무르익음의 때 · *13*

2. **성탄절**
   구유로부터의 광채 · *85*

3. **사순절**
   기쁨 그리고 십자가 · *129*

4. **부활절**
   생명의 축제 · *167*

5. **성령 강림 대축일**
   쏟아져 내리는 영 · *251*

6. **그리스도의 성체 성혈 대축일**
   신앙의 신비 · *313*

7. **마리아 축일**
   새로운 인간 · *325*

8. **모든 성인 대축일**
   하느님의 작품 · *335*

9. **위령의 날**
   죽은 이들은 어디에? · *339*

서문

시간은 한 개인의 인생 여정에서 뿐 아니라, 시대의 변화 속에서도 다양하게 체험됩니다. 재미와 지루함, 기쁨과 아픔이 시간의 흐름 속에서 서로 교차합니다.

한 시대를 특별하게 각인하는 바를 깊이 감지하고 진술할 줄 아는 시인들은 자기 시대가 담고 있는 고유한 특징을 한마디 말로 표현하곤 하였습니다. 그리하여 프리드리히 횔덜린Friedrich Hölderlin(1770-1843)은 "궁핍한 시대"dürftigen Zeit 혹은 "암울한 시대"bleiernen Zeit에 대해 말했습니다. 마리 루이제 카슈니츠Marie Luise Kaschnitz(1901-1974)는 제2차 세계대전 이후 점점 빠르게 변화했던 수십 년을 "격동의 시대"reißende Zeit라 하였습니다.

사도 바오로는 갈라티아 신자들에게 보낸 서간에서 "충만한 시간"erfüllten Zeit에 대해 말합니다. "때가 차자 하느님께서 당신의 아드님을 보내시어 여인에게서 태어나게 하셨습니다."(갈라 4,4) 하느님께서는 그리스도 안에서 새로운 방식으로 인간 세계에 들어오셨습니다. 그분과의 만남은 사도 바오로가 말한 그대로 세상의 시간을 "그지없이 반가운 시간" hochwillkommene Zeit로 변화시킬 수 있습니다.

교회는 수백 년을 지내오면서 신앙의 작품인 전례주년을 만들어 내었습니다. 그것은 예수 그리스도의 탄생 이후 거쳐 온 2000년의 간격을 뛰어넘어 그리스도인들을 초대합니다. 당시 베들레헴에서의 성탄절과 그리고 예루살렘에서의 부활절과 오순절에 일어났던 일과 "같은 시간"gleichzeitig 이 되게 하는 초대입니다.

교회의 시간을 재는 전례력과 일반사회의 시간을 재는 달력은 그 흐름이 일치하지 않습니다. 하지만 각인하는 힘에서 큰 차이가 있음에도 불구하고, 여전히 오늘날에도 대림절, 성탄절, 사순절, 부활절 그리고 오순절은 깊이 신앙에 뿌리를 내리고 있는 그리스도인들의 영역을 넘어 영향을 미치고 있습니다.

입버릇처럼 쓰고 있는 "나는 시간이 없다."는 말은 우리 시대에 찍힌 하나의 낙인입니다. 그에 비해 노 교육자 페르디난트 바인한들Ferdinand Weinhandl은 "시간을 갖는다는 것은 하느님의 현존 안에서 사는 것을 뜻한다."라고 말했던 적이 있었습니다. 저는 이 말을 40년도 더 전에, 학생이었을 때 그의 강연에서 들었습니다. 저는 지혜로운 이 말이 연사 자신의 말인지 아니면, 당시 독자들에게서 많은 사랑을 받았던 로마노 구아르디니Romano Guardini의 말을 인용한 것인지 알지 못합니다.

하느님께 자신의 삶 속에 자리를 마련해드리는 사람은 시간을, 충만한 시간을 얻습니다. 이 책은 전례주년에 깊이 주의를 기울이면서 그런 충만한 시간을 얻는데 도움이 되도록 염두에 두고 있습니다. 그래서 인간의 시간이 하느님과 함께 하는 시간이 될 것입니다. 이를 두고 부활절 전례에서는 "시간과 영원이 하느님의 것이다." 하고 기도합니다. 부분적으로 절판

되기도 한 대림절, 성탄절, 사순절, 부활절 그리고 오순절에 대한 저의 글들을 뽑아 우선 여기에 한 권의 책으로 모은 다음, 전례주년의 이런 저런 시간들과 날들에 대해 추가적인 글들을 덧붙여 증보하였습니다.

표지 그림은 파리 샤르트르 대성당 바닥에 새겨져 있는 오래된 문양입니다. 꼬인 길들 위에서도 빗나가지 않고 하나의 중심, 갇힌 새장이 아니라 충만한 생명의 장소인 중심으로 인도하는 미로Labyrinth입니다. 그리스도교의 증언에 따르면 이 중심은 그리스도이십니다. 교회는 그분을 가리켜 보이며 그리고 그분께로 인도하고자 합니다.

2002년 1월 6일 주님 공현 대축일에

✝ 에곤 카펠라리
그라즈-세카우 교구 주교

한국어판 서문

이 책이 한국어로 출간되어 저자인 저에게는 기쁨입니다. 아울러 오랫동안 지속되어 오는 마산교구와 그랏즈-세카우 교구 간의 자매결연이 더욱 돈독해지기를 바랍니다.

그리스도인들을 포함하여 사람들은 다양한 방식으로 시간을 체험합니다. 특히 긴 생애를 살아야 하는 사람들의 경우 더욱 그러합니다. 많은 이들에게 시간은 너무 빨리 흘러갑니다. 다른 이들은 지루함 가운데 힘든 시간을 보내기도 합니다. 좋은 시간들과 나쁜 시간들이 서로 뒤바뀝니다. 그리스도인들이 강한 믿음을 가지고 있다면, 궂은 날씨도 견디어낼 것입니다. 그렇지만 햇빛이 나면 당연히 기뻐합니다. 여기서 말하는 해는 우리가 살고 있는 행성인 지구가 전적으로 의존하는 천체의 태양이 아니라, 바로 예수 그리스도이십니다. 예로부터 전해 오는 노래에서는 그분을 "정의의 태양"Sonne der Gerechtigkeit이라고 부릅니다.

유럽에서와 마찬가지로 한국에서도 많은 사람들이 입버릇처럼 "나는 시간이 없다."는 말을 쓰고 있습니다. 그리스도인인 우리가 이 문제를 무시하고 살아갈 수는 없습니다. 우리는 참으로 중요한 것들을 위해 더 많은 시간을 내려고 시종일관 노력함으로써 이 문제를 최소화할 수 있습니다. 이를 테면 가족 구성원을 위해, 친구들을 위해, 가난한 사람들을 위해, 성당에서 교우들을 위해, 그리고 모든 일에서 그 모든 것을 넘어 하느님을 위해, 그분과 대화하기 위해, 그분의 현존 안에서 침묵하기 위해 시간을 내려고 말입니다.

교회는 수백 년을 지나오면서 신앙의 작품인 전례주년을 만들어내었습니다. 그것은 예수 그리스도의 탄생과 삶과 죽음과 부활 이후 흘러간 2000년의 간격을 뛰어넘도록 그리고 그 당시부터 현재로 이어지는 다리를 놓도록 그리스도인들을 초대합니다. 또한 전례주년은 그 당시 일어났던 일과 "동시"gleichzeitig가 되도록 초대합니다. 그러기 위해 우리는 시간을 내어야 합니다. "시간을 갖는다는 것은 하느님의 현존 안에 사는 것을 뜻한다." 이 말을 저는 50년 전 아직 학생이었을 때, 한 노교수님의 강연에서 들었습니다. 하느님께 자신의 삶 속에서 자리를 내어드리는 사람, 그 사람은 시간을 얻고, 충만한 시간을 갖게 됩니다. 이제 한국어로도 펴내지는 이 책이 인간의 시간과 하느님의 시간을 서로 이어주는 전례주년에 대한 깊은 통찰을 통해 그러한 충만한 시간을 얻는데 도움이 되기를 바랍니다.

한국의 독자들과 한국어 번역과 출판을 위해 노고를 아끼지 않은 모든 분에게 감사드리며 하느님의 크신 축복을 기원합니다.

2013년 부활 대축일을 맞이하면서

에곤 카펠라리 주교
그랏즈-세카우 교구장

옮기고 나서

이 책은 오스트리아 그랏츠-세카우 교구장 에곤 카펠라리 주교님의 저서 『하느님의 시간 속에 인간의 시간』을 우리말로 옮긴 것입니다. 오스트리아의 그랏츠-세카우 교구와 한국의 마산교구는 지리적이고 문화적인 간격을 넘어 지난 40여 년 동안 자매결연 관계를 유지하면서, 그리고 다양한 사목 경험과 신앙 체험을 나누면서 살아왔습니다. 2011년에는 에곤 카펠라리 주교님의 저서 『전례와 일상의 거룩한 표징』을 우리말로 옮긴 바 있습니다.

이번에 한국 독자들에게 소개되는 이 저서는 교회의 믿음을 전례주년의 흐름에 따라 살아가는 방법에 눈을 뜨도록 안내합니다. 교회는 수백 년을 지내오면서 전례주년을 만들어내었습니다. 그것은 신앙이 만들어낸 하나의 예술 작품입니다. 전례주년은 2000년이라는 긴 시간이 가져다주는 간격을 뛰어넘도록 그리스도인들에게 보내는 초대에 비유할 수 있습니다. 이 초대는 예수 그리스도의 탄생과 삶, 죽음과 부활이래로 흘러간 시간을 관통하는 초대이고, 동시에 그때부터 오늘이라는 현재를 연결시켜주는 다리이기도 합니다.

이 초대에 제대로 응답하기 위해서는 시간을 마련해야 합니다. 시간을 마련한다는 것은 하느님의 현존 안에 살아간다는 것을 의미합니다. 누군가가 자신의 삶 안에서 하느님께 시간을 마련해 주면, 그는 시간을 얻는 셈입니다. 그것도 충만한 셈을 얻는 셈입니다. 저자는 한국어판으로 번역되어 출판되는 자신의 책이 이러한 충만한 시간을 얻는데 도움이 되기를 소망합니다. 우리 역시 이 충만한 시간을 하느님의 시간과 인간의 시간을 연결시키는 전례주년에 대한 깊은 통찰을 통해 얻게 될 것이라 확신합니다.

교회의 시간을 재는 척도로서 전례주년과 일반사회의 시간을 재는 척도로서의 보통 달력은 그 흐름이 서로 일치하지 않습니다. 전례주년의 흐름에 자신을 맡기면서 충만한 하느님의 시간을 깊이 체험하는 신앙인들이 많이 늘어나기를 기대합니다.

이 책을 우리말로 번역하도록 허락해 주신 카펠라리 주교님과 스티리아 출판사에 감사드립니다. 그리고 번역과 출판을 위해 많은 수고를 아끼지 않으신 차광호 신부님과 공역의 노작에 동참해 주신 창원대학교 홍성군 바오로 교수님과 출판을 위해 수고하신 분도출판사 여러분들에게도 감사드립니다.

2013년 성령 강림 대축일에

마산교구장
안명옥 F. 하비에르 주교

1
대림절
무르익음의 때

대림절의 갈망

구세주 내 주 천주여
당신의 십자 열쇠로
아담의 죄로 닫힌 문
열고서 빨리 오소서

천주여 이슬 내리며
구름을 열고 단비로
굳은 땅 적셔 주소서
야곱의 집에 오소서

대지에 새싹 움트고
산과 들 모두 푸르면
저 꽃이 곱게 피리라
구세주 내려오리라

우리의 위로 천주여
온 세상 고대하오니
고통에 우는 네 백성
어서 와 구원 하소서

(이 대림절 노래는 1622년 30년 전쟁 당시 지어졌다. 이 노래의 지은이인 예수회 신부 프리드리히 슈페 폰 랑엔펠트Friedrich Spee von Langenfeld는 문학사에서 중요한 자리를 차지하고 있다. 그는 『범죄의 우려』Cautio criminalis라는 책을 통해 마녀에 대한 환상을 퇴치하는 데 결정적인 기여를 하였다. 여기서 우리말로는 『가톨릭 성가』 92장 「구세주 내 주 천주여」에서 옮겼다.)

머리말

라틴말에서 유래하는 대림절Advent은 도래를 의미합니다. 아울러 도래에 대한 기다림을 의미하기도 합니다. 기다림은 희망의 표현입니다. 기다림 없는 삶은 단지 연명에 불과합니다.

오늘날 대림절은 거의 성탄절과 관련해서만 언급되고 있습니다. 성탄절을 앞둔 네 주간은 그리스도의 탄생에 대한, 고대하던 메시아의 도래에 대한, 그 첫 대림절에 대한 긴 기다림을 상기시킵니다.

또한 대림절이란 말은 현재로부터 가장 먼 미래에까지, 시간의 끝자락에까지 이어지는 다리를 놓아줍니다.
의식 있는 그리스도인은 대림절의 사람입니다. 그리고 교회는 대림절의 공동체입니다. 교회는 인류의 한 가운데에서 그리스도를 향한 여정에 있으며, 그리스도께서는 모든 길의 끝에서 그분을 향해 순례의 여정에 있는 교회를 그리고 진화해 온 모든 피조물을 기다리십니다. 이 목적지에 도달하게 될 때면, 사도 바오로가 말한 것처럼, 하느님께서는 모든 것 안에 모든 것이 되실 것입니다.

따라서 대림절은 성탄절을 앞둔 시기만이 아닙니다. 교회가 순례의 여정에 있는 한 항상 대림절입니다. 그러나 전례주년의 마지막 주간들과 새로운 시작에서는 다른 어느 때보다도 "마지막 날에 일어날 일들"letzten Dinge이 교회의 기도와 기념일들의 주제가 되고 있습니다.

다음의 텍스트들은 이 주제와 관련한 다양한 글들입니다. 교회 전체는 물론 그리스도인 각자가 자포자기나 혹은 별일 아닌 분주함 속에서 자신을 상실하지 않으려면, 이 주제를 잊지 말아야 할 것입니다.

예언자들 – 성루 위의 파수꾼들

그리스도 탄생 이전 긴 대림 시기 동안 가장 두드러진 인물들 중에 성경에 등장하는 예언자들이 있습니다. 여류시인 넬리 작스Nelly Sachs(1891-1970)의 표현처럼, 그들은 자신들의 말로써 "일상의 영역을 찢고 깊은 상처를 내어" 거룩한 것을 말하도록 부름 받은 사람들입니다. 이 예언자들은 말뿐만 아니라 침묵에서도 위대합니다. 그들은 침묵으로부터, 곧 지리적이거나 실존적인 광야로부터 와서 다시금 그리로 되돌아갑니다. 거기서 하느님의 말씀이 호세야 예언서를 통해 이루어집니다. "이제 나는 그 여자를 달래어 광야로 데리고 가서 다정히 말하리라."(호세 2,16)

그러면 예언자적 침묵과 하느님 말씀에 대한 경청으로부터 하느님의 권능을 받은 예언자의 말이 마치 구름을 뚫고 번쩍이는 번개처럼 내리칩니다. 변화무쌍하게 거칠기도 하고, 화를 내기도 하고, 위협하거나 위로를 주기도 합니다. 하느님과 우상들 사이에서 결단을 촉구하며 "너희가 믿지 않으면 정녕 서 있지 못하리라."(이사 7,9)라고 말합니다. 또한 이 말은 때가 되었을 때 하느님에 의해 실현될 위대한 약속들을 끊임없이 거듭 되풀이합니다. 그 약속들은 무엇보다도 평화, 샬롬, 곧 하느님과의 평화로 살아가는 사람과 사람 사이의 평화를 지향합니다. 장차 다가올 이 평화를 선포하면서 예언자들은 시인들이 됩니다. 예컨대 예언자 미카는 "사람마다 아무런 위협도 받지 않고 제 포도나무와 무화과나무 아래 앉아 지내리라."(미카 4,4) 라며 시적으로 표현하고, 거기에다 예언자 즈카리야는 "그날이 오면 … 너희는 서로 이웃들을 자기 포도나무와 무화과나무 아래로 초대하리라."(즈카 3,10) 하고 덧붙입니다.

역사의 저편에서 비로소 완전하게 실현될 마지막 때의 평화에 대한 전망은 끔찍한 표상들로 늘 새로이 무너져 내리고 … 그래서 사람들은 예언자를 찾아가 "파수꾼아, 밤이 얼마나 지났느냐?" 하고 물으면, 파수꾼은 "아침이 왔다. 그러나 또 밤이 온다. 너희가 묻고 싶거든 물어보아라. 다시 와서 물어보아라."(이사 21,11-12) 하고 말합니다.

파수꾼이 성벽의 높은 망루에서 동이 터오기를 애타게 기다리며 바라보듯이, 그렇게 이스라엘의 예언자들은 메시아가 도래할 마지막 때를 고대하였습니다. 그들의 인내는 혹독한 시험을 받았지만, "나는 주님을 바라보고 내 구원의 하느님을 기다리리라. 내 하느님께서 내 청을 들어 주시리라."(미카 7,7)는 미카의 말은 모든 예언자들에게도 해당됩니다.

희망의 어머니들 – 마리아와 엘리사벳

잘츠부르크Salzburg 인근 시골 마을 이르스도르프Irrsdorf에 고딕 시대의 한 장인이 만든 성당 문의 커다란 목각 부조 속에는 마리아와 엘리사벳이 희망의 어머니로 표현되어 있습니다. 문짝을 닫으면 두 여인은 서로 만납니다. 그리고 또한 아직 태어나지 않은 아기들, 곧 예수님과 세례자 요한이 비유적으로 형상화 되어 어머니들의 태중에서 서로 대면하고 있습니다. 그 문을 통해 열리는 성당 공간은 그래서 그리스도의 탄생을 통해 열리게 된 새로운 공간을 위한, 그리고 그분과 함께 시작하는 새로운 시간을 위한 상징이 됩니다.

루카복음서는 가브리엘 천사를 통해 마리아에게 예고된 예수님의 탄생에 대한 약속을 상세하게 전해 줍니다(루카 1,26-38). 가톨릭교회에서 하루 세 번 바치는 삼종기도에는 이 이야기가 "주님의 천사가 마리아께 아뢰니, 성령으로 잉태하셨나이다."로 압축되어 있습니다. "마리아에게 전해진 예수님의 탄생 예고"라는 이 신비에 이어 루카는 "마리아의 방문"(루카

1,39-56) 라는 신비에 대해 말해 줍니다. 마리아가 예수님 탄생 예고의 장소인 나자렛에서 유다의 산골 마을에 있는 그녀의 친척 엘리사벳과 그녀의 남편 즈카르야의 집을 향해 길을 떠난 이야기를 들려줍니다. 두 사람은 세례자 요한의 부모입니다. 두 여인이 만날 때, 아직 태어나지 않은 아기 요한이 자기 어머니 엘리사벳의 태중에서 기쁨으로 뛰노는 일이 일어납니다.

천사는 마리아에게 "은총이 가득한 이여, 기뻐하여라. 주님께서 너와 함께 계시다."(루카 1,28) 하고 인사말을 하였습니다. 이제 엘리사벳이 마리아에게 "당신은 여인들 가운데에서 가장 복되시며 당신 태중의 아기도 복되십니다."(루카 1,42) 하며 큰소리로 외칩니다. 이 두 인사말이 합쳐져서 수많은 가톨릭 신자들이 날마다 바치는 기도인 "성모송"의 첫 부분을 이룹니다.

루카복음서의 서술에 따르면 마리아는 엘리사벳의 집에서 교회가 성무일도의 저녁기도로 날마다 반복하여 바치고 있는 마니피캇Magnificat을 노래합니다. "내 영혼이 주를 찬송하며 나를 구하신 하느님께 내 마음 기뻐 뛰노나니, 당신 종의 비천함을 돌보셨음이로다. 이제로부터 과연 만세가 나를 복되다 일컬으리니 …"(루카 1,46-55) 이 노래는 대림절의 노래이며, 약속의 노래입니다. 그 속에는 이미 이루어진다는 확신이 공언되고 있습니다. 구원자이신 그리스도께서는 이미 와 계시지만, 그분께서는 아직 당신 어머니의 태중에 감추어 계십니다.

곧 이어 세례자 요한이 태어나게 됩니다. 그리고 이제 그의 아버지 즈카르야도 성령으로 가득 차 노래합니다(루카 1,68-79) 교회는 이 노래를 성무일도의 아침기도에서 즈카르야의 노래Benedictus-Hymnus로 날마다 반복합니다. "주여 이스라엘의 하느님 찬미 받으소서. 주는 당신 백성을 찾아 속량하시고 …." 아버지는 이 노래에서 대림절의 말로 자기 아들 요한에게도 말합니다. "아기야 너 지존하신 이의 예언자되리니 주의 선구자로 주의 길을 닦아 …."

쾰른Köln에 있는 어느 유치원 아이들이 몇 년 전 그리스도교 신앙의 신비를 어떻게 알게 되었는지 그림으로 표현한 적이 있었습니다. 쾰른에서 대학생 사목을 전담하던 빌헬름 니센Wilhelm Nyssen 신부가 이 그림들을 『아이들이 신앙을 그리다』라는 자신의 책을 통해 많은 사람들에게 알려 주었습니다. 그 중 한 그림은 마리아와 엘리사벳이 험준한 산악 지대의 깊은 골짜기에 놓여 있는 다리 위를 어떻게 서로에게 달려가는지 보여 줍니다. 어머니들의 몸 안에 아직 태어나지 않은 아기 예수님과 요한이 기뻐 뛰며 팔을 벌려 인사합니다. 바로 이것이 대림절에 맛보는 기쁨이 아닐는지요.

세례자 요한 – 대림절에 외치는 이

이젠하임Isenheim의 성당에는 마티아스 그뤼네발트Matthias Grünewald가 제작한 세계적으로 유명한 후기 고딕 양식의 접이날개 제대가 설치되어 있습니다. 제대의 날개를 접으면 그 중앙에 성금요일 수난 그림이 나타납니다. 어둡고 황량한 지형을 배경으로 십자가가 거대하게 솟아 있고, 거기에 그리스도의 일그러진 몸이 매달려 있습니다. 십자가의 오른편에는 세례자 요한의 힘찬 모습이 서 있습니다. 그는 팔을 벌리고 집게손가락이 유난히 길게 그려진 한 손으로 십자가에 못 박히신 분을 가리킵니다. 그림 속 배경에다 화가는 요한복음이 전하는 세례자 요한의 말을 라틴어로 적어 놓았습니다. "Illum oportet crescere, me autem minui" – "그분은 커지셔야 하고 나는 작아져야 한다."(요한 3,30)

자기를 넘어 예수님을 가리키는 이 위대한 몸짓에서, 신약성경이 전해주는 세례자 요한의 존재가 드러나고 있습니다. 그는 구약 시대의 마지막 예언자입니다. 그는 메시아의 도래 이전, 예수님의 탄생 이전 긴 대림절의 끝자락에 등장합니다. 요한은 전환기의 문턱에 서 있습니다.

세례자에 대해 요한복음이 전하는 말씀에서 우리는 평범하지 않은 시대사적 증언들을 쉽게 찾아봅니다. 로마 황제 티베리우스로부터 시작하여 계속해서 네 권역으로 갈라진 팔레스티나의 영주들과 대사제 한나스와 카야파에 이르기까지, 당시의 권력자들이 나열되고 있습니다(루카 3,1-2). 그들 중에 빛나는 인물은 없습니다. 아무 보잘 것 없는 시대, 그런 시대에 하느님의 부르심이 요한에게 내려집니다. 이 부르심은 그를 외치는 사람이 되게 합니다. 그는 예언자 이사야가 "광야에서 외치는 이의 소리, 너희는 주님의 길을 마련하여라. 그분의 길을 곧게 내어라."(마태 3,3; 이사 40,3) 하고 일찍이 말했던 바로 그 사람입니다.

요한이 있는 곳은 광야입니다. 그곳은 이스라엘 백성이 약속의 땅에 들어가기 전에 하느님에 의해 정화되었던 척박한 지역입니다. 예수님께서도 당신의 공적 활동을 시작하기 전에 머무셨던 곳입니다. 예루살렘과 부근 지방의 사람들이 요한의 말을 듣고 자기 죄를 고백하며 세례를 받기 위하여 몰려옵니다. 광야는 새로운 생명을 위한 샘터가 됩니다.

세례자는 쩌렁쩌렁하고 강경한 목소리로 말합니다. 그는 자만심으로 가득 찬 바리사이들과 사두가이들을 독사의 자식들이라고 부릅니다. 그것은 낙원에 있었던 뱀의 자식들, 곧 악마의 자식들을 의미합니다. 하지만 그는 자신의 죄를 알고 있는 사람들에게는 온유하게 대합니다. 그렇게 하여 그러한 사람들에 대한 예수님의 온유함을 미리 보여줍니다. 그는 그들에게 새로운 삶을 위한 단순한 규범을 제시합니다. 그들은 가진 바를 가난한 이들과 나누어야 했고 그리고 어느 누구도 억누르지 말아야 했습니다.

백성들 가운데 많은 이들이 요한을 메시아로 여깁니다. 그러나 그는 그것을 부인합니다. 여전히 대림절이긴 하지만, 그것도 잠시 동안입니다. 더 큰 능력을 지니신 분, 성령과 물로 세례를 주실 분이 가까이 와 계시기(루카 3,7-20) 때문입니다. 요한복음에서 세례자는 예수님께서 곁을 지나가실 때 "보라, 하느님의 어린양이시다." 하고 말합니다. 교회는 성찬례를 거행할 때마다 매번 반복해서 외칩니다.

요르단 강에서 요한에게 세례를 받은 백성 가운데 마침내 예수님께서 친히 나타나십니다. 그분께서도 세례를 받고자 하십니다. 큰 사람의 손아래에 더 크신 분께서 몸을 굽히십니다. 하느님께서는 표징을 통하여 이 크신 분께서 당신의 "사랑하는 아들"이심을 계시하십니다(루카 3,22).

세례자의 길은 투옥과 순교로 끝이 납니다. 그리스도의 많은 제자들 또한 같은 길을 가게 될 것입니다. 감옥에서 그는 자신의 제자들을 예수님께 보내어 대림절 특유의 물음을 묻도록 합니다. "오실 분이 선생님이십니까? 아니면 저희가 다른 분을 기다려야 합니까?"(마태 11,2-5) 예수님께서는 그들에게 당신을 통해 일어나게 될 표징들을 다음과 같이 알려주십니다. "눈먼 이들이 보고 다리저는 이들이 제대로 걸으며, … 가난한 이들이 복음을 듣는다."

그리스도 이전의 대림절은 비로소 끝이 납니다. 마지막 때가 세상의 시간 속으로 뚫고 들어옵니다. 하느님의 나라가 이 세상에서 시작 되었고, 그 속에서 잘 드러나지는 않지만 누룩처럼 끊임없이 작용합니다. 그리스도께서 여기 계십니다. 그리고 우리는 역사의 대림절 동안 그분께서 두 번째 오실 때까지 다른 그 누구도 기다릴 필요가 없습니다.

저명한 신학자 한스 우르스 폰 발타사르Hans Urs von Balthasar(1905-1988)는 스스로 자신의 저술이 그리스도를 가리켜 보이는 요한의 손가락 말고 다른 어떤 것도 아니라고 말했습니다. 이젠하임의 성당 제대에 그려져 있는 십자가 그림에 등장하는 세례자처럼 그리스도를 가리켜 보이는 것, 그것은 모든 그리스도인의 소명입니다.

시메온의 저녁 노래

예수님께서 탄생할 무렵 유다 민족 가운데 많은 이들이 온갖 곤경으로 인해 "이스라엘의 위안"이라고도 불리던 메시아를 애타게 갈망하며 기다렸습니다.

루카복음은 자신들의 긴 대림절의 삶이 온전히 이 메시아를 향해 맞추어져 있었던 나이 많고 신심 깊은 두 사람, 백발의 시메온과 한나에 대한 이야기를 들려줍니다(루카 2,21-40). 루카는 한나를 예루살렘 성전을 떠나는 일 없이 단식하고 기도하며 밤낮으로 하느님을 섬겼던 예언자라고 소개합니다. 시메온에 대해서 "의롭고 독실하며 이스라엘이 위로받을 때를 기다리는 이였는데, 성령께서 그 위에 머물러 계셨다. 성령께서는 그에게 주님의 그리스도를 뵙기 전에는 죽지 않으리라고 알려 주셨다."는 말씀을 들려줍니다.

모세의 율법에 따라 하느님께 바치기 위해 마리아와 요셉이 아기 예수님을 성전에 데려왔을 때, 시메온이 들어와서 아기를 두 팔에 받아 안고 하느님을 찬미하였습니다. 교회는 그 노래를 날마다 성무일도의 끝기도에서 반복하여 부릅니다. 하느님을 찬미하는 이 노래는 동시에 백발의 노인 시메온의 죽음의 노래입니다. 그 노래는 다음과 같습니다.

주여 말씀하신대로
이제는 주의 종을 평안히 떠나가게 하소서.
만민 앞에 마련하신 주의 구원을
이미 내 눈으로 보았나이다.
이교백성들에게는 계시의 빛이시요
주의 백성 이스라엘에게는
영광이 되시는 구원을 보았나이다.

이스라엘을 위한 영광인 동시에 이스라엘의 경계를 넘어 이교 민족을 비추는 빛, 곧 온 인류를 위한 빛이 될 이 아기 안에서 다른 태양이 떠올랐으니, 이승의 태양은 이제 져도 좋다고 노인은 말합니다. 그러나 반대를 받는 표징이 되기도 하고, 이 빛을 받아들여야 할지 또는 거부해야 할지를 재촉할 것입니다. 백발의 한나도 같은 때에 나아와 "예루살렘의 속량을 기다리는 모든 이에게 그 아기에 대하여" 이야기 합니다.

대림의 시기가 시메온과 한나에게는 끝이 납니다. 죽음을 맞으면서 그들은 자신들의 팔에 안은 아기의 나라인 하느님의 나라에 들어간 것 같습니다. 교회를 위한, 이스라엘을 위한, 전 세계 역사를 위한 대림 시기는 이 아기가 모든 이에게 왕으로 드러나게 될 이 세상 시간의 끝에 이르기까지 지속될 것입니다.

슬기로운 처녀들

독일 남서부에 위치한 프라이부르크Freiburg 주교좌성당 주랑과 그리고 그 밖의 많은 유럽 중세 교회들의 정문에는 돌로 조각한, 예수님께서 비유로 말씀하신(마태 25,1-13), 슬기롭고 어리석은 열 처녀의 상들이 자리하고 있습니다. 그들 가운데 슬기로운 다섯 처녀의 표정은 기쁨으로 가득 찬 기다림을 드러내보여 줍니다. 그들의 등불은 타오르고, 주님께서 오신다는 소식이 전해지자, 그들은 그분과 함께 할 큰 잔치를 준비합니다. 그 곁이나 혹은 맞은편에는 어리석은 다섯 처녀들이 서 있습니다. 그들의 등불은 꺼진 채 아래로 향해 있습니다. 그들의 표정은 실망과 체념을 나타내 보여 줍니다.

이 비유 말씀의 배경에는 신부를 혼인 잔치에 데려 오기 위해, 신랑이 날이 어두워진 다음에 신부 부모의 집으로 가는 동방의 혼인식에서 행해졌던 풍습과 관련이 있습니다. 물론 이 비유에서 그러한 혼인 풍습들을 상세하게 묘사하기 위해서가 아님은 분명합니다. 신부에 대해서는 아무런 말이 없습니다. 신랑과 그리고 등불을 밝혀 들고 그를 집안으로 인도해야 하는 열 처녀만 시야에 들어옵니다. 그가 늦어지자, 한밤중에 "신랑이 온다. 신랑을 맞으러 나가라." 하고 외치는 소리가 날 때까지, 모두 졸다가 잠이 듭니다. 어리석은 처녀들은 미처 기름을 준비하지 못했습니다. 그들은 혼인식을 위해 신랑을 맞이할 준비를 하지 않았으며 그리고 예식장에 들어갈 수 없었습니다. "주인님, 주인님, 문을 열어주십시오."하고 간청하였지만, "나는 너희를 알지 못한다."는 매정한 대답이 따릅니다. 그러나 슬기로운 처녀들은 등불을 밝히고 신랑과 함께 잔치에 따라 들어갑니다.

마태오복음에서 이 비유는 마지막 때에 대한 예수님의 주요한 말씀과 연관되어 있으며, "그러니 깨어 있어라. 너희가 그날과 그 시간을 모르기 때문이다."는 훈계로 끝을 맺습니다.

열 처녀는 그리스도와 마지막 때의 만남이 약속되어 있는 교회를 대변합니다. 비록 예수님께서 그때까지의 시간을 요한복음에서 "조금 있으면"

(요한 16,16), "잠시 동안"이라고 말씀하시지만, 그 시간은 교회사의 흐름에서 언제나 지루한 "긴 시간"으로 느껴집니다. 복음에 등장하는 열 처녀처럼 그리고 올리브 동산에서의 제자들처럼(마태 26,40), 많은 그리스도인들이 깊은 잠에 들어 있습니다. 다시 오실 그리스도를 향해 깨어 있어야 할 긴장이 영적인해이로 점차 사라지고 있습니다. 교회는 전례주년이 끝나기 직전에 열 처녀의 비유를 봉독합니다. 한 해, 백 년, 아니 천 년이 지나다 보면, 어떻든 많은 이들은 지칠 것이고, 많은 이념들은 낡아질 것이며 그리고 많은 계획들은 수포로 돌아가게 될 것입니다. 기름은 다 떨어지고, 등불은 꺼져버릴 것입니다.

그리스도교의 시간 계산으로 두 번째 천년이 끝나갈 즈음에 이 비유는 오랜 문명의 대륙인 유럽에 하나의 요구로 제시되고 있습니다. 아메리카로 이주한 유럽인들은 그 어머니 대륙에게 "옛 세계"라는 이름을 붙여주었습니다. 오래 전부터 사람들은 중부와 서부 유럽 지역을 "저녁의 나라" Abendland라 부르고 있습니다. 그러나 옛 세계, 저녁의 나라가 "지친 세계", "기진맥진한 세계"를 의미하지는 않을 겁니다. 예수님께서는 당신의 제자들과 교회에게 영적인 피로와 체념을 훈계하기 위해 세상의 마지막에 대해 비유를 들어 말씀해 주신 것입니다. 피로감이 신앙을 위협하는 곳은 오늘날 아프리카나 라틴 아메리카의 대부분이 아니라,, 바로 유럽입니다. 소위 세속주의가 많은 사람들의 마음에서 신앙을 몰아내었습니다.

유럽을 쇄신하기 위해서는 기술 혁신으로도 충분하지 않고, 국경과 시장 개방으로도 충분하지 않습니다. 그것을 넘어 영적 에너지가 필요합니다. 수십 년 전 죠르쥬 베르나노스Georges Bernanos(1888-1948, 프랑스 가톨릭 쇄신운동의 주창자)는 신앙에 피로해진 그리스도인들에게 "복음은 젊습니다. 다만 당신들이 늙었을 뿐입니다." 라는 예언자적 분노의 외침으로 이 에너지의 원천을 기억하도록 촉구하였습니다.

늘 대림절이다

교회의 전례주년은 그 언어적 형태와 상징의 풍요로움으로 해서 신앙의 진정한 작품입니다. 평일에서 주일에로, 대축일을 앞둔 기쁨에서 이 축일 당일의 거행에로 주기적으로 옮겨가는 것은 전체적으로 다양한 생동감을 주기에, 그것을 제대로 알고 있는 사람에게는 지루함이 생겨날 수 없습니다. 아주 오래된 베네딕토 수도원에서 50년 이상 산 어느 수녀가 말하기를, 바로 엊그제 여기에 들어온 것 같다고 했습니다. 이 수녀에게 있어서 시간은 순식간에 지나가 버렸는데, 무엇보다도 전례주년의 아름다운 주기 때문일 거라고 덧붙여 말했습니다.

"교회는 한 해를 주기로 하여, 강생과 성탄에서부터 승천, 성령 강림 날까지, 또 복된 희망을 품고 주님의 오심을 기다리는 대림까지 그리스도 신비 전체를 펼친다." 하고 제2차 바티칸공의회는 서술하였습니다. 많은 사람들을 특별히 감동시키는 전례주년 중의 한 시기는 대림절, 곧 성탄절을 준비하는 시기입니다. 604년에 선종하신 그레고리오 대 교황 이래로, 대림 시기는 그리스도의 탄생 축일 전 네 번째 주일과 함께 시작합니다. 대림절과 함께 전례주년 또한 시작합니다.

그러나 이 시기의 전례는 그분께서 오셨을 때 그분의 백성 중 일부만이 맞아들였던 구세주의 탄생에 대한 이스라엘의 긴 기다림을 말해 주고 있지만은 않습니다. 전례문들은 세상 시간의 마지막에 그리스도의 두 번째 오심에 대해, 재림 Paruise에 대해서도 언급합니다.

따라서 대림절은 매년 성탄 대축일 전 네 주간의 시기에만 한정되지 않습니다. 젊은이들이 특히 즐겨 부르는 복음성가의 노랫말처럼, "주님께서 언제가 다시 오시고, 성인들이 행진해 들어갈 때"까지, 늘 대림절입니다.

깨어 있는 종들

사제로 구성된 우리 그룹이 예루살렘 성지 순례를 마치고 자정이 조금 지났을 무렵 텔 아비브Tel Aviv 공항을 향해 차를 타고 내려가고 있었습니다. 도중에 불빛이 비치는 창문을 거의 볼 수 없었습니다. 그런데 갑자기 어둠 한가운데 몇 몇 건물들의 그림자 속에서 내부를 환히 밝힌 소박한 성당이 우리 앞에 나타났습니다. 예루살렘에서부터 우리와 동행하던 그룹의 안내자는 불이 켜진 이 집에 대해 잘 알고 있었습니다. 프랑스에서 건너온 트라피스트 수도원의 성당이었고, 그 불빛은 수도승들이 밤 기도를 시작했다는 표시였습니다.

그 곁을 지나치는 순례자들에게 신약성경의 말씀은 친숙하게 다가옵니다. 그들은 수도원 성당을 바라보면서 루카복음이 전하는 기다리는 종에 대한 비유(루카 12,35-40)를 떠 올리게 됩니다. "너희는 허리에 띠를 매고 등불을 켜 놓고 있어라. 혼인 잔치에서 돌아오는 주인이 도착하여 문을 두드리면 곧바로 열어 주려고 기다리는 사람처럼 되어라. 행복하여라, 주인이 와서 볼 때에 깨어있는 종들! 내가 진실로 너희에게 말한다. 그 주인은 띠를 매고 그들을 식탁에 앉게 한 다음, 그들 곁으로 가서 시중을 들 것이다. … 너희도 준비하고 있어라. 너희가 생각하지도 않은 때에 사람의 아들이 올 것이다."

이 깨어 있는 종들이 교회 전체를 반영하지는 않습니다. 왜냐하면 교회의 역사에서 어느 시대에나 영적으로 지쳐서 다시 오실 그리스도를 향한 마음을 잃어버린 많은 그리스도인들이 있기 때문입니다. 예수님께서 이 비유에서 말씀하시는 깨어 있는 종들은 오히려 교회에 대해 그들에게 뒤지지 말라는 훈계이자 초대입니다. 사실 그리스도인들 중에는 언제나 대림절의 영성으로 준비되어 있는 수많은 남녀 신자들의 무리가 있습니다.

아침 동이 트기 전 밤 중에 바치는 기도는 그러한 사실에 대한 하나의 표현입니다.

게르트루드 폰 르 포르Gertrud von le Fort(1876-1971)는 보편 교회에서 발견되는 이 대림절 기도공동체에 대해서 자신의 "교회에 대한 찬가"를 통해 시적 언어를 빌어 묘사하고 있습니다.

도시들이 아직 열병의 침상에서 잠들어 있고
음습한 마을들이 들판의 안개 속에 가라앉아 있을 때.
짐승들이 아직 움직이지 않고
주님의 고독이 세상 위에 내려앉을 때,
너는 어스레함 속에서 네 목소리를 돋운다,
마치 정신이 눈먼 물질 속에서 일어나듯이.
너는 네 사지에서 환상을 털어내고
어둠 속에서 시간의 공포와 씨름한다 …
너는 주님 앞에 무릎을 꿇는다
이슬이 내리기 전에 …
너는 대지의 얼굴을 씻어낸다
네 노래들 안에서,
너는 너의 기도로 목욕시킨다
온전히 깨끗해질 때까지.
너는 그것을 새로운 용모로 주님께 돌려드린다!
그러면 주님께서는 당신의 고독에서 나와
너를 빛의 팔로 안으신다.
그때 온 세상이 그분의 은총 안에서 깨어난다.

깨어 있는 종들의 비유는 주인이 띠를 매고 종들에게 시중을 들 것이라고 말합니다. 여기서 말하는 주인은 바로 그리스도 자신이십니다. 그분께서는 교회가 맞이할 마지막 때를 위해 약속하신 바를 제자들의 발을 씻기는 봉사를 통해 앞서 보여주셨습니다.

흔적들

모래나 진흙 또는 눈 속에 남겨진 흔적들은 사냥꾼이 쫓는 동물의 흔적이든, 박해자나 생명의 은인이 조사하는 사람들의 흔적이든, 모두 다 마찬가지로 자기도 모르게 많은 사람들의 관심을 끕니다.

찾는 것과 발견하는 것은 종교적 삶에서도 중요합니다. 여기서는 일상에 스며들어 있는 하느님의 흔적을 말합니다. 믿는 사람은 평생 동안 계속해서 이 흔적을 찾게 됩니다. 하느님께서는 자주 그와 마주칩니다. 그렇지만 그분께서는 당신을 다시 감추십니다. 그 사람의 마음속에는 그분을 인내하며 쉬지 않고 찾아 나서도록 하는 움직임이 자리합니다.

흔적들은 순식간에 사라지기 십상입니다. 그러면 흔적들을 쫓고 있는 사람은 찾기를 그만 두어야 하는지 아니면 계속 찾아 나서야 하는지 묻게 됩니다. 그것은 하느님을 향한 길이 바람에 묻혀 버리거나 안개 속에 사라져 버린 것 같은 답답한 느낌에 사로잡힌 신앙인들에게도 해당 됩니다.

하느님께서는 언제나 여기 계신다 하고 성경의 믿음은 말합니다. 구름에 가려도 해는 늘 있듯이, 그분께서는 언제나 현존하십니다. 하지만 하느님께서는 사람에게 당신의 뜻을 힘으로 밀어붙이는 분이 아니라, 사람의 마음을 얻으려고 애쓰는 사랑이십니다. 그러므로 그분께서는 당신께서 창조하고 보존하는 세상 뒤에 감추어 계십니다. 사람은 하느님을 자유와 사랑으로 찾아나서야 합니다.

그럼에도 불구하고 태양이신 하느님을 가리는 구름을 뚫고 언제나 다시금 한 줄기 빛이 우리의 일상 안으로 비추어듭니다. 환하고 따뜻한 빛이지만 동시에 온화한 가차 없음으로 찌꺼기를 모조리 태워버리려는 불꽃입니다.

세상은 빛으로 가득 차 있으나, 사람은 그것을 자기의 작은 손바닥으로 가린다 하고 종교적 지혜가 전하는 오래된 격언이 말해 줍니다. 사람은 삶의 깊이와 높이를 알면 알수록 더욱 더 주의 깊게 이 세상을 비추는 하느님의 빛의 흔적들을 주목하게 됩니다. 그 흔적들이 없는 모든 날은 사람에게 있어서 잃어버린 시간과 다름없습니다.

그러한 하느님의 빛의 흔적은 어떤 말, 말하자면 성경의 한 말씀이나 사람의 선한 말일 수 있습니다. 하느님께서 우리의 마음을 움직이게 하는 어떤 사람의 눈길이나 몸짓일 수도 있습니다.

대림절은 이 하느님의 흔적들을 깨어 있는 감각으로 유의하도록 계속해서 초대합니다.

하느님의 아름다운 광채

러시아 작가 알렉산더 솔제니친Alexader Solschenizyn은 노벨문학상 수상 연설(1970)에서 도스토예브스키가 남긴 "아름다움이 세상을 구한다."는 난해한 말을 회상한바 있습니다. 솔제니친은 이 말이 오랫동안 그저 상투적인 말로 여겨졌다고 고백합니다. 그러나 그는 진, 선, 미의 오랜 삼위일체를 유물론에 심취되어 있었던 자신의 젊은 시절에 그랬던 것처럼, 더 이상 "진부한 전시용 문구"가 아니라, 이제 하나의 예언으로 받아들인 것 같습니다.

많은 이들은 그리스도교가 어떻게 아름다움과 관련될 수 있는지 의아해 합니다. 그들은 그리스도교가 오직 선만을 아니면 특별히 선에 관심을 두고 있다고 믿으며, 둘 사이에 그릇된 대립 관계를 두려 합니다. 그렇지만 진, 선, 미는 그 뿌리에서 서로 긴밀하게 결합되어 있습니다. 하느님께서는 선하실 뿐만 아니라, 또한 넘치도록 아름다우십니다.

성경, 특히 신약성경에서는 아름다움에 대해 그리 많이 언급하고 있지 않습니다. 심지어 예수님께서 비유에서 말씀하신 들에 핀 아름다운 나리꽃들은 자신들의 아름다움 때문이 아니라, 이내 져 버릴 들풀조차 영화롭게 차려 입히시며 그리고 그보다도 더 사람을 돌보아 주시는 하느님을 믿도록, 가르치기 위하여 주목을 받습니다.

그러나 신약성경의 마지막 책인 요한 묵시록은 마지막 부분에서 아름다움에 대해 상세하게 들려줍니다. 거기에서 사랑받는 도성, 천상 예루살렘의 형상은 부족함 없이 가득 채워져 있고, 진주와 보석으로 장식되어 있는 것으로 나타납니다. 이 도성은 아름다움과 선의 장소입니다. 부정한 것은 그 무엇도 그 누구도 그 안에 들어갈 수 없기 때문입니다. 여기에서 마침내 역사 안에서, 또한 교회의 역사 안에서도, 마치 단층 사이의 움푹 패인 곳처럼 언제나 고통스럽게 갈라진 것은 그리고 선과 아름사움 사이에서, 윤리와 미학 사이에서 깊은 단절이 남긴 것은 영원히 하나로 통합되고 있습니다.

그러므로 아름다움은 기존하거나 또는 다시 되찾게 될 그리스도교적 삶의 문화에서 의심할 여지없이 자리할 것입니다. 아름다움은 사치일 수 있지만, 근본에 있어서 결코 사치가 아닙니다. 아름다움은 일종의 빵, 천박함 속에서 그저 연명하기에 급급한 것을 거부하는 양식입니다.

아름다움은 "하느님께서는 모든 것 안에서 모든 것이 되실"(1코린 15,28) 때 실현될 역사의 목표를 향한 대림절의 전망을 열어 보입니다. 그래서 그리스도교 신앙의 시각에서 볼 때 음악이 가져다주는 아름다움은 "praeludium vitae aeternae", 곧 영원한 생명의 서곡이며, 세상에서 볼 수 있는 것이 가져다주는 아름다움은 "praefiguratio vitae aeternae", 곧 영원한 생명의 예형입니다. 이 아름다움의 광채는 하느님의 광채에 참여하는 것입니다. 그래서 시편 50편에서는 "더없이 아름다운 시온에서 하느님께서 광채와 함께 나타나시네." 하고 노래합니다. 이 구절은 단순히 주교좌성당만이 아니라 성인들을 통해서도 아름답다는 점에서 교회에도 해당됩니다.

당신의 나라가 오게 하소서

마태오 복음에서 전해주는 주님의 기도는 일곱 가지 청원으로 구성되어 있습니다(마태 6,9-13). 이 중에서 두 번째 청원은 "당신의 나라가 오게 하소서!"입니다. 이 청원은 하느님 나라가 오기를 똑같이 추구하고 있는, "당신의 이름을 거룩히 드러내소서."와 "당신의 뜻이 하늘에서와 같이 땅에서도 이루어지게 하소서."라는 두 가지 청원에 의해 둘러싸여 있습니다. 먼저 하느님께서 스스럼없이 인간 세계 안에서 당신을 드러내시며, 그리하여 그분의 이름이 온 우주에 거룩하게 작용하게 되고, 그분의 뜻이 하늘에서뿐만 아니라 땅에서도 두루 이루어질 때, 비로소 하느님 나라는 사람들에게 아무런 제약 없이 받아들여질 것입니다.

하느님 나라는 신약성경의 공관복음에서 예수 그리스도께서 선포하신 중요한 주제에 속합니다. 많은 비유들에서 그분께서는 하느님 나라에 대해 이야기해 주시고, 한편으로 이 나라가 이미 와 있지만, 다른 한편으로 아직 오고 있는 중이라고 말씀하십니다. "그때부터 예수님께서는 '회개하여라. 하늘 나라가 가까이 왔다.' 하고 선포하기 시작하셨다."고 마태오 복음은 전해줍니다. 그리고 마귀를 쫓아내는 대목에서 예수님께서는 "내가 하느님의 영으로 마귀들을 쫓아내는 것이면, 하느님의 나라가 이미 너희에게 와 있는 것이다."(마태 12.28) 하고 말씀하십니다. 결국 하느님의 나라가 언제 오느냐는 바리사이들의 물음에, 예수님께서는 "하느님의 나라는 눈에 보이는 모습으로 오지 않는다. 또 '보라, 여기에 있다.', 또는 '저기에 있다.' 하고 사람들이 말하지도 않을 것이다. 보라, 하느님의 나라는 너희 가운데 있다."(루카 17.20-21) 하고 대답하셨습니다.

하느님 나라를 청하는 사람은 하느님께서 모든 것 안에 모든 것이 되는 그러한 인간 세계의 상태를 갈망합니다. 하느님 나라를 갈망하는 사람은 주님의 기도의 네 번째 청원에서처럼, 일용할 양식만을 청하지 않습니다. 또한 잘못의 용서만을 청하지도 않습니다. 비록 이 청이 중요하다 할지라도 그렇습니다. 오히려 그 사람은 세상 모두가 하느님 안에 들어 높여지고 그리고 하느님께서 세상을 완전히 가득 채우시도록 그 모든 것을 청하게 될 것입니다. 그리스도교 신앙은 세상의 그러한 미래 전망을 단순한 이상향Utopie으로 매도하는 모든 견해와 맞섭니다.

예수님께서는 이러한 미래가 이미 시작되었다고 말씀하십니다. 그리고 교회는 자신의 중심에 있는 하느님 나라의 흔적들을 끈기 있게 가리켜 보입니다.

문을 높이 들어 올려라

한 오래된 독일의 대림절 성가는 "문을 높이 올려라, 성문을 활짝 열어라, 영광의 주님께서 오신다!"는 권유와 함께 시작합니다. 유다인과 그리스도인이 다 함께 사용하는 기도서로 만들어진 성경의 150편 노래 모음집인 시편에서 24째 편의 한 구절을 개작한 것입니다. 성경에서 이 구절은 "성문들아, 머리를 들어라. 오랜 문들아, 일어서라. 영광의 임금님께서 들어가신다."로 되어 있습니다. 예루살렘 성전의 모습을 기억 속에서 되살리고 있습니다. 기발한 시적 언어로 돌로 둘러싸여 있는 성전 문들에게 말을 걸어, 예배를 드리는 공동체의 한 가운데에서 하느님의 현존이 드러나도록 높이 들어 올리고 활짝 열리라고 요청합니다.

교회는 이 대목을 마지막 때에 그리스도의 오심과 그리고 동시에 성찬례를 거행할 때마다 그분의 공동체 한 가운데에서 이미 지금 늘 새로이 발생하는 그분의 오심과, 끝으로 주님의 대림절에 자신의 마음을 열고 있는 사람의 마음에 그분의 오심과 연결시킵니다.

그리스도께서 문 앞에 서 계심에 대해 그리스도교 성경의 마지막 책인 요한 묵시록에서도 말해 주고 있습니다. 거기에서 그리스도께서는 라오디케이아 신자 공동체에게 "내가 문 앞에 서서 문을 두드리고 있다. 누구든지 내 목소리를 듣고 문을 열면, 나는 그의 집에 들어가 그와 함께 먹고 그 사람도 나와 함께 먹을 것이다."(묵시 3,20) 하고 말씀하십니다.

많은 이들이 그리스도께서 자기 집의 문을, 곧 자기 양심의 문을 아주 조용하게 두드리는 소리를 흘려듣습니다. 그러한 귀먹음이 심해질수록 마음 또한 좁아집니다.

인간적인 도움의 요청을 못들은 채 하려는 귀먹음이 치르는 비싼 대가는 인간성 상실입니다. 이에 대해 베르트 브레히트Bert Brecht는 "귀가 시끄러워 조용한 도움의 요청을 흘려듣는 사람, 선에 대한 도전에 끼어들지 않으려는 사람, 그 사람은 둔감하게 된다. 그는 또한 나지막한 아름다움을, 말하자면 '새벽녘에 우는 지빠귀 울음소리나 저녁 삼종기도의 종이 울릴 때 지친 포도밭 일꾼이 내쉬는 안도의 한숨소리'를 감지하지 못할 것이다." 하고 말한 바 있습니다.

이는 많은 경우 도움을 청하는 사람의 외침과 동일시하는 하느님의 부르심에 대해 귀가 먹음은 더욱더 그러합니다.

일상에서의 대림절

어떤 결정된 것을 막상 실행하는 것이 문제가 될 때, "우리는 무엇을 아직 기다리는가?" 하고 조급한 사람들이 묻는 소리를 듣게 됩니다. 흔히 쓰는 이러한 일상적인 말이 철학적이나 신학적으로 심화될 수도 있습니다. 그 말이 "무엇을, 누구를 우리는 희망할 수 있는가?"라는 의미를 담고 있기 때문입니다. 임마누엘 칸트Immanuel Kant(1724-1804)는 이 물음을 인간이 제기하는 가장 중요한 물음들 중의 하나로 파악하였습니다. 그는 이 물음에 대한 답변을 종교의 몫으로 돌렸습니다.

무엇을 우리는 기다리는가요? 다시 말해 무엇을 우리는 희망하는가요? 일상에서 우리는 희망이라는 잔돈을 지니고 곧 당도할 기차와 편지를 기다리거나, 오겠다는 기별을 보낸 사람들을 학수고대하며 기다립니다. 밤 사이 잠 못 이룬 환자는 간호사의 따뜻한 보살핌을 기다립니다. 희망으로 가득 찬 어머니들은 아기들의 출산을 기다립니다. 노인들은 아주 가끔 찾아오는 자녀들과 손자 손녀들을 기다립니다. 마치 작은 동전 안에 새겨진 것처럼, 그 모든 것은 세상 속의, 종교적 분위기가 전혀 없는 대림절, 말하자면 라틴어 "adventus"가 뜻하는 그대로 도착을 기다리는 시간이 됩니다.

그러한 기다림이 이루어지지 않고 지연되는데 따르는 실망은 극단적인 경우 우울증으로 바뀝니다. 그렇지만 그 어떤 충족의 우울증과 같은 것, 기다림이 이루어졌음에도 불구하고 슬픔과 같은 것이 생겨나기도 합니다. 그렇게 되는 원인은 잠시 수중에 들어온 것을 계속 붙들어 둘 수 없다는 경험이나, 또는 마침내 실현했을 때 열망했던 것과 지금 이루어진 것에서 더 큰 행운을 기대했다는 깨달음에 있을 수 있습니다.

충족의 우울증에 대한 문학적 증언은 시몬느 드 보봐르Simone de Beauvoir의 자서전 『사물의 여정』 마지막 부분에 나옵니다. 거기에서 "때때로 나를 허무로 해체시켜 버린다는 생각은 앞서 말한 것처럼 마찬가지로 역겹다. 온통 우울한 마음에 젖어 나는 내가 읽었던 모든 책을, 내가 방문했던 모든 곳을, 한때 쌓였다가 이제는 사라진 지식을 생각한다. 갑자기 아무 것도 더 이상 남아 있지 않은 모든 음악, 모든 그림, 모든 문화, 그 많은 인연들 …"하고 말합니다.

그리스도교 신앙은 "무엇을 우리는 아직 여전히 기다리는가?" 그리고 "무엇을, 누구를 우리는 희망할 수 있는가?"라는 물음에 모든 충족의 우울증을 부수어버리고, 모든 위대한 것을 능가하는 최종적인 삼위일체 하느님과의 만남을 이루도록 하는 답을 줍니다. 이전에 일어난 모든 것은 "잠정적으로" 하느님의 이 위대한 대림절을 향하고 있습니다. 이를 두고 신약성경 요한의 첫째 서간은 다음과 같은 말씀을 전해 줍니다. "우리가 어떻게 될지는 아직 드러나지 않았다."(1요한 3,2)

대림절의 인내

누군가 몇 년 전 저에게 "호흡을 길게 가져가시길 바랍니다." 하고 인사했던 적이 있습니다. 저는 흔히 쓰이는 이 말을 제 것으로 삼아 가끔 영적으로 고갈 상태에 처해 있는 사람들에게 호흡을 길게 가지라고 빌어줍니다.

긴 호흡, 그것은 인내의 힘입니다. 많은 이들은 이러한 자세를 자유인의 품위에 어울리지 않는, 대신 노예들이나 갖추어야 할 덕목으로 여겼습니다. 인내하기 위해서는 상황이 어떠하든 등을 구부리고 고개를 수그려야 하기 때문입니다. 사실 인내는 씨를 뿌리고 거두는데 따르는, 숨을 들이시고 내쉬는데 따르는 리듬에 믿고 맡기는 지혜의 열매임이 분명합니다. 신약성경의 야고보 서간은 이 성숙한 인내에 대한 소중하고 값진 말씀을 전해줍니다. "그러므로 형제 여러분, 주님의 재림 때까지 참고 기다리십시오. 땅의 귀한 소출을 기다리는 농부를 보십시오. 그는 이른 비와 늦은 비를 맞아 곡식이 익을 때까지 참고 기다립니다. 여러분도 참고 기다리며 마음을 굳게 가지십시오. 주님의 재림이 가까웠습니다. … 형제 여러분, 주님의 이름으로 말한 예언자들을 고난과 끈기의 본보기로 삼으십시오. 사실 우리는 끝까지 견디어 낸 이들을 행복하다고 합니다. 여러분은 욥의 인내에 관하여 들었고, 주님께서 마련하신 결말을 알고 있습니다. 과연 주님은 동정심이 크시고 너그러우신 분이십니다."(야고 5,7-11)

그리스도교 신앙에서 인내의 긴 호흡은 성령의 은사입니다. "저의 숨이 되어 주소서, 성령이시여." 하고 성 아우구스티노는 기도하였습니다.

인간의 인내력을 시험하는 도전은 거의 매일 수도 없이 일어납니다. 성 아우구스티노는 주교로서의 자신에게 날마다 요구되는 인내를 마치 주고 받는 긴 기도문처럼 거듭 열거하고 있습니다. "소요를 일으키는 자들을 계도하고, 소심한 이들을 위로하고, 약한 이들을 보살피고, 적대자들에게 맞서고, 추적자들로부터 스스로를 지키고, 배우지 못한 이들을 가르치고, 게으른 자들을 흔들어 깨우고, 공격적이고 호전적인 이들을 타이르고, 거만한 이들을 제대로 다스리고, 가난한 이들을 도우고, 억눌린 이들을 풀어주고, 선한 이들에게 용기를 주고, 악한 이들을 참아내고, 그리고 아! 모든 이를 사랑할 것이니."

이러한 인내하는 힘은 교회와 그리스도인 각자에게서 그리스도를 바라봄으로써 그리고 이미 시작된 우리의 미래이신 그분을 내다봄으로써 자라납니다.

인내는 슬슬 기지 않습니다. 인내는 조용히 앉아 관조하도록 가르치고, 무릎을 꿇고 기도하고 경배하도록 가르치며, 그리고 긴 여정의 한 부분으로 작은 발걸음을 늘 다시 내딛도록 가르칩니다. 끈기 있는 기다림과 주저 없이 취하는 단호한 행동, 이 두 가지는 삶에서 필요합니다. 성령께서는 인내력의 원천인 동시에 거룩한 조바심의 원천이기도 합니다. 둘 다 자기의 때를 가집니다.

익어감의 때

복음서들에서 전승되어 오는 하느님의 나라, 하늘나라에 관한 예수님의 모든 비유 말씀은 대림절의 특색을 담고 있는 내용들입니다. 그렇지만 다가올 미래의 어떤 것에 관해서 다루기도 합니다. 물론 이 미래는 이미 시작되었습니다. 하느님의 나라는 세상 한 가운데 이미 와 있습니다. 그러나 온통 부풀어 오르지 않은 밀가루 반죽 속의 누룩과 같은 방식으로 여기 와 있습니다.

비유들 중의 하나에서 예수님께서는 하느님 나라를 마치 씨앗이 자라는 것과 같다고 말씀해 주십니다. "어떤 사람이 땅에 씨를 뿌려 놓으면, 밤에 자고 낮에 일어나고 하는 사이에 씨는 싹이 터서 자라는데, 그 사람은 어떻게 그리되는지 모른다. 땅이 저절로 열매를 맺게 하는데, 처음에는 줄기가, 다음에는 이삭이 나오고 그다음에는 이삭에 낟알이 영근다. 곡식이 익으면 그 사람은 곧 낫을 댄다. 수확 때가 되었기 때문이다."(마르 4,26-29)

이 본문에서는 의연한 마음을 가지라고 요구하고 있습니다. 말하자면 씨앗은 씨를 뿌리는 사람이 결정하는 것이 아니라, 하느님께서 미리 정해 놓으신 리듬에 따라 자랍니다. 수확의 날은 하느님께서 원하시는 때에 다가옵니다. 이 본문을 읽고 하느님 나라의 도래를 마주해서 아무 할 일 없이 그냥 가만있으라는 요구로 알아들으면 당연히 안 될 것입니다. 성경의 비유에 등장하는 씨 뿌리는 사람처럼 인간은 "하느님의 협력자"(1코린 3,9)가 되고, 세상과 세상 역사 안에서 하느님의 나라가 자라나는 데 이바지하도록, 전적으로 부름 받고 있기 때문입니다. 동시에 그는 그에게 대부분 감추어져 있는 하느님의 계획에 순응해야 합니다. 이 순응은 와야 하지만, 억지로 끌려와 질 수 없는, 그 어떤 것을 위하여 적극적인 인내와 깨어 열려 있음과 그리고 준비되어 있음을 요구합니다.

예수회 신부 후고 라너Hugo Rahner(1900-1968)는 그리스도인들이 수행해야 할 적극적인 인내와 그 안에 내재된 하느님과 인간의 협력과 관련하여 그 회의 창설자인 로욜라의 성 이냐시오Ignatio von Loyola의 가르침을 다음과 같이 설명하고 있습니다. "이냐시오 영성의 전형적인 특징은 사람들이 자신의 모든 것을 던져 투신하되, 협력함에 있어 내적으로 완전히 자유로이 머물러야 하는 데에, 그리고 그럼에도 불구하고 모든 것을 하느님의 손에 맡겨드리는 데에 있다."

어디를 향해 가는 길인가?

삶은 하나의 길입니다. 많은 이들에게는 길 자체가 목표로 보입니다. 길의 끝에서 아무런 미래도 기대하지 못하기 때문입니다. 그래서 인생행로는 시작할 때 충만한 약속으로 열렸다가 끝에 냉혹하게 다시 닫혀버리는 하나의 순환이 되어 버립니다.

그러나 성경에서 제시하는 믿음의 시각에서 볼 때 사람의 인생행로는 비록 뒤틀려 있기는 해도 하나의 목표를 향해 나아갑니다. 그 목표는 시작의 반복이 아니라, 이 시작을 상상조차 할 수 없을 정도로 뛰어넘는 것입니다. 성경의 지평에서 믿는 이들에게 하느님께서는 이 길의 기원이자 동시에 목표이십니다. 길을 가는 도중에도 사람은 언제나 하느님을 만납니다. 비록 나이 들어 더 이상 발걸음을 떼어놓지 못할지라도, 모든 사람은 그 존재 자체로 방랑자이거나 순례자입니다. 아브라함, 이사악, 야곱, 모세 그리고 모든 예언자들과 같은 성경에 등장하는 위대한 인물들 또한 하느님의 방랑자이고 순례자입니다. 예수님께서도 나자렛에서의 은거를 끝내고 밖으로 나오신 이후 쉼 없이 갈릴래아, 사마리아, 유다 지방을 두루 돌아다녔습니다. 그리고 그분께서는 하늘과 땅 사이에서 두 팔을 벌리고 십자가에 못 박혀 돌아가실 때까지, 또한 돌아가신 후 사흘 날에 부활하시어 당신의 길이 아직 끝나지 않았다는 것과 수난과 죽음의 홍해 바다를 통해 약속의 땅, 당신 아버지이신 하느님께서 계시는 영원한 본향으로 건너 가셨다는 것을 분명하게 드러내 보여 주실 때까지, 고지대에 자리하고 있는 거룩한 도성 예루살렘으로 오르셨던, 그 순례 길을 매번 거듭해서 나서셨습니다.

사도행전이 증언하듯이 소아시아에 살았던 첫 그리스도인들은 "새로운 길을 따르는 이들"(사도 9,2)이라 불리었습니다. 이와 관련하여 새로운 길은 신앙생활의 새로운 모델을 의미합니다. 그러나 가장 근원적인 그리스도인들인 사도들Apostel은 말 그대로의 의미로 "길 위의 사람들"이었습니다. 그들은 새로운 신앙을 선포하기 위해 잠시도 쉬지 않고 부지런히 돌아다녔기 때문입니다. 그들은 그리스도를 증언하기 위해 발이 부르트도록 달려갔습니다. "로마 황제가 온 땅에 길을 닦아 놓아, 복음의 전령들이 신속하게 전진하였다." 하고 초기 그리스도교의 호교론자 미누티우스 펠릭스Minutius Felix는 기록으로 남겼습니다.

구약성경에 등장하는 신앙의 선조들은 약속된 땅에 하느님께서 계시는 본향을 자신들이 가야할 목적지로 보았습니다. 그리스도의 제자들과 그리스도를 믿는 모든 사람은 성령 안에서 예수 그리스도와 함께 하느님과의 영원하고 기쁨이 넘치는 삶을 자신들의 인생행로의 목적지로 봅니다. 그들에게 있어서 그리스도께서는 길이자 길 위의 양식(영성체)이요 순례의 목적지입니다.

길을 가기 위한 양식

구약성경의 열왕기 상권에서는 엘리야 예언자가 사막에 머물렀던 이야기를 전하고 있습니다. 예언자는 적대자들을 피해 도망하는 중입니다. 그들은 우상들에 맞서 한 분이신 하느님을 믿는 그의 열정으로 해서 그를 제거하려 합니다. 엘리야는 하룻길을 더 걸어 광야로 나가, 기진하여 싸리나무 아래로 들어가 주저앉아서, 차라리 죽기를 간청합니다. 그가 잠들었을 때, 하느님의 천사가 그를 흔들어 깨우고, 뜨겁게 달군 돌에다 구운 빵과 물 한 병을 가리켜 보이며, "일어나 먹어라. 갈 길이 멀다." 하고 말합니다. 그 음식으로 힘을 얻은 엘리야는 밤낮으로 사십일을 걸어 한 산에 다다릅니다. 그 산에서 하느님께서는 그에게 나타나시고, 그가 가야할 길에서 새로운 방향을 일러주십니다(1열왕 19,1-13). 성경은 사십 주야 혹은 사십 년 동안 광야를 지나가는 다른 길들에 대해서도 전해줍니다. 예를 들면 사십 년 동안 이스라엘 백성은 이집트 땅을 떠나 사막을 떠돌아다니면서, 하느님께서 이슬처럼 하늘로부터 내려 주신 만나를 먹고 살았습니다(탈출 16,13 이하). 예수님께서도 사십 일 동안 광야에서 지내셨습니다(마태 4,1-11).

엘리야가 하느님을 만나기 위한 대림절의 길에서 힘을 북돋아 주었던 빵과 이스라엘 백성이 약속된 고향으로 가는 길에서 먹고 살았던 만나는 그리스도교 신앙의 눈으로 보면 예수님께서 돌아가시기 전에 제정하여 길을 가는 교회에게 주어 보낸 성체성사의 빵을 가리키는 표지들입니다. 순례길을 가는 그리스도인들에게 빵의 형상으로 건네지는 양식은 바로 그리스도 자신이십니다. 편견 없고 분별 있는 그래서 위대한 신학자 토마스 데 아퀴노Thomas de Aquino는 성체성사의 신비를 묵상하면서 시인이 되었습니다. 그는 그리스도의 성체성혈대축일에 부르는 유명한 찬미가 「Pange Lingua Glorirosa」(입을 열어 찬미하라 영광된 성체신비)와 「Lauda Sion Salvatorem」(시온아 구세주께 찬양드려라)의 노랫말을 지었습니다. 임종이 가까웠을 때, 그는 무릎을 꿇고 노자성체를 받아 모시면서 그리스도께 기도하였습니다. 그 기도문은 우리에게 다음과 같이 전해옵니다.

제 영혼의 속량이신 당신을 받아 모십니다.
제 순례길의 양식이신 당신을 받아 모십니다.
당신의 뜻을 깊이 헤아려 보려고,

깨어 노력했나이다.
단 한 번도 당신을 거슬러 말한 적이 없나이다.
하지만 제가 알지 못한 사이에 그런 일이 있었다면,
제 고집을 버리겠나이다.

기도 후 곧 바로 이 인생의 순례길은 목적지에 다다랐습니다.

겨울 작물

게오르그 트라클Georg Trakl(1887-1914)이 남긴 가장 유명한 시의 제목은 「겨울 저녁」입니다. 이 시는 "창가에 눈이 내리고, 저녁 종소리가 길게 울릴 때 …"로 시작합니다. 이 분위기의 묘사는 전례주년에 친숙한 중부 유럽의 그리스도인들에게 있어서 무엇보다 대림절과, 다시 말해 겨울철과 서로 겹치는 대림 시기와 연결됩니다.

고대 서방교회의 가장 위대한 교부이며, 북 아프리카에서 주교로 활동했던 아우구스티노는 그리스도께서 오실 때까지의 대림절을 겨울에 비교합니다. 그는 "우리의 겨울은 그리스도께서 감추어 계심이요, 우리의 여름은 그리스도께서 드러나심이다."는 글을 남겼습니다. 이 히포Hippo의 주교는 겨울철에 잎과 열매가 다 지고 없는 나무들 사이에서 죽은 나무와 살아 있는 나무는 서로 구별되지 않지만, 여름이 오면 영양분을 공급하는 뿌리가 잎을 피우고, 열매를 맺게 하는 앙상한 나무들을 가리키며 말합니다. 아우구스티노의 이 말은 "겨울철에 빵이 자란다." 하고 아름다운 속담에서 말하는 것과 같습니다. 이 속담은 녹지 않은 눈 아래에서도 아무런 동요 없이 겨울 작물이 자라고 있다는 것을 말해 주고 있습니다.

주님께서 오시기를 기다리는 그리고 눈에 덮여 있는 겨울 작물을 닮은 그리스도인들에게 아우구스티노는 바오로 사도의 말씀을 들려줍니다. "여러분은 이미 죽었고, 여러분의 생명은 그리스도와 함께 하느님 안에 숨겨져 있기 때문입니다. 여러분의 생명이신 그리스도께서 나타나실 때, 여러분도 그분과 함께 영광 속에 나타날 것입니다."(콜로 3,3-4)

시 「겨울 저녁」 둘째 연에서 게오르그 트라클은 "순례길을 떠나는 많은 이들이 어두운 골목길을 지나 문가에 다다른다." 하고 읊었습니다. 아우구스티노는 그리스도인들의 삶을 그러한 순례길과 비교합니다. 그는 순례자들이 길을 가는 도중에 즐겨 노래 한다는 것을 상기시킵니다. 그렇게 하는 것이 순례의 고달픔을 덜어주기 때문입니다. 그는 그리스도인들이야말로 길을 가면서 노래를 불러야 한다면서, 하지만 "아무도 제 마음대로 노래하지 말아야 합니다. 여러분의 조국을 사랑하는 노래를 부르십시오. … 주로 밤에 노래를 부르는 순례자들이 노래를 부르듯이." 하고 말합니다.

주님께서 오실 때까지

요한 세바스티안 바흐Johann Sebastian Bach는 자신의 성가극 「마태오 수난곡」에서 최후만찬 중에 예수님께서 하신 말씀을 감동적인 음악으로 표현하였습니다. 마르틴 루터가 번역한 성경 본문에 따라, 배우는 예수님의 말씀을 이렇게 풀어서 노래합니다. "내가 너희에게 말한다. 내 아버지의 나라에서 너희와 함께 새 포도주를 마시게 될 그날까지, 나는 이제부터 포도나무 열매로 빚은 이 술을 더 이상 마시지 않을 것이다."(마태 26,29)

루카와 바오로는 그것을 넘어서 "너희는 나를 기억하여 이를 행하라."(루카 22,19; 1코린 11,25)는 예수님의 말씀을 전해줍니다. 이 말씀은 성찬례를 거행하도록 교회에 맡겨진 명령입니다. 그리고 사도 바오로는 거기에다 "사실 주님께서 오실 때까지, 여러분은 이 빵을 먹고 이 잔을 마실 적마다 주님의 죽음을 전하는 것입니다."(1코린 11,26) 하고 덧붙입니다.

모든 성찬례 거행은 먼저 예루살렘에서 최후만찬을 가졌던 다락방에까지 그리고 골고타에서의 십자가에까지 거슬러 올라가는 시간의 연속선상을 이룹니다. 다른 한편 성찬례는 미래를, 아니 모든 미래의 저편 영원을 가리킵니다.

하느님과 함께 사는 영원한 삶은 신약성경에서 여러 차례 식사의 표상으로 묘사되고 있습니다. 요한 묵시록에서 마지막으로 묘사되고 있는데, 거기에서 예수님께서는 라오디케이아 공동체에 "내가 문 앞에 서서 문을 두드리고 있다. 누구든지 내 목소리를 듣고 문을 열면, 나는 그의 집에 들어가 그와 함께 먹고 그 사람도 나와 함께 먹을 것이다."(묵시 3,20) 하고 말씀하십니다.

로마 가톨릭 전례 거행에서 사제가 그리스도께서 제정하신 성찬 기도문에 이어 "신앙의 신비여!"Mysterium fidei 하고 외치면, 공동체는 제2차 바티칸공의회의 전례 개혁에 따라 "주님께서 오실 때까지 주님의 죽음을 전하며 부활을 선포하나이다." 하고 외치며 응답합니다.

성찬례에 참여하는 사람들은 이 위대하고 고귀한 말씀을 말로만 하지 않고, 가능한 한 성대하게 노래해야 합니다. 이 말씀은 그리스도께서 최종적으로 다시 오실 때까지 미래로 가는 다리를 놓습니다.

한 분이 오실 것이다

1996년 노벨 문학상을 수상한 여류 작가 넬리 작스Nelly Sachs의 시들 가운데 하나는 "한 분이 무시무시한 놀이꾼의 손에서 공을 빼앗게 되리라."는 약속으로 시작합니다. 이 유대 출신 여류 시인은 자기 민족과 모든 피조물이 겪은 고난으로 해서 깊은 상처를 입었습니다. 이 고난에 대한 다양한 탄식 소리가 그의 시를 관통하고 있습니다. 하지만 이 탄식 소리로부터 언제나 "한 분이 오실 것이다."라는 말과 같은 희망의 언어들이 활짝 피어납니다. 유다인의 언어 관행에서 그러한 말은 그 자체로 많은 이스라엘 사람들이 늘 기다려 왔던 메시아의 형상을 가리킵니다. 그리고 그의 모습은 오늘날에도 여전히 영향력을 가집니다. 시인은 "한 분이 무시무시한 놀이꾼의 손에서 공을 빼앗게 되리라." 하고 읊고 있습니다. 여기서 말하는 있는 공은 흙의 행성, 지구입니다. 이 지구를 가지고 사람들이 엄청난 돈을 걸고 무분별하고 치명적인 도박을 벌인 것은 어제 오늘 일이 아닙니다. 그 도박에 지금 이 행성에 살고 있는 사람들뿐만 아니라, 장차 살게 될 사람들의 목숨이 달려 있습니다. 그것은 우리의 환경을 위협하고 황폐하게 함으로써 삶의 공간인 지구를 판돈으로 거는 짓입니다.

이런 섬뜩한 전망에 맞서 시인은 희망의 언어를 이렇게 제시합니다. "한 분이 오시어 그들에게 봄날 돋아나는 초록의 싹을 기도할 때 입는 외투에 꿰매 주고, 어린 아이의 비단 피리를 세기의 이마에 징표로 달아 주리라." 힘 있는 자들을 무력하게 할 만큼 강한 평화를 가져다주도록 약속된 분의 모습과 어찌할 바 모르는 어린 아이의 모습이 서로 연결됩니다. 이 어린 아이의 비단 피리는 평화롭게 된 세기의 "이마"에 달린 표지가 되어야 합니다. 그분이 오시면, "감추어진 것을 밝히는 언어들의 이 절정을, 그리고 모든 불안을 너의 천상의 둥근 속눈썹으로 닫아 버리는, 너 위대한 눈꺼풀인 평화를, 아멘 하고 말할 수 있을 것이다." 하고 넬리 작스는 읊고 있습니다.

성경의 유산에서 빚어낸 이 시의 표상들은 그리스도인들에게 베들레헴에서 태어난 아기 그리고 나자렛 사람인 예수 그리스도의 모습과 서로 연결됩니다. 그분께서는 폭력을 무저항의 사랑을 통해 근본에서부터 문제삼아 그 힘을 못 쓰게 하기 위해서 오셨습니다. 그분께서는 얻어맞았을 때, 되갚아주지 않았습니다. 십자가에서 그분께서는 겉으로는 실패한 듯이 보였으나 부활하셨고 그리고 영광중에 다시 오실 것입니다. 그 조짐이 이미 첫 번째 오심에서 실현된 새 세상에 대한 희망들을 불러일으켜 주시기 위해서입니다.
이스라엘 백성 가운데 많은 이들이 메시아의 도래를 고대하고 있다 해서, 그들만이 대림절 안에서 살아가는 것이 아닙니다. 교회 또한 기다립니다. 하지만 교회는 세상 역사의 긴 대림절 끝에 이르기까지 기다리고 있는 분이 바로 예수 그리스도이시라는 것을 이미 알고 있습니다.

대림절 없는 삶

독일에서 발행되는 한 주간지가 「P 부인이 텅 빈 하얀 벽을 응시하고 있다」는 제목 하에 어느 양로원에 살고 있는 할머니의 삶에 대한 기사를 실었던 적이 있습니다. 이 할머니의 사정은 오늘날의 삶의 조건들 아래 살아가는 다른 많은 이들과 별로 다를 바 없었습니다. 말하자면 칠십이 넘은 이 할머니는 의 식 주에 기본적으로 필요한 지원을 충분히 받아 별 어려움 없이 살았다 합니다. 하지만 많은 이들과 함께 사는 그 집에서 할머니 몹시 고독했습니다. 전쟁이 끝난 후 1945년 할머니는 고향에서 쫓겨난 피난민으로 서방 세계에 건너왔습니다. 세월이 흐르면서 할머니는 죽거나 다른 곳으로 떠남으로 해서 친척과 친지들을 점점 잃어갔습니다.

양로원의 간호사들과 봉사자들이 할머니에게 말을 걸고 온정을 베풀었지만, 이 사람들 외에 할머니(P 부인)를 찾아오는 사람은 더 이상 아무도 없었습니다. 방문 두드리는 소리는 멈춰졌고, 시간이 가면서 할머니는 멍한 상태에서 말이 없어졌습니다. 할머니는 침상 맞은편의 텅 빈 하얀 벽을 응시하곤 하였습니다. 할머니의 방에는 볼품없는 자신의 모습을 떨쳐버릴 수 있게 할 그 어떤 그림이나 성물이나 책도 없었습니다. 할머니의 삶에서 행복을 가져다 줄 것이라 기대하는 그리고 기쁨을 가져다 줄 어떤 사람을 맞이할 열려 있는 마음이 사라져버렸습니다. 할머니에게는 희망을 가져다 줄 종교적 신앙마저 없었습니다. 남아 있는 것이라고는 대림절 없는, 곧 기다림 없는 삶뿐이었습니다.

이 할머니와 전혀 상반되는 모습을 저는 몇 년 전에 선종한 가르멜 수녀에게서 봅니다. 나이가 많이 들어 지친 그녀의 몸은 더 이상 가눌 수조차 없었습니다. 매년 여러 차례 수도원공동체와 함께 아침 미사를 봉헌할 때마다 저는 그 수녀를 만났습니다. 그러다가 어느 날 그 노 수녀는 휠체어에 실려 경당에 왔습니다. 그 모습을 처음 보는 순간 저는 루카 복음서 (13,10-17)가 소개하는 한 여인을 떠올렸습니다. "… 열여덟 해 동안이나 병마에 시달리는 여자 … 그는 허리가 굽어 조금도 펼 수가 없었다. 예수님께서는 그 여자를 보시고 가까이 부르시어, '여인아, 너는 병에서 풀려났다.' 하시고, 그 여자에게 손을 얹으셨다. 그러자 그 여자가 즉시 똑바로 일어서서 하느님을 찬양하였다."

그 수녀는 치유되지 않았습니다. 하지만 제 아무리 등이 굽었어도 그 수녀는 얼굴을 들고 아침 햇살을 바라볼, 요한 묵시록에서 당신을 일컬어 "나는 … 빛나는 샛별이다."(묵시 22,16) 하고 말씀하시는 그리스도를 마주 바라볼 힘을 가지고 있었습니다. 구부정한 등으로 먼 곳을 바라보는 노 수녀는 마치 팽팽한 용수철과 같았습니다. 그 수녀는 저에게 종말을 향한 실존, 곧 대림절을 살아가는 삶의 화신이라는 인상을 깊이 남겼습니다.

고난의 때

기존의 질서들이 전반적으로 붕괴되어 가든 시대를 살았던 거룩한 주교이자 교부인 아우구스티노는 세상을 올리브기름을 짜내는 압착기에 비교하였습니다. 그는 한 개인과 전체 민족들의 역사 안에서 벌어지는 비극들을 으깨지고 바수어지는 과정으로 바라보았습니다. 히포의 주교는 "세상에선 압착이 일어난다."며, 늘 되풀이 되고 있는 비극들의 실례를 들어 다음과 같이 말합니다. "기아, 전쟁, 가난, 인생무상, 이런 것들이 가난한 이들에게 고난이자 나라들의 고달픔인데, 우리는 그것을 겪고 있다."

이 위대한 교부는 계속해서 압착은 피해 갈 수 없지만, 압착기에서 추출되는 나오는 것은, 예를 들어 항아리에 담길 기름이 될 것인지 아니면 하수구에 내다 버릴 기름 거품에 불과 할 것인지는 사람에게 달려 있다고 말하면서, 세계사의 고난을 결단의 시간으로, 불 속에 던져지지 않고 하느님의 곳간에 모아지도록 정해져서 추수하기 위한 익어감의 시간으로 해석합니다.

엄청난 고난을 당했던 그리스도인들 중의 한 분이 바로 사도 바오로였습니다. 그는 코린토 신자들에게 보낸 둘째 서간에서 주고받는 기도문의 형식을 빌려 자신의 당한 고난의 일부를 나열합니다. 예컨대 감옥살이, 채찍질, 파선, 굶주림과 목마름, 동족과 이민족에게서 오는 위험 그리고 그가 "거짓 형제들"이라 부르는 교우들 사이에서 겪는 위험(2코린 11,23-33) 등 입니다.

그러나 이러한 고난들의 한 가운데에서도 십자가에 못 박혀 돌아가시고 부활하신 그리스도의 현존에 대한 신비 체험은 사도 바오로에게 항상 빛을 밝혀 줍니다. 가장 깊은 좌절은 가장 힘찬 위안으로 바뀌고, 그래서 그는 자신에 대하여 "… 내가 약할 때 오히려 강하기 때문입니다."(2코린 12,10) 하고 역설적으로 말할 수 있게 됩니다. 바오로는 또 자신에게 주어진 수수께끼 같은 병, 곧 몸에 있는 가시에 대해서도 말합니다. 그것이 떠나게 해 달라고 세 번이나 그는 그리스도에게 청하였다 합니다. 그러나 그리스도께서는 그에게 "너는 내 은총을 넉넉히 받았다. 나의 힘은 약한 데에서 완전히 드러난다."(2코린 12,9) 하고 말씀하셨습니다.

어려운 상황 속에서 살아가는 그리스도인들을 위한 그리스도의 선물은 "넘치는 위로"(2코린 1,5)입니다. 그래서 한 송가에서는 그리스도께서 교회에 약속하셨던 성령을 일컬어 "위로자로 불릴 당신"이라고 노래합니다.

무화과나무의 비유

성경에 등장하는 나무들은 주로 하느님과의 관계 속에 있는 개인이나 모든 백성을 위한 비유로 사용됩니다. 그래서 일찍부터 이스라엘 백성은 하느님에 의해 이집트 유배의 땅에서 파내어져 약속의 땅에 심겨지는 포도나무에 비유됩니다(시편 80,9). 시편 52편에서 기도하는 사람은 자기 자신을 두고 "그러나 나는 하느님 집에 있는 푸른 올리브 나무 같아라."(시편 52,10) 하고 말합니다. 그리고 사도 바오로는 로마 신자들에게 보낸 서간에서 이교도에서 개종한 그리스도인들로 구성된 젊은 교회를, 이스라엘이라는 고귀한 올리브 나무에 접붙여져 뿌리의 기름진 수액을 같이 나누어 받는, 야생 올리브 가지라고 부릅니다(로마 11,17).

마침내 시편 92편에서는 하느님 앞에 의로운 사람을 야자나무와 레바논의 향백나무에 비유하고 있습니다.

"의인은 야자나무처럼 돋아나고
레바논의 향백나무처럼 자라리라.
주님의 집에 심겨
우리 하느님의 앞뜰에서 돋아나리라.
늙어서도 열매 맺으며
수액이 많고 싱싱하리라."(시편 92,13-14)

그런데 성경에서 무화과나무가 특별히 자주 입에 오르내리고 있습니다. 열왕기 하권에서 아시리아의 왕은 유다 백성에게 "그러면 너희는 저마다 제 포도나무와 무화과나무에서 열매를 따 먹고, 제 저수 동굴에서 물을 마시게 될 것이다. 때가 되면 내가 와서 너희를 곡식과 새 포도주의 땅, 빵과 포도밭의 땅, 새 올리브기름과 꿀이 나는 땅으로 너희를 데려가겠다."(2열왕 18,31) 하고 약속합니다. 넘치도록 풍성하게 열매가 달리는 무화과나무는 약속의 땅에서 제일 맛있는 과일 중에 속합니다. 초봄에 열매가 맺기 시작하면, 곧 이어 잎이 나옵니다. 6월에는 드문드문 열매가 익어가고, 가을과 겨울에는 늦게 맺힌 무화과를 거둬들이고, 그 가운데 심지어 아주 늦게 맺힌 열매는 겨울을 지나 수확하기도 합니다. 그래서 무화과나무는 "사철 열매가 열리는 나무"입니다.

예수님께서는 여름이 다가올 무렵 무화과나무의 잎이 돋아나는 모습을 세상 종말의 징표를 보여주는 비유로 설명해주셨습니다. 새 세상의 탄생은 묵시록적인 재앙들을 통해 준비됩니다. 무화과나무 가지에 순이 돋아나면 여름이 가까이 온 것을 알게 되듯이, 그렇게 묵시록적인 진통들은 새 하늘과 새 땅이 출현할 징표입니다(마태 24,32-33).

위기의 때

의학 용어에서 위기라는 말은 질병경과에 있어서 질병이 죽음으로 아니면 회복으로 진행되는지가 결정되는 시점을 지칭합니다. 성경의 언어에서 위기는 하느님을 위하는 아니면 하느님에 맞서는 결단을 의미합니다. 복음서들의 증언에 따르면 예수님과 만남은 사람들로 하여금 그러한 결단의 상황에 직면하게 합니다. 그는 불분명한 상태에서 확신에로 불러내어집니다. 그는 예, 아니오를 말할 수 있고 또 말해야 합니다.

이런 일이 예수님의 제자들에게, 세리 마태오에게, 야곱 우물가의 여인에게, 요한 복음 8장에서 말하는 간음한 여인에게서 일어납니다. 이 인물들 모두는 예수님을 향해 자기를 열고, 그분의 빛에 의해 확신을 받았습니다. 부자 청년과 같은 다른 인물들은 예수님과 만났으나 변함없이 그냥 떠나갑니다.

오스트리아의 작가 에른스트 얀들Ernst Jandl(1925-2000)은 결단의 상황에서 분명하게 예라고도 아니오 라고도 하지 않는 우유부단한 사람을 일컬어 "아니-예"Jein라고 말하는 사람이라고 부릅니다. 쇠렌 키에르케고르 Sören Kierkegaard(1813-1855)의 유명한 저서『이것이냐 저것이냐』에 대한 소문을 듣고 그를 만나고자 초대했던 덴마크의 여왕이야말로 분명 "아니-예"라고 말하는 이들의 편에 듭니다. 여왕은 "키에르케고르가 자신의 저서『이것이냐 저것이냐』로 대단한 일을 해냈어." 하고 말했으나, 정작 키에르케고르의 관심사를 완전히 잘못 알았습니다. 그의 관심은 실존의 심연 위에 걸쳐진 편안한 가교를 가차 없이 부수어 버리는 것이었습니다.

자기 결단은 그리스도교의 기본원칙입니다. 그 결단은 당신 아드님의 사람 되심 안에서, 죽으심과 부활하심 안에서 이 세상을 위하여 결단을 내리셨던 하느님의 앞질러 간 행위에 대한 응답입니다. 하느님께서는 최종적인 예를 말씀하셨으며 그리고 인류와 새 계약을 맺으셨습니다. 그리스도인은 하느님의 이 예에 자유로운 결단으로 각자의 예와 함께 응답하도록 부름을 받고 있습니다. 인생과 신앙의 길에서 마주치는 수많은 작은 결단들 가운데에는 모든 작은 결단들을 껴안고 한데 뭉쳐두는 보다 큰 결단들이 있습니다. 그것들은 하느님과의 최종적인 만남을 향하여 익어 가는 삶의 진수와 흡사합니다.

얼마 남지 않은 때

"때가 얼마 남지 않았습니다." 하고 사도 바오로는 코린토 신자들에게 보낸 첫째 서간에서 쓰고 있습니다. 사도는 그리스도께서 곧 다시 오시기를 그리고 하느님의 나라가 완성되기를 간절히 바랐습니다. 이러한 미래를 바로 눈앞에 둔 그리스도인에게 겉으로 보기에 가장 중요한 것도 별거 아닌 것이 되었습니다. 그는 세상의 희노애락에서 벗어나 있지 않으면서, 그 어느 것에도 집착하지 않는 것을 가능하게 했던, 내적인 자유를 얻었습니다.

이와 관련하여 바오로는 평정의 영성을 발전시킵니다. "… 이제부터 우는 사람은 울지 않는 사람처럼, 기뻐하는 사람은 기뻐하지 않는 사람처럼, 물건을 산 사람은 그것을 가지고 있지 않은 사람처럼, 세상을 이용하는 사람은 이용하지 않는 사람처럼 사십시오. 이 세상의 형체가 사라지고 있기 때문입니다."(1코린 7,30 이하)

그리스도의 재림을 교회는 2천년 역사가 지났음에도 불구하고 여전히 기다리고 있습니다. 그럼에도 사도의 말씀은 그 타당성을 조금도 잃지 않았습니다. 왜냐하면 그리스도인은 매 순간 세상 안에서의 한 순례자이고, 그래서 언제나 얻은 것을 모두 다시 내려놓아야 하기 때문입니다. 모든 것은 사라지고, 그 자신도 사라집니다. 그의 때는 얼마 남지 않았습니다. "저희의 햇수는 칠십 년, 근력이 좋으면 팔십 년, … 어느새 지나쳐 버리니, 저희는 나는 듯 사라집니다." 하고 시편 90편에서는 읊고 있습니다.

그럼에도 불구하고 이러한 사실은 신앙의 눈으로 볼 때에 이 세상 것을 바라보며 절망하거나 냉담할 이유가 되지 못합니다. 사라지는 모든 것은 하느님께로 가서, 그분에 의해 정화될 것이기 때문입니다. 모든 것은 하느님 안에 언제나 감추어져 있습니다. 신약성경은 이러한 미래를 "새 하늘과 새 땅"(묵시 21,1)이라 합니다.

미완성 교향곡

건축, 음악, 문학 분야에서 수많은 뛰어난 작품들은 미완성 일 수밖에 없습니다. 대개의 고딕식 대성당들은 아직 완공되지 않았습니다. 프란츠 슈베르트 Franz Schubert가 작곡한 나단조 교향곡 「미완성」은 음악적인 미완성의 작품에서 가장 잘 알려진 사례입니다. 모차르트 또한 자신의 대작 「레퀴엠」을 끝까지 작곡할 수 없었습니다. 그의 제자들 중 하나가 이 미완의 작품을 일반적으로 받아들일 수 있는 방식에 따라 마무리하였습니다. 유럽의 위대한 신학자들 중 한 분인 토마스 데 아퀴노의 『신학 대전』 Summa theologiae도 종결되지 못하고 있습니다.

프로메테우스 Prometheus처럼 유용한 모든 것을 스스로 완전하게 만들어내어야 하는 사람이나, 하느님의 존재를 믿지 않거나 루치펠처럼 하느님을 시기하기 때문에 자신의 삶과 활동의 단편을 하느님 향해 열어 놓을 수 없는 사람이 평가하기에, 완성되지 못한 것은 비극적으로 받아들여집니다.

성 토마스 데 아퀴노의 생애 마지막 몇 달에 대한 이야기는 매우 감동적입니다. 20년이 넘도록 힘들게 숙고하고 가르치고 저술하는 동안 다 타버린 초처럼 그의 기력은 다 소진되고 말았습니다. 1273년 12월 6일 미사를 집전한 후 그는 자신의 『신학 대전』 저술을 중단하였습니다. 방대한 작업이 마무리되기를 바라는 비서의 재촉에 그는 짧게 "나는 더 이상 할 수 없네. 내가 저술한 모든 것이 이제 내게는 단지 지푸라기처럼 보이기 때문이네." 하고 대꾸했습니다. 토마스는 자신을 침묵하게 만드는 신적 진리의 충만함을 말없이 바라보았습니다. 이듬해 3월 7일 피해갈 수 없는 죽음을 맞이했습니다.

이 교부의 위대한 유산을 물려받은 그리스도인들은 자기 인생의 집을 하늘을 향해 열려 있는 채 미완성으로 남겨질 작품으로 이해합니다. 그 때문에 한탄하지 않습니다. 이미 완성된 것이 외부 작용에 의해 무너져 내린다 해도 한탄하지 않습니다. 시인 요셉 아이헨도르프Joseph Eichendorff(1788-1857) 남작은 이러한 자세를 하느님께 드리는 말씀인 한 편의 시에서 감동적으로 표현하였습니다.

"하늘을 바라보도록,
우리가 지은 것을,
우리 위로 친절히 허무시는 당신.
그 일로 저는 그리 슬퍼하지 않나이다."

마지막에 일어날 것들

세상에서 가장 아름다운 수도원 건물들 중의 하나인 오스트리아의 아드몬트Admont에 자리한 베네딕토 수도원 도서관에는 바로크 시대의 조각가 타대오 슈탐멜Thaddäus Stammel(1695-1765)이 제작한 네 개의 인상적인 목각 조각이 있습니다. 그것들은 이른바 "마지막에 일어날 것들", 곧 죽음, 심판, 천국 그리고 지옥을 묘사합니다.

정확히 말해서 여기서 "것들"은 중요하지 않습니다. 왜냐하면 죽음은 어떤 것이 아니라, 사람에게서 힘을 모조리 앗아가 버리는 일종의 사건이기 때문입니다. 죽음은 사람이 가진 것뿐만 아니라, 또한 사람이 사람이도록 하는 그 모든 것과 관련하여 다 놓아버려야 하는 것입니다. 다른 한편으로 죽는다는 것은 동시에 하나의 행위일 수 있습니다. 가장 고귀한 사랑의 표현인 동시에 하느님의 손에 자발적으로 자신을 내어 맡기는 것입니다. 하느님과의 이러한 만남은 피할 수 없는 심판이기도 합니다. 사람은 최종적으로 하느님 면전에 서야 함으로써, 거울에 비친 자신을 알아보듯이 자기 자신과도 대면해야 합니다. 모든 자기기만은 끝장나 버리고, 그것은 마치 허물을 벗듯이 떨어져 나갑니다. 사도 바오로가 코린토 신자들에게 보낸 첫째 서간에서 "… 그때에는 하느님께서 나를 온전히 아시듯이 나도 온전히 알게 될 것입니다."(1코린 13,12) 하신 말씀이 여기에 해당합니다.

비록 자신의 모든 한계에도 불구하고 사람에게는 자유가 주어져 있습니다. 사람은 언제나 예 또는 아니오 하고 말할 수 있고 말해야 하는 결단의 상황과 마주칩니다. 또한 그는 하느님을 위하여 또는 하느님을 거슬러 결단을 내려야만 합니다. 하느님께 완전한 자유의지로 결정적인 아니오를 말하면서, 하느님으로부터 철저하게 멀어지는 것은 지옥입니다. 누가 그러한 아니오를 실제로 말하는지 우리는 모릅니다. 하느님께 주저하지 않고 예 라고 말하는 것은 그분과의 관계로 이끌어 줍니다. 그 관계를 신앙에서는 천국이라고 부릅니다. 여기에서 하느님과 맺는 개개인의 관계뿐만 아니라, 온 인류와 그 인류의 구원 그리고 모든 피조물과 그 피조물의 완성 또한 중요하다는 사실입니다. 모든 사람에게 예외 없이 닥치게 될 마지막 날, 최후의 심판을 앞두고 개별적으로 하느님께 받아들여진 사람은 더없는 행복을 넘치게 누리게 될 것입니다. 교회는 또한 정화의 상태, 말하자면 자신의 삶에서 하느님을 기본적으로 택하기는 하였으나, 그들이 말한 예가 마치 쇠에서 불순물을 제거하기 위해 불 속에서 정화되어야 하는 광석과 같은 사람들이 가야 하는, 회화적으로 표현하여 연옥이 존재한다고 가르칩니다.

우리 삶의 대림절 속에서 우리는 그 엄청난 "마지막에 일어날 것들"을 마주 향해 나아갈 수밖에 없습니다.

창가의 늙은 수도승

움베르토 에코Umberto Echo(1932~)의 유명한 소설 『장미의 이름』의 마지막 부분에서 멜크Melk 수도원의 아드손Adson이 - 반어적이고 회의적인 색채로 가득한 이 베스트셀러 작품의 주인공이자 화자인 수련 수도승 - 수도원 책상에 앉아 창문 너머로 언덕 밑을 흐르는 도나우 강을 바라보는 늙은 수도승의 모습으로 등장합니다. 그의 상념들은 창문 너머 바라보는 것을 넘어 가까이 다가온 자신의 죽음으로 이어집니다. "이제 곧 삶의 끝이 온다. 그런 다음에는?"

움베르트 에코는 어쩌면 자기 자신의 분신과도 같은 이 수도승으로 하여금 자신의 말을 하게 합니다. "백발의 수도승에게 죽음의 문턱에서 그가 쓴 글자들이 하나의 의미를, 아니 하나 이상, 심지어 많은 의미를 담고 있는지, 아니면 아무런 의미도 담고 있지 않은지 모른다는 것은 참으로 가혹한 일이다. 하지만 내가 눈이 먼 것 또한 단지 가까이 다가오는 커다란 어둠이 백발이 된 우리들 위에 던지는 그림자의 결과일 수도 있지. 작년에 내린 눈은 지금은 어디에 있는가? 가끔 내게는 이런 도나우 강이 어둠의 나라로 항해하는 『바보들의 배』로 가득 찬 것 같은 생각이 든다. 내게 남겨진 것은 다만 침묵하는 일뿐. 오, 얼마나 유익하고, 즐겁고, 감미로운지. 홀로 앉아, 침묵하며 하느님과 대화하는 것은!(O quam saluter, quam iucundum et suave est sedere in solitudine et tacere et loqui cum Deo!) 이제 곧 나는 나의 근원과 하나가 될 것이다. 그런데 나는 그 근원이 영광의 하느님이라는 것을 더 이상 믿지 않는다. … 하느님은 순전히 허무이다. 어떤 지금 그리고 여기도 하느님을 휘젓지 못한다. … 나는 저 넓디넓고, 평탄하디평탄하며, 헤아릴 수 없는 황야로 신속히 돌진하련다. 그곳에서 진정 경건한 정신은 지극히 행복하게 소멸되겠지. 나는 신적인 어둠, 무언의 침묵, 이루 말할 수 없는 일치 속으로 침몰하게 될 것이다. 그리고 이 침몰 가운데에서 일체의 같음과 다름이 없어져 버릴 것이고, 이 심연 가운데에서 나의 정신 또한 상실되어 더 이상 하느님과 나 자신에 대하여, 같음과 다름에 대하여, 아무 것도, 도무지 아무 것도 알지 못하게 될 것이다. 그리고 이 모든 차이가 지워지고 나는 단순한 바닥으로, 조용한 광야로, 저 가장 깊은 내면에 들게 될 것이다. 거기는 누구의 고향도 아니다. 나는 황량하고 거친 신성 안에 가라앉게 될 것이다. 그 안에서는 일도 없고 형상도 없다."

독일 신비주의에 정통한 사람은 에코의 이 말 속에서 마이스터 에크하르트Meister Eckhart (1260-1328)나 야콥 뵈메Jacob Böhme(1575-1624) 그리고 앙겔루스 질레지우스Angelus Silesius(1624-1677)의 사상들이 거의 그대로 토로되고 있음을 알게 될 것입니다. 이 본문의 배경에도 역시 "대림절" 주제가 자리 잡고 있습니다. 하지만 아빌라의 데레사, 십자가의 요한 그리고 뤼지외의 데레사와 같은 위대한 가톨릭교회의 신비가들 과는 달리 에코의 작품에서 하느님께서는 항상 머물러 계시는 당신으로 파악되지 않습니다. 인간의 영원한 목표로서 성령 안에서 아드님과 함께 아버지의 영원한 대화 속으로 피조물의 자아가 들어 높여지는 것이 아니라, 오히려 아무런 길도 없는 신성의 광야 속으로 이 자아가 사라지는 것으로 나타납니다. 불교와 범신론에서의 사유들을 연상케 합니다. 중세 후기의 멜크 수도원 창가에 회의적이 되어 앉아 있는 늙은 수도승 옆을 지나 성경과 교회의 신앙은 미래를 향한 자신의 길을 냅니다. 그것은 한편으로 죽음 이전의 삶을 위한 미래이고, 다른 한편으로 죽음을 넘어선 미래, 곧 하느님 집에서 하느님과 함께 하는 미래입니다. 그러한 약속은 그 모든 것이 이념이나 기획이나 신화가 아닌가? 그것이 진실이기에는 너무나 아름답지 않은가? 하고 의심의 연옥으로 끌고 들어가는 언어상징들과 연결됩니다. 하지만 이러한 상징들과 언어들은 우리의 영혼 깊이 뿌리 내릴 수 있는 닻을 지니고 있습니다. 사람들이 그것을 모두 포기하면, "그것은 꿈이 아니다." 하고 시몬느 드 보봐르가 생의 마지막 무렵에 이르러서야 말하였습니다.

성경의 대림절 언어상징들을 우리는 특히 예수님의 비유들 안에서 찾을 수 있습니다. 그 비유들은 슬기롭고 어리석은 처녀들, 깨어 있는 그리고 잠이 든 종들, 무화과나무 그리고 새로운 탄생을 위한 진통을 의미하는 재앙들에 대한 이야기를 들려줍니다.

예수님께서는 그러한 비유 말씀 끝에 언제나 "그러니 너희는 깨어 있으라." 하고 말씀하십니다. 이 말씀을 그 의미에 따라 "대림절의 영성으로 살아라!"는 명령으로 옮길 수 있을 것입니다. 그러한 대림절의 전망 없이 그리고 거기에 상응하는 영성 없이 살아간다면 인간은 탐욕과 조급함에서부터 침울과 냉담에 이르기까지 다양한 형태로 극단적인 자기 소외에 빠져버릴 것입니다. 이와 같은 것들은 개인의 인생 편력을 넘어 모든 사람을 포괄하는 사회에서도 발생할 것입니다.

"여러분이 잠에서 깨어날 시간이 이미 되었습니다." 하고 사도 바오로는 로마의 그리스도인들에게 큰 소리로 외칩니다. 이 외침은 언제나 교회 위에서 울려 퍼지고, 교회와 동행합니다. 그것은 대림절의 외침이며 기다림의 외침입니다. 그렇게 외치고, 그래서 외치도록 하는 사람, 그 사람은 심장 세포, 곧 늘 지쳐 있는 사회와 교회의 몸에 활력을 불어넣어 주는 세포가 될 것입니다.

서서 죽다

교황 대 그레고리오는 자신의 『대화집』 2권에서 수도승의 아버지 누르시아의 성 베네딕도의 죽음에 대해 다음과 같이 들려주고 있습니다. "선종하기 6일 전 그는 자신의 무덤을 준비하도록 했다. 곧 이어 열이 덮쳐 와, 고열에 시달렸다. 병이 나날이 깊어 갔으므로, 엿새째 되는 날 그는 제자들에 의해 경당으로 옮겨달라고 하여, 거기에서 주님의 몸과 피를 받아 모심으로써 죽음을 맞이할 힘을 얻고 자리에서 일어서서, 제자들이 부축하는 가운데 쇠약한 몸을 바로 세우고, 하늘을 향해 두 팔을 들어 올려 기도하면서 마지막 숨을 거두었다."
서 있는 이 자세로 대림절의 기다림에서 위로, 하느님을 향해 있었던 또는 달리 말해 앞으로, 다시 오실 그리스도를 향해 있었던 한 사람의 삶은 감동적으로 완성되었습니다.

성 베네딕토가 마지막으로 손을 들어 올린 것은 탈출기에서 모세가 아말렉족과 벌인 싸움에서 손을 들어 올렸던 장면을 떠오르게 합니다. 모세와 아론과 후르가 산 위에 올라가 있는 동안, 여호수아가 이스라엘 백성의 선두에서 싸웠습니다. "모세가 손을 들면 이스라엘이 우세하고, 손을 내리면 아말렉이 우세하였다. 모세의 손이 무거워지자, 그들은 돌을 가져다 그의 발 아래 놓고 그를 그 위에 앉혔다. 그런 다음 아론과 후르가 한 사람은 이쪽에서, 다른 사람은 저쪽에서 모세의 두 손을 받쳐 주니, 그의 손이 해가 질 때까지 처지지 않았다."(탈출 17,11-12)

선 채로 손을 들고 기도하는 것은 하느님을 향한 그리움의 표현입니다. 초대 교회에서 이 자세는 그리스도의 부활에 대한 신앙의 표현이기도 했습니다. 그래서 이 부활을 기념하는 날인 주일에 무릎을 꿇지 않고 서서 기도하는 것이 관례였습니다. 서서 기도하며 죽음을 기다리는 것은 옛 성가에서 노래하듯, "영원이 동터오는 여명" 안에서 머지않아 있을 하느님과의 만남을 향한 그리움의 가장 강렬한 표현입니다.

항상 기뻐하시오

루드비히 반 베토벤의 9번 교향곡은 기쁨에 대한 찬미의 노래로 웅장하게 끝을 맺습니다. 프리드리히 쉴러Friedrich Schiller(1759-1805)의 「기쁨에 부쳐」라는 송가가 베토벤이 작곡한 이 찬미가의 텍스트입니다. 거기에서 기쁨은 꼼지락거리는 조그만 벌레에서부터 하느님 앞에서 행복에 겨운 눈길의 대천사에 이르기까지 통틀어 보아 모든 피조물에게 생기를 주는 신성한 불꽃으로 묘사됩니다.

불행이 덮치고 슬픔이 내리 누르는 사람을 보고 사람들은 "그는 웃을 일이 없다." 하고 말합니다. 하지만 그리스도인들은 본시 웃을 이유를 가진 사람들입니다. 그들은 하느님께서 그들과 함께 계시고, 그들에게 가까이 다가오시고, 당신 아드님 안에서 항상 그들 가까이 머물러 계시다는 것을 믿고 있기 때문입니다. 이러한 확신이 사도 바오로에게는 기쁨의 원천이었습니다. 그는 감옥에서 필리피의 공동체에 "주님 안에서 늘 기뻐하십시오. 거듭 말합니다. 기뻐하십시오. 여러분의 너그러운 마음을 모든 사람이 알 수 있게 하십시오. 주님께서 가까이 오셨습니다."(필리 4,4 이하) 하고 편지를 보냈습니다.

성 바오로의 이 말씀은 대림 제3주일의 전례 분위기를 주도하고 있습니다.

첫 세대 그리스도인들은 곧 다시 오실 그리스도와 그에 따르는 새 하늘과 새 땅을 간절히 기다렸습니다. 모든 그리스도인은 가까운 종말이 하느님의 뜻에 있지 않다는 것을 깨달아야 했습니다.
어제 사셨고 내일 다시 오실 그리스도께서는 그러나 오늘 이미 여기 와 계십니다. 맨 먼저 낯선 나그네가 제자들과 함께 엠마오로 갔던 것처럼, 그분께서는 교회가 가는 길에 동행하십니다. 교회는 전례에서 "그리스도 어제도, 오늘도, 영원히!" 하고 환호합니다.

"기쁨, 신들의 아름다운 불꽃, 극락에서 온 딸"이란 말들과 함께 쉴러는 모든 삶에서 양념이 되는 기쁨을 말합니다. 믿는 이들에게 이 기쁨은 그리스도께서 세상에 가져다주신 거룩한 빛의 불꽃입니다. 그분께서 전하신 소식은 그래서 "복음"Evangelium, 곧 "기쁜 소식"이라는 이름을 갖습니다.

그러나 그리스도교의 기쁨은 언제나 지금 체험하고 있는 모든 것보다도 더 큰 어떤 것을 이 세상에서 미리 맛보는 기쁨에 지나지 않습니다. 요한 복음의 고별사에서 예수님께서는 역사의 긴 대림절 끝에 맛보게 될 기쁨에 대해 "… 내가 너희를 다시 보게 되면 너희 마음이 기뻐할 것이고, 그 기쁨을 아무도 너희에게서 빼앗지 못할 것이다."(요한 16,22) 하고 말씀하십니다.

마라나타

"그렇다, 내가 곧 간다."(묵시 22,20) 하고 예수님께서는 파트모스의 선지자에게, 그리고 그를 통하여 소아시아의 일곱 공동체와 전 교회에 말씀하십니다. 요한 묵시록의 끝 바로 앞 구절에 나오는 말씀입니다. 이 약속에 대해 교회는 "아멘, 오십시오, 주 예수님!" 하고 응답합니다. 몇 구절 더 앞에는 "성령과 신부가 '오십시오.' 하고 말씀하신다."(묵시 22,17) 하고 씌어 있습니다. 그러니까 성령께서는 대림절의 긴 역사에서 그리스도를 고대하며 바라보는 교회와 함께 주님께서 오시기를 청하고 있는 것입니다. 교회는 성령의 신부입니다.

요한 묵시록에서 그리스어로 씌어 진 것이 팔레스티나의 첫 신앙공동체의 전례 거행에서 예수님의 모국어인 아람어로 울려 퍼졌고, 거기서 "마라나타"Maranatha, 곧 "우리 주님, 오십시오!"라는 외침을 듣게 됩니다. 초대 교회의 전례는 사도 바오로가 코린토 신자들에게 보낸 첫째 서간 11장에서 "사실 주님께서 오실 때까지, 여러분은 이 빵을 먹고 이 잔을 마실 적마다 주님의 죽음을 전하는 것입니다."(1코린 11,26) 하고 증언하고 있듯이, 종말론적이고 대림절의 색채가 강한 분위기 속에서 거행되었습니다. "마라나 타Marana-ta, 우리 주님, 오십시오!"(1코린 16,22) 하고 바오로는 이 서간의 말미에서 외칩니다. 그는 이 아람어를 그리스어 서간 본문 속에 그대로 씁니다. 그렇게 본래의 말씀 그대로를 드러내고 있습니다.

"마라나 타" 외침은 열두 사도들의 가르침으로 알려진 초기 그리스도교 문헌 『디다케』에서 성찬례 거행 후의 감사기도문(10,6)에 삽입되어 재차 나타나고 있습니다. 그 기도문은 다음과 같습니다.

"은총은 오고 이 세상은 물러나라!

다윗의 하느님 호산나!
어느 누가 거룩하면 오고
거룩하지 못하면 회개하라.
마라나타!
아멘.

비록 오늘날에는 각 나라의 그리스도인과 신앙공동체는 대부분 자기 모국어로 기도하고 있지만, 예전에는 히브리말과 그리스말로 된 기도 환호성이 보편적으로 사용되었습니다. "알렐루야"Alleluja와 "키리에 엘레이손" Kyrie Eleison이 그렇습니다. 몇몇 성가에 새로이 받아들여진 아람말 기도 환호성 "마라나 타" 역시 교회의 전례 안에 다시 받아들여지고 있습니다.

하늘은 이슬을 내려라

1944년 어느 날 비행기를 몰고 나간 후 실종된 프랑스의 조종사이자 작가였던 앙트완느 드 생떽쥐뻬리Anthonie de Saint-Exupery는 어느 장군에게 한 통의 편지를 보낸 바 있습니다. "나는 나의 시대를 온 마음으로 증오합니다. 인간은 이 시대에 목마름으로 죽어갑니다. 아, 장군님! 세상에는 오직 한 가지 문제만 있을 뿐입니다. 어떻게 사람들에게 영적인 의미, 영적인 불안을 그대로 옮겨줄 수 있을까요? 그레고리안 성가와 같은, 그 어떤 것을 그들 위에 이슬처럼 내리게 할 수 있을까요?"

앙트완느 드 생떽쥐뻬리는 오랫동안 사하라 사막과 그 주변에서 살았습니다. 거기에서 밤에 내리는 이슬은 종종 사람과 짐승과 풀들에게 조금이나마 갈증을 달래줄 수 있는 유일한 수액입니다. 생활에 중요한 이 아침이슬은 생떽쥐뻬리에게 그레고리안 성가처럼 사람들 위에 영적인 목마름을 해소시켜주기 위해 하늘로부터 흘러내리는 영적 이슬의 상징이 됩니다.

예언자 이사야의 책에 어떤 그러한 영적 이슬을 약속하시고 교회의 전례에 받아들여진 하느님의 말씀이 있습니다. 그 내용은 다음과 같습니다.

"하늘아, 위에서 이슬을 내려라.
구름아, 의로움을 뿌려라.
땅은 열려
구름이 피어나게,
의로움도 함께 싹트게 하여라.
나 주님이 이것을 창조하였다."(이사 45,8)

하늘에서 내리는 이슬은 성조 야곱이 아들에게 장자에게 내리는 축복을 빌어 주는 도중에 "하느님께서는 너에게 하늘의 이슬을 내려 주시리라. 땅을 기름지게 하시며, 곡식과 술을 풍성하게 해 주시리라." 하고 말해준 바로 그 선물이기도 합니다. 이 대목에서 이슬은 영성적인 의미를 가지고 있지 않고, 그저 메마른 땅이 애타게 기다리는 물입니다. 하늘에서 내리는 이슬을 청하는 것은, 거기에서 중요한 것이 물이든 성령이든, 일종의 대림절 기도입니다. 새로운 변화를 갈구하는 시대마다 믿는 이들은 그 변화를 위해 기도합니다. 교회는 전례주년의 대림절에 지난날의 이 호소를 받아들이고 있습니다. 그러나 그 호소는 그것을 넘어 시대에 맞게 지속됩니다. 교회의 모든 시간이 대림절의 시간이며, 그리스도를 기다리고 있기 때문입니다.

30년 전쟁 시기에 예수회 신부 프리드리히 슈페Friedrich Spee는 대단한 시적 재능으로 하늘에서 내리는 이슬을 청하는 기도와 그 밖의 다른 대림절 기도들을 한데 묶어 아름다운 하나의 대림절 노래에 담았습니다. 그 노래의 둘째 소절은 다음과 같습니다.

"천주여 이슬 내리며
구름을 열고 단비로
굳은 땅 적셔 주소서
야곱의 집에 오소서."

동쪽에서 비추는 빛

마르틴 루터가 태어난 아이스레벤Eisleben 근교에 있는 이전의 시토회 여자 수도원 헤프타Hefta는 13세기 세 분의 신비가 대 게르트루드Gertrud der Großen, 하케보른의 메히틸드Mechthild von Hackeborn, 막데부르그의 멕히틸드Mechthid von Magdeburg의 영적 고향이었습니다. 얼마 전부터 옛 동독의 독재자들에 의해 허물어져 방치되어 오던 수도원 건물들 중에서 특별히 초기 수도원 성당의 오른쪽 정면 높은 곳에 위치하고 있는, 지금은 거의 완전히 벽으로 막아져 있는 세 개의 둥근 아치형 창문들을 보수하기 시작하였습니다.

헤프타에 대한 아욱스부르그 교구보의 기사에서는 이 창문들이 지극히 거룩하신 성삼위를 상징하기 위한 것으로 만들어졌다고 말합니다. 그런데 왼쪽 창을 막았던 벽돌들이 계속해서 조금씩 떨어져 나갔다고 합니다. 그 창문이 주목을 받는 것은 그 창문을 통해 언젠가 성 게르트루드가 신비로운 관상 속에서 그에게 나타나 그와 대화를 나누기 위해 수도원 성당 안으로 들어오시는 그리스도를 보았다는데 있습니다.

성 게르트루드의 신비주의에는 그가 자주 말했던 흘러내리는 거룩한 빛에 대한 체험이 들어 있습니다.

그리스도인들에게 미사를 봉헌하면서 동쪽을 향하도록 한 것은 일찍부터 준수해야 할 규정이었습니다. 인도, 이집트, 바빌론 그리고 고대 그리스와 로마에서도 기도들에서 특히 아침기도, 희생 제사, 장례 그리고 특히 예배 장소들이 떠오르는 해, 그러니까 동쪽과 연결하고 있는 것이 일반적이었습니다.

이집트에서는 죽은 이들의 얼굴을 동쪽으로 향하게 하고 매장하였습니다. 그에 비하여 유대교에서는 회당들을 예루살렘을 향하도록, 거기에 세워진 성전의 지성소를 향하도록, 방향을 잡았습니다. 성전이 무너진 다음에도 마찬가지로 그렇게 하였습니다. 거기에서 메시아가 오기를 기다렸고, 지금도 기다리고 있습니다.

그러나 그리스도인들은 지리적인 동쪽, 곧 해가 뜨는 방향으로 교회가 향하도록 하였습니다. 그 방향은 그리스도께서 재림하실 때 그분의 마지막 현현에 어울리는 상징이었습니다. 요한 묵시록에서 예수 그리스도께서는 당신 자신을 동쪽의 별인 "빛나는 샛별"(묵시 22,16)이라 하십니다.

그리스도교는 특별히 기도할 때 동쪽을 향하는 관습을, 오랫동안 지켜오고 있습니다. 또한 매장에서도 그리고 교회 건물터를 놓을 때도 늘 그렇게 해 오고 있습니다. 그리스도께서 승천하신 곳이 동쪽이었듯이, 사람들은 거기에서 세상의 빛이신 그리스도께서 다시 오시기를 기다렸습니다. 나중에 십자가 상징물도 동쪽 방향을 향하도록 하였습니다. 십자가에 못 박히신 분의 머리는 동쪽에 두고, 그분의 시선이 서쪽을 향하도록 하였습니다. 서쪽은 그리스도의 은총의 빛이 그곳을 향하여 비추어져야 했었던 곳이고, 그리고 언젠가 최후심판이 있게 될 곳이므로 그렇게 하였습니다.

팔레스티나와 로마와 콘스탄티노플의 고대 교회 건물들에서는 주로 제대가 동쪽을 향하여 있었습니다. 출입문이 동쪽을 향해 있는 경우는 매우 드물었습니다. 로마의 베드로 대성당에서처럼, 제대가 서쪽에 자리하면, 사제는 제대 뒤로 공동체 위를 건너 동쪽을 향하여 빛을 바라보았습니다. 많은 고대 교회들에서 앞을 향해 제대를 올려다보는 미사 참례자들은 동쪽 벽에 세상의 빛이신 그리스도를 상징하는 빛이 들어올 수 있도록 하는 창을 보지 못합니다. 오히려 외벽은 막혀 있고 프레스코화의 커다란 그리스도 상이나 모자이크로 장식되어 있습니다. 특별히 뛰어나게 묘사하고 있는 것들은 몽레알Monreal 주교좌성당과 시칠리아에 있는 쎄팔루Cefalu 대성당에서 볼 수 있습니다.

이러한 하느님의 집들에 들어서는 사람은 모든 것을 다스리시는 분으로 묘사되어 있는 그리스도께서 공간 내부 구석구석까지를 모두 응시하고 계시다는 인상을 가집니다. 그 사람은 이 눈길에서 거의 벗어날 수 없습니다. 가면 같은 모든 것은 벗겨져 버립니다. 그렇지만 꿰뚫어보지만 치유하는 이 눈길에서 움츠려들지 않고, 오히려 사랑으로 받아들여지고 있다는 느낌을 받습니다. 장차 세상을 심판하실 분의 눈길은 온기를 보내 주고 생명을 잘 자라도록 하는 태양과 같습니다.

요한의 눈물

잉에보르그 바흐만Ingeborg Bachmann(1926-1973)의 말년에 쓴 「수수께끼」enigma라는 제목의 시에서 눈물에 대해 다음과 같이 말합니다. "그래 넌

울어서는 안 돼 하고 음악이 말한다." 이 말들은 구스타브 말러Gustav Mahler가 자신의 세 번째 교향곡 중 천상의 기쁨에 바친 3악장에 사용했던 텍스트에서 따온 것입니다.

"울지 마라." 하고 신약의 마지막 성경인 요한 묵시록에서 천사가 파트모스의 선지자에게 말합니다. 무아지경 속에서 환시를 통하여 하늘에 계신 하느님의 손에 안팎으로 글이 적힌 일곱 번 봉인된 두루마리를 보았기 때문에, 그리고 하늘에도 땅 위에도 땅 아래에도 두루마리를 펴거나 그것을 들여다보기에 합당하다고 인정된 이가 아무도 없었기 때문에(묵시 5,1-4), 요한은 울고 있습니다. 봉인된 두루마리는 세상의 수수께끼에 대한 상징이며 그리고 이 수수께끼를 풀지 못하는 모든 철학과 세상의 학문들의 무능에 대한 상징입니다. "그래서 나는 슬피 울고 있었다." 하고 요한은 말합니다. 그런데 천상 전례에서 하느님의 어좌 주변에 모여 있던 스물네 원로들 가운데 하나가 파트모스의 선지자를 위로하며 "울지 마라. 보라, 유다 지파에서 난 사자, 곧 다윗의 뿌리가 승리하여 일곱 봉인을 뜯고 두루마리를 펼 수 있게 되었다."(묵시 5,5)하고 말하였습니다. 그러자 무방비의 상징을 그 자체로 힘의 상징처럼 가진 어린양께서 나오십니다. 그 어린양께서는 "살해된 것처럼" 보이지만, 일곱 뿔과 일곱 눈을 가지고 계십니다. 이 눈들은 고대에 흔히 신적 눈으로 통용되었던 일곱 행성을 두고 하는 말일 수 있습니다.

그 어린양께서 두루마리의 봉인을 뜯으십니다. 이제 하나의 역사가 진행하기 시작합니다. 그 역사는 대재앙의 공포와 천상 영광의 선취를 통하여 번갈아가며 특색을 나타내고 있습니다. 모든 어둠 속에서도 그리스도를 믿는 이들에게는 완성을 향한, 새 하늘과 새 땅(묵시 21,1)을 향한 전망이 언제나 주어집니다.

하느님의 어린양이신 그리스도께서는 세상과 세상 역사의 수수께끼를 푸실 수 있고 푸시게 될 것입니다. 그렇습니다, 긴 대림절 속에서 세상의 완성에 이르기까지 언제나 고통스럽게 짓누르고 있는 물음들에 대한 해답이 바로 그리스도 자신이십니다. 여기서 특히 중요한 것은 고통의 의미에 대한 물음입니다. 어린양께서는 이 물음에 대한 해답이십니다. 그분께서 스스로 고난을 받아들이셨고 죽임을 당하셨지만, 동시에 죽음과 악의 세력을 극복하셨기 때문입니다.

다윗의 열쇠

예수 성탄 대축일 전 칠일 동안 교회가 바치는 성무일도에서 부르짖는 이들을 비추어주고, 치유해주고, 해방시켜주고, 구원해주시도록 청하는 절박한 기도, 그리스도를 향한 부름이 나옵니다. 대림절의 분위기를 띤 그리움이 그 절정에 다다른 부름입니다. 그리스도를 향한 이 간절한 부름을 오! 로 시작하는 교송O-Anthiponen이라고 하기도 합니다. 이 교송들 안에서 그리스도께서는 구약성경에서 따온 여러 호칭들로 불리십니다. 이를 테면 오, 지혜이시여! 오, 주여, 이스라엘 집안을 다스리시는 이여! 오, 다윗의 열쇠여! 오, 동녘에 떠오르는 영원한 빛이시여! 오, 만민의 임금이시여! 오, 임마누엘이시여! 하고 불리십니다.

이 모든 절박한 부름에 이어지는 둘째 부분은 "오시어"라는 청원으로 시작합니다. 이것은 성경의 마지막 요한 묵시록에 나오는 부름이며, 온 교회의 부름입니다. "성령과 신부가 '오십시오.' 하고 말씀하신다. … 아멘, 오십시오, 주 예수님!"(묵시 22,17-20)

이 오! 교송들은 그리스도교 이전 고대 그리스와 로마 시대의 노래 형태를 따라 지어진 것입니다. 이 교송의 넷째 소절은 다음과 같습니다.

"오! 다윗의 열쇠여, 이스라엘 집안의 홀이시여,
주께서는 여시면 닫지 못하고, 닫으시면 아무도 열지 못하오니,
오시어,
어둠과 죽음의 그늘에 앉아 있는 자를 그 결박에서 풀어 주소서."

이 소절의 단서가 되는 구약성경의 배경은 엘야킴에 대해 말하는 이사야 예언서의 대목입니다. 엘야킴은 어려운 시절에 다윗 집안의 권력자로서 예루살렘 주민의 아버지가 되도록 하느님으로부터 다음과 같은 부르심을 받은 사람입니다. "나는 다윗 집안의 열쇠를 그의 어깨에 메어 주리니, 그가 열면 닫을 사람이 없고, 그가 닫으면 열 사람이 없으리라."(이사 22,22)

요한 묵시록에서 그리스도께서는 당신 자신을 두고 다음과 같이 말씀하십니다. "나는 죽었지만, 보라, 영원무궁토록 살아 있다. 나는 죽음과 저승의 열쇠를 쥐고 있다."(묵시 1,18) 부활하신 그리스도께서는 죽음의 세계를 지배하는 분이시기에, 죽음은 그분을 믿는 이들에게 아무런 두려움도 주지 못합니다. 요한 묵시록에서 그리스도께서는 당신을 두고 거룩하신 분으로서 다음과 같이 말씀하십니다. "다윗의 열쇠를 가진 이, 열면 닫을 자 없고, 닫으면 열 자 없는 이."(묵시 3,7)

이 말씀은 그리스도께서 죽은 이들의 나라를 여는 열쇠만을 손에 쥐고 계시지 않다는 의미입니다. 엘야킴이 예루살렘 왕궁의 열쇠를 지니고 있었듯이, 그렇게 그리스도께서는 하늘나라 열쇠, 아버지의 집 열쇠를 지니고 계시며, 그분을 사랑하는 모든 이에게 거처할 곳을 마련해 주십니다(요한 14,2).

아름다운 샛별

철학자 임마누엘 칸트는 지나친 감정 변화에 늘 어색해 했었지만, 밤하늘 별들의 장엄함에 사로잡히곤 하였습니다. 그의 저술 『실천 이성 비판』에서 그는 다음과 같이 썼습니다.

"더 자주 지속적으로 깊은 사색에 잠길수록, 늘 새롭게 점점 더 커지는 경탄과 외경으로 마음을 채우는 것이 두 가지 있으니, 내 위의 별들이 떠 있는 하늘과 그리고 내 안의 도덕적 규범이다."

밤하늘을 비추는 별들은 특히 아주 오랜 문명들의 사람들까지도 매료시켰습니다. 이것은 이 하늘빛에 신적 속성을 부여하고 그것들에 경신례를 드리도록 하는데 이바지하였습니다. 이와는 달리 성경에서의 신앙은 별자리에 주어진 마력을 걷어냅니다. 별자리들은 성경에서의 시각에서 신적이 아니라, 하느님의 작품입니다. 그 아름다움은 특히 시편들에서 여러 차례 칭송받고 있습니다.

요한 복음에서 예수님께서는 당신을 "세상의 빛"(요한 8,12)이라 하십니다. 그래서 고대 교회는 태양을 그리스도를 위한 상징으로 보았고, "나의 이름을 경외하는 너희에게는 의로움의 태양이 날개에 치유를 싣고 떠오르리라."(말라 3,20)는 예언자 말라키에 의한 약속이 그리스도 안에서 실현된 것으로 이해하였습니다.

또 다른 하나의 별이 그리스도를 위한 상징으로 통용되는데, 바로 샛별입니다. 요한 묵시록에서 부활하신 그리스도께서는 당신의 일을 끝까지 지키는 사람에게 "나는 또 그에게 샛별을 주겠다."(묵시 2,28) 하고 약속하십니다. 그 말씀은 그리스도의 영원한 다스림에 참여한다는 것을 의미합니다. 이 묵시록의 끝부분에서 그리스도께서는 당신을 샛별에 비교하십

니다. "나는 다윗의 뿌리이며 그의 자손이고 빛나는 샛별이다."(묵시 22,16)

이 샛별을 가장 아름다운 성가들 중의 하나가 찬미합니다. "얼마나 아름답게 샛별이 빛나는가"로 시작하는 이 성가는 신약성경에서 신랑으로 나타나는 그리스도께 교회가 바치는 신부의 노래입니다. 1599년 필립 니콜라이Philip Nicolai에 의해 지어진 가사의 일곱째 그리고 마지막 소절은 대림절 분위기의 청원입니다. "아멘, 아멘, 오세요, 당신 아름다운 화관이시여, 더 이상 지체하지 마세요. 당신을 저는 간절한 바람으로 기다립니다."

그리스도의 대림절 속에 산다는 것은 영원한 날이 밝아오기 시작할 때, 그분께서 샛별로 떠오를 때까지 기다린다는 것을 의미합니다.

광야에 꽃이 피리라

뜨겁게 타오르는 땅, 바싹 마른 땅. 광야에 대한 이 묘사는 이사야 예언서에 나옵니다(이사 35,7). 지리적으로 광야는 고독, 대낮의 열기와 한밤의 냉기, 갈증과 허기를 통해 다가오는 극한적인 도전의 장소입니다. 여기서 자연은 인간에게 몸을 감싸주는 겉옷이 아니라, 오히려 적입니다.

광야 지대는 종종 사람들이 생동감 넘치는 자연과 일상의 분주함 한가운데에서도 빠질 수 있는 영적 광야에 비견됩니다. 그것은 고독, 질병, 허무, 사랑받지 못함의 "광야"입니다. 그것은 요한 복음에 등장하는 팔다리가 말라비틀어진 이의 상태입니다. 이 사람은 예루살렘의 양의 문 곁에 있는 베자타라는 못 주랑에서 치유기적을 기다렸고, 병자들이 못의 물에 들어갈 때 여러 번 기적이 일어나는 것도 보았습니다. 예수님께서 "건강해 지고 싶으냐?" 하고 그에게 물으셨습니다. 그 병자는 "선생님, 물이 출렁거릴 때에 저를 못 속에 넣어줄 사람이 없습니다."(요한 5,6-7) 하고 대답하였습니다.

도움을 주는 이가 없는 사람, 그 사람은 실제로 광야에 있는 셈입니다.

지리적으로 이스라엘의 많은 예언자들은 광야에 머물렀습니다. 이스라엘 백성도 광야에서 하느님에 의해 사십 년 동안 정화되었습니다. 언제나 지리적으로 메마르고 거친 이 땅은 또한 실존적 광야가 되었습니다. 마침내 예수님께서도 악마의 유혹을 받기 위해 성령의 인도로 광야에 나가셨습니다(마태 4,1-11).

도스토예프스키는 종교 재판관에 대한 이야기에서 빵과 권력과 명예를 향한 인간적 욕망의 악용과 관련된 유혹들의 심연을 밝히고 있습니다. 예수님께서도 광야에서 "두렵고 영리한 영"에 의해 그러한 유혹들에 내맡겨지셨습니다. 예수님께서는 모든 이를 대신하여, 괴로워하며 쉽게 죄로 기우는 성향을 가진 인간이 계속해서 빠져드는, 그러한 영적 광야의 세로와 가로 그리고 높이와 깊이를 모조리 지나쳐서 구원으로 통하게 하셨습니다.

그럼에도 메마른 광야 지대에는 수많은 생명의 싹들이 숨어 있고, 생명을 주는 물을 기다리는 많은 씨앗들이 있습니다. 비가 내리면, 광야는 금세 꽃을 피우지만, 이 꽃들은 이내 져버립니다.

예언자 이사야는 하느님께서 맡겨주신 사명으로 메시아 시대에 광야가 정원으로 꾸준히 변해 나갈 것이라고 약속합니다. "광야와 메마른 땅은 기뻐하여라. 사막은 즐거워하며 꽃을 피워라. 수선화처럼 활짝 피고 즐거워 뛰며 환성을 올려라. … 광야에서는 물이 터져 나오고, 사막에서는 냇

물이 흐르리라. 뜨겁게 타오르던 땅은 늪이 되고, 바삭 마른 땅은 샘터가 되며 … 주님께서 해방시키신 이들만 그리로 돌아오리라. 그들은 환호하며 시온에 들어서리니, 끝없는 즐거움이 그들 머리 위에 넘치고, 기쁨과 즐거움이 그들과 함께 하여 슬픔과 탄식이 사라지리라."(이사 35,1-10)

이 예언은 인류에게 자기 역사의 긴 대림절 속에서 가야할 길을 비추어 주는 하나의 빛입니다.

하느님께서 우리를 집으로 데려가실 때

환성과 희망에 대한 귀한 노래가 시편 126편입니다. 이 시편은 이스라엘의 지난날을 되돌아보는 데서 시작하여 억류 상태에서의 해방에 대한 이야기를 들려주고 있습니다. 두 번에 걸쳐 이스라엘 백성은 그러한 해방을 체험하였습니다. 첫 번째는 대탈출Exodus, 곧 "노예 살이 하던 집"인 이집트에서의 탈출이고, 두 번째는 바빌론 유배에 끌려갔던 이들의 고국으로의 귀환입니다.

"주님께서 시온의 운명을 되돌리실 제
우리는 마치 꿈꾸는 이들 같았네.
그때 우리 입은 웃음으로,
우리 혀는 환성으로 가득하였네.
그때 민족들이 말하였네.
'주님께서 저들에게 큰일을 하셨구나.'
주님께서 우리에게 큰일을 하셨기에
우리는 기뻐하였네."(시편 126,1-3)

이것은 역사 안에서의 회고입니다. 그러나 기도하는 이들은 자신들의 시선을 앞을 향해 미래로 방향을 바꿉니다.

"주님, 저희의 운명을
네겝 땅 시냇물처럼 되돌리소서.
눈물로 씨 뿌리던 이들
환호하며 거두리라.
뿌릴 씨를 들고
울며 가던 이
곡식 단 들고
환호하며 돌아오리라."(시편 126,4-6)

여기서 말하는 남녘의 네겝 땅은 물 없는 광야입니다. 하느님께서는 비를 내리는 기적을 선사하실 수 있고, 메마른 광야의 골짜기에 꽃이 피어나게 하실 수 있습니다. 그분께서는 또한 헛수고일지도 모른다는 불안 속에 바람을 거슬러 씨를 뿌리는 이들의 눈물을 씻어줄 수도 있으십니다. 추수의 기쁨은 씨 뿌릴 때의 근심에 뒤따라오는 당연한 귀결입니다.

이 시편은 그러나 어느 한 해의 추수만이 아니라, 마찬가지로 마지막 때의 추수, 곧 세상 역사의 목표점에서 거두는 수확에도 적용되고 있습니다.

영원한 삶

우리의 삶은 잉태와 출생 그리고 어린 시절을 거치며 전도유망하게 열리고, 나이가 들어 죽은 뒤에 이어서 온전히 계속되도록 처음으로 다시 되돌아가는 하나의 순환일까요? 아니면 삶이란, 비록 대개는 얽혀 있는 길이기는 해도, 자기 자신 밖에 목적지가 놓여 있는 하나의 열린 길일까요? 그리스도교 신앙은 이 두 가지 가능성 중에서 후자를 고수합니다. 그리고 사람은 죽어서 최종적으로 하느님께 가지만, 환생으로 되돌아오지 않는다는 점을 분명히 밝힙니다. 모든 연령대를 경험하지 못했던 사람도, 일찍 죽은 아이도 완전한 의미에서 한 사람이고, 그렇게 완전한 사람으로 하느님께로 갑니다.

모든 사람의 영혼 깊은 곳에는 인생이 언덕 이쪽에서 뻗어 나와 있지만, 언덕 저편에 결코 도달하지 못하고 허공에 미완성으로 놓여 있는, 다리와 같지 않기를 바라는 소망이 살아 있습니다. "누가 우리를 언덕 저편으로 데려다 줄까요?" 하고 지금은 거의 잊혀 진 독일 청년 운동의 한 낭만적인 노래에서 물었던 적이 있었습니다. 언덕 저편에서 기다리는 분은 그리스도이시고, 이 노래의 물음에 비유적인 언어로 답하는 것이 신앙입니다.

언덕 저편의 상황은 우리에게 알려져 있지 않습니다. 하지만 우리가 이편 언덕에서 삶을 가치 있게 만드는 모든 것이 정화되어 "깨끗이 치워지게" 될 것이라고 꿈꿀 수는 있을 것입니다. 요한 묵시록의 대 환시들(묵시 21-22)은 이러한 꿈들을 대체하지 않고, 오히려 고무시킵니다.

교회 역사상 아마도 가장 위대한 신학자인 성 아우구스티노는 이러한 방식으로 꿈을 꾸었습니다. 그의 대작 『신국론』은 영원한 삶에 대한 희망으로 가득한 미래상을 담은 전망으로 끝을 맺습니다. "그때 우리는 쉬면서 보리라. 보면서 사랑하리라. 사랑하면서 찬미하리라. 끝없는 끝에 이루어질 것이 바로 이렇다!" 하고 히포의 주교는 말합니다.

영원한 평화

성경에서 평화에 대하여 말하고 있다면, 그 말은 종종 시적 표현으로 압축됩니다. 이것은 특히 "날들의 마지막"에 예루살렘을 중심으로 생겨날 평화의 나라에 대한 묘사에 적용됩니다. 미카 예언서에서는 많은 민족들이 하느님의 계명을 받아들이기 위해 그 나라를 향해 순례할 것이라고 말하고 있습니다. "그러면 그들은 칼을 쳐서 보습을 만들고, 창을 쳐서 낫을 만들리라. 한 민족이 다른 민족을 거슬러 칼을 쳐들지도 않고, 다시는 전쟁을 배워 익히지도 않으리라. 사람마다 아무런 위협도 받지 않고, 제 포도나무와 무화과나무 아래에 앉아 지내리라."(미카 4,1-4)

여기서 시적 언어로 감동을 주는 평화는 대체로 현재 실현되고 있는 평화가 아니라, 간절히 염원하는 미래에 이루어질 평화일 뿐입니다. 신약성경의 사도행전에서 "이제 교회는 유다와 갈릴래아와 사마리아 온 지방에서 평화를 누리며 굳건히 세워지고, 주님을 경외하며 살아가면서 성령의 격려를 받아 그 수가 늘었다."(사도 9,31)고 전하는 것이 전체 교회에 통용되었던 경우는 아주 드물게 그것도 잠시 동안뿐이었습니다.

역사 안에서 항구한 평화에 도달하는 것이 명백히 불가능함에도 불구하고, 사람들은 평화를 꿈꾸고 평화에 대해 말하기를 그치지 않고 있습니다.

임마누엘 칸트의 저작 『영구 평화론』은 평화를 위한 인상 깊은 철학적 구상을 제시하고 있습니다. 잠시 누리던 평화의 낙원으로부터 다시 추방되기를 반복할지라도 사람들은 언제나 아무런 조건 없이 평화의 도구로 나섭니다. 그 때에 더 이상 예루살렘으로부터만 아니라, 우주의 중심인 그리스도 자신으로부터 나오는 평화에 대한 전망이 그리스도인들에게 제시됩니다.

그리스도의 평화를 향해 가는 길에서 커다란 쉼터와 같은 곳은 교회일치 운동을 목적으로 설립된 세계적으로 유명한 프랑스의 떼제Taize 공동체입니다. 몇 년 전 저는 거기에서 성당으로 올라가는 계단에 걸쳐 놓았던 하얀 판지 조각을 보았습니다. 이 벽보에 대충 "이곳에 들어오는 여러분, 서로 화해하십시오. 남편은 아내와, 아버지는 아들과, 어머니는 딸과, 내국인은 외방인과, 사람은 하느님과 화해하십시오."라는 글귀가 적혀 있었습니다.

아무런 저항도 없이 스스로를 그냥 내맡기고 있는 하나의 감동적인 복음입니다. 주의하지 않고 그곳을 지나치는 사람은 판지 조각을 발로 차 넘어뜨려서 그 위에 적혀 있는 호소를 사라지게 할 수도 있었습니다. 하지만 많은 이들이 평화를 위한 이 호소에 마음이 움직였거나, 어쩌면 또한 철저하게 변화되었을 거라는 것은 틀림없습니다. 그 벽보가 그 자리에 고스란히 남아 있다는 사실이 이것을 반증해 줍니다.

아무 것도 더 이상 묻지 않는다

"사랑하는 하느님! 해가 비칠 때, 달은 어디에 있는지 알려줄 수 있나요?" "왜 아이들이 아픈가요?" "왜 많은 사람들이 굶주려야하나요?" "사랑하는 하느님! 제가 종교과목에서는 최고입니다. 기쁘세요?" 이 질문들은 시모네 슈타인Simone Stein과 알프레드 레플레Alfred Läpple가 묶어 펴낸 어린이들의 편지 모음집 『사랑하는 하느님께』라는 책에 소개되어 있습니다. 이 책에는 그밖에도 다른 질문들이 많이 들어 있습니다. 어른들은 그러한 질문들에 반은 미소를 지으면서, 또 반은 답답한 마음으로 읽을 것입니다. 왜냐하면 어린이들이 그 깊이를 잘 헤아리지는 못하지만, 이미 엄청난 철학적 혹은 신학적 질문들을 던지고 있기 때문입니다.

묻는다는 것은 사람됨에, 사람임에 속합니다. 아무런 거리낌 없이 아이들은 부모님이나 유치원과 학교 선생님들에게 묻습니다. 어른들은 대개 질문을 삼가거나 조심스럽게 합니다. 그 질문들은 재미를 쫓는 호기심과 어떤 상황, 바로 삶의 의미를 심각하게 고민하며 찾으려는 사이에서 다양하게 펼쳐져 있습니다.

성경은 마치 화산이 분출하는 것처럼 영혼의 깊은 곳에서 솟아나는 많은 물음들을 전해주고 있습니다. "어찌하여 내가 모태에서 나와 고난과 슬픔을 겪으며 내 일생을 수치 속에서 마감해야 하는가?"(예레 20,18) 하고 예언자 예레미야는 묻습니다. "저의 하느님, 저의 하느님, 어찌하여 저를 버리셨습니까?" 하고 시편 22편에서 기도하는 사람은 묻습니다. 그렇지만 묻는 사람 전체를 아우르고 있는 사람은 말할 수 없는 고난을 겪는 욥입니다. 그는 하느님께 다음과 같이 토로합니다. "어찌하여 저를 모태에서 나오게 하셨습니까? 제가 죽어 버렸다면 어떤 눈도 저를 보지 못했을 것을!"(욥 10,18)

돌아가시기 전날 저녁 제자들에게 하신, 이른바 예수님의 고별사를 요한 복음은 전해줍니다. "조금 있으면 너희는 나를 더 이상 보지 못할 것이다. 그러나 다시 조금 더 있으면 나를 보게 될 것이다. … 너희가 근심하겠지만, 그러나 너희의 근심은 기쁨으로 바뀔 것이다. 해산할 때에 여자는 근심에 싸인다. 진통의 시간이 왔기 때문이다. 그러나 아이를 낳으면, 사람 하나가 이 세상에 태어났다는 기쁨으로 그 고통을 잊어버린다. 이처럼 너희도 지금은 근심에 싸여 있다. 그러나 내가 너희를 다시 보게 되면 너희 마음이 기뻐할 것이고, 그 기쁨을 아무도 너희에게서 빼앗지 못할 것이다. 그날에는 너희가 나에게 아무것도 묻지 않을 것이다."(요한 16,16-23)

그리스도를 믿는 이들에게 그분과의 최종적인 만남을 기다리는 시간은 중요한 물음의 시간이기도 합니다. 지루함Lange-weile 속에서 살아가는 사람에게는 더 이상 물을 것이 없습니다. 그러나 대림절의 기다림에서 "조금 있으면"kleinen-Weile 동안에는 묻게 됩니다. 세상 안에 그리고 삶 속에 많은 것들이 수수께끼 같고, 고통스럽도록 모호하기 때문입니다. 저녁이 없는 영원의 빛 속에서는 물을 필요가 없게 될 것이라고 예수님께서는 말씀하십니다.

새로운 도시

사람들이 더불어 살아가는 장소로서의 도시는 성경의 많은 대목에서 그리 좋은 모습으로 비춰지지 않습니다. 창세기가 들려주는 이야기 속에서 죄를 짓기 전에 사람은 도시가 아니라, 낙원의 동산에서 삽니다. 거기에는 강이 흘러나와 땅을 적시고, 그 한가운데에 생명나무가 자라고 있습니다(창세 2,8-10).

사람이 낙원에서 쫓겨난 대목 다음에 처음으로 도시와 관련된 말이 나옵니다. 그 도시를 세운 사람은 난폭한 카인입니다. 그는 동생 아벨을 죽인 살인자입니다. 그 후에 창세기는 바벨탑을 세운 이야기를 들려줍니다. 사람들은 "자, 성읍을 세우고 꼭대기가 하늘까지 닿는 탑을 세우자."(창세 11,4) 하고 서로 말했다 합니다. 그러나 하느님께서는 인간의 오만에서 비롯된 이 일을 막으십니다. 그분께서는 탑을 쌓는 이들의 말을 뒤섞어 놓으시고, 서로 남의 말을 알아듣지 못하게 만들어 버리십니다. 그들은 탑을 세우는 일을 그만두게 됩니다. 이어서 성경은 "그리하여 그것의 이름을 - 혼란을 의미하는 말로 - 바벨이라 하였다. 주님께서 거기에서 온 땅의 말을 뒤섞어 놓으시고, 사람들을 온 땅으로 흩어 버리셨기 때문이다."(창세 11,9) 하고 전합니다.

바벨이나 바빌론은 그리스도 이전 6세기에 유다 백성 일부가 끌려가게 되었던 그런 도시입니다. 그래서 "바빌론아, 너 파괴자야!" 하고 시편 137편에서 기도하는 이가 부르고 있습니다. 대단하긴 하지만, 결코 빛나지 않는 성경의 도시 바벨에 대비되는 모습은 도시 예루살렘입니다. 예루살렘은 한편으로 거룩한 도시입니다. 이 도시를 두고 하느님께서는 "나는 너를 내 손바닥에 새겼고, 너의 성벽은 늘 내 앞에 서 있다."(이사 49,16) 하고 말씀하십니다. 예루살렘은 다른 한편으로 도시 중심에 성전이 자리하고 있음에도 불구하고 항상 하느님을 거부하는 곳이기도 합니다. 이 거부는 예언자들에게서 그리고 끝내는 예수님에게서도 이 도시를 두고 비통한 탄식을 불러일으키게 하였습니다. 예언자 예레미아가 외친 하느님의 말씀은 다음과 같은 내용입니다. "내가 예루살렘을 폐허 더미로, 승냥이 소굴로 만들리라."(예레 9,10) 그리고 마태오 복음에서 예수님께서는 "예루살렘아, 예루살렘아! 예언자들을 죽이고 자기에게 파견된 이들에게 돌을 던져 죽이기까지 하는 너! 암탉이 제 병아리들을 날개 밑으로 모으듯, 내가 몇 번이나 너의 자녀들을 모으려고 하였던가? 그러나 너희는 마다하였다. 보라, 너의 집은 (하느님에게서) 버려져 황폐해질 것이다."(마태 23,37-38) 하고 말씀하십니다.

신약성경의 마지막 책인 요한 묵시록에서 도시 바빌론이, 보다 정확히 말하면 예수님의 증인들의 피에 취해 있는 탕녀의 모습으로 다시 나타납니다(묵시 17,1-8). 여기서 바빌론은 더 이상 서남아시아의 유프라테스강과 티그리스강 사이의 지역인 메소포타미아가 아니라, 이름을 밝히고 있지 않지만 이교도의 황제들이 다스리는 도시 로마, 곧 그리스도인들의 적으로서의 로마 제국을 가리켜서 말합니다. 이 도시에 대비되는 빛의 모습으로 그리고 하느님께서 약속하신 미래의 비전으로 나타나는 도시가 "하늘로부터 하느님에게서 내려오는"(묵시 21,2) 새로운 도시인 천상 예루살렘입니다. 그 도시는 고대에 완벽한 것으로 중시되었던 잣대를 가지고, 그리고 값진 재료들인 금이나 진주 그리고 열두 보석으로 건설되어 있습니다. 하느님의 어좌에서 솟아나는 수정같이 맑은 강이 도시를 가로질러 흐르며, 물가에는 옛날 낙원에서처럼 생명의 나무들이 무성하게 자라고, 그 나뭇잎들은 민족들을 치료하는 데에 쓰입니다. 도시의 문들은 항상 열려있지만, 부정한 자는 그 누구도 거기에 들어가지 못합니다. 세상 역사의 흐름에서 그리도 자주 서로 갈라져 아픔을 가져다주었던 아름다움과 선함이 거기에서는 화합하여 조화를 이루고 있습니다.

그 새 예루살렘은 도시이면서 동시에 동산입니다. 그 도시로 잃어버린 낙원이 되돌아옵니다. 아니, 그 도시는 그 낙원보다 훨씬 더 뛰어남게 될 것이다. 이 새 도시의 대림절 모습은 그리스도인들이 살고 있는 모든 사회적 구조를 위한 예언자적 감화 수단입니다.

"인도 하소서, 사랑스런 빛이여"

인생의 대림절에 드리는 기도
추기경 존 헨리 뉴먼John Henry kardinal Newman(1801-1890)

인도 하소서, 사랑스런 빛이여, 어둠의 순환 속에서,
저를 이끌어주소서!
밤은 깊은데, 아직 고향은 멀리 있으니,
저를 이끌어주소서!
제 발을 지켜주소서, 관계없는 형상들의 행렬에서
저는 보기를 원치 않습니다. -
한걸음이면 제게 족합니다.
저는 늘 그러지 못했고, 몰랐습니다

저를 이끌어주소서 하고 청할 줄을!
그저 길을 바라보며 고르는 것이 제 즐거움이었습니다. -

하지만 이제 저를 이끌어주소서!
이글거리는 낮을 저는 좋아했고
두려움에도 불구하고 오만이
여러 해 동안 제 마음을 지배했습니다,
지난 것을 잊어주소서.
그렇게 오랫동안 당신의 권능이
저를 축복해 주셨습니다, 분명 앞으로도
저를 계속 이끌어주실 것입니다,
수렁과 진창을 가로질러,
암벽과 폭포를 뚫고,
밤이 다 가고 아침이 되어
그것을 제가 오래 전부터 사랑하다 도중에 잃었던
천사가 문 앞에
미소 지으며 환히 빛날 때까지.

2
성탄절
구유로부터의 광채

성탄 찬미가

만민의 구세주여 어서오시어
동정녀 해산함을 보여주소서
온세상 이를보고 놀라겠지만
하느님 업적이니 당연하도다

인간의 자연본능 뛰어넘어서
크고도 신비로운 천상힘으로
하느님 말씀께서 사람되시어
태중의 아드님이 태어나셨네

신이요 사람이신 위대한예수
당신의 신방에서 나옵시옵고
임금님 궁궐에서 행차하시어
힘차게 당신길을 가시옵소서

당신의 말구유도 빛을 발하고
한밤도 새로운빛 발산하나니
밤이라 어두움이 끼어들세라
믿음의 밝은광명 밝혀주소서

사랑의 임금이신 독생성자와
하느님 아버지께 영광드리세
위로자 성령께도 언제나항상
세세에 무궁토록 영광드리세.

(이 찬미가 「만민의 구세주여 어서오소서」Veni redemptor getium는 4세기경 밀라노의 주교 암브로시오가 지었다. 여기서 우리말로는 대림 시기 12월 17일부터의 성무일도 저녁기도 찬미가에서 옮겼다.)

머리말

성탄절은 셀 수 없이 많은 사람들의 마음속에 깊이 뿌리내리고 있습니다. 오늘날의 예수 성탄 대축일의 형태는 수백 년을 지나오면서 만들어져, 믿는 이들뿐만 아니라 믿지 않는 이들에게도 친밀하게 자리 잡고 있습니다. 이러한 형태 안에 성탄절 복음은 교회의 가르침, 성인들의 생애, 그리스도교에서 영감을 받아 예술과 시와 음악 그리고 대부분 누구에게서 시작되었는지 잘 알려져 있지 않은 소중한 관습들을 통한 해석과 합쳐집니다. 그렇게 해서 엄청난 영성적이고 문화적인 보화들이 한데 모아졌고, 지금도 여전히 늘고 있는 중입니다.

성탄 신비의 일부 측면에 대해 여기서 내놓은 성찰들은 하느님의 사람되심에 대한 복음서들의 증언들을 따릅니다. 그러나 마음에다 호소하고, 베들레헴의 아기에게 돌아서라고 초대하는 성탄절의 전체 모습을 바라보는 시각에서 주어진 것이기도 합니다. 이 성찰들의 제목은 4세기경 교부 밀라노의 암브로시오가 지은 한 찬미가 중 "구유도 빛을 발하고"에서 따왔습니다.

그리하여 사람이 하느님이 되다

그리스도교의 가장 큰 축제는 성탄절이 아니라, 죄와 죽음을 이기신 그리스도의 승리를 기념하는 부활절입니다. 그리스도인이라는 것은 간단하게 말해서 부활절의 사람이라는 것을 뜻합니다.

그러나 구원의 신비는 하느님께서 사람이 되신 신비를 전제로 합니다. 베들레헴의 아기 안에서 그리고 나자렛의 젊은이 안에서 우리는 가장 사랑스럽고 그래서 가장 위대하신 분을 만납니다. 그분께서 이런 분이신 까닭은 동시에 당신의 모든 것을 다 내어놓으시는 하느님의 영원한 아드님이시기 때문입니다.

베들레헴의 아기는 히브리 이름은 임마누엘입니다. 이 이름은 본래 "하느님께서 우리와 함께 계시다."라는 의미를 가지고 있습니다. 이 아기 안에서 하느님께서는 인간 존재의 길이와 넓이, 깊이와 높이를 정확히 헤아리시고, 동시에 영원히 흘러나오는 하느님의 생명에로 그 경계를 열어 놓으십니다. 사람으로 하여금 하느님이 되게 하려고, 하느님께서 사람이 되십니다.

신선한 축제

많은 이들에게 성탄절은 하나의 진부한 축제처럼 보입니다. 그들은 원래 전례주년에서 조용해야하는 때인 대림절이 소란스럽다고 지적합니다. 성탄 선물을 주고받는 것은 이제 거의 사회적 부담이 되고 있다고 불만을 토로합니다. 그리스도 탄생의 신비가 지나친 수다와 노래 소리에 사라지고 있다고 합니다. 특히 젊은이들이 부활 축제의 그러한 소외 현상을 혹평하고 있습니다.

그렇기는 하지만 성탄절은 수많은 이들에게 여전히 그 광채를 보존하고 있습니다. 이 축제를 사랑하는 사람들의 거대한 공동체에 어린이들과 그리고 마찬가지로 이날에 지난날의 자신들의 어린 시절을 회상하는 어른들이 속합니다. 그리스도교 신앙의 은총이 아직 또는 이제 더 이상 선물로 주어지지 않은 사람들도 이 축제를 포기하려 하지 않습니다.

성탄절은 한밤중의 빛이나 추위 속의 난롯불 그리고 바람을 막아주는 지붕과 같습니다. 성탄절은 그날에 행해지는 모든 그릇된 관행 보다 훨씬 더 큰 축제입니다.

때가 찼을 때

갈라티아 신자들에게 보낸 서간에서 사도 바오로는 하느님께서 사람이 되신 시점을 두고 "시간의 충만"이라 말합니다. "때가 차자 하느님께서 당신의 아드님을 보내시어 여인에게서 태어나 율법 아래 놓이게 하셨습니다. 율법 아래 있는 이들을 속량하시어 우리가 하느님의 자녀가 되는 자격을 얻게 하시려는 것이었습니다."(갈라 4,4)

마르코가 전해주는 것처럼, 예수님 스스로 이 시간의 충만을 알리면서 백성에게 복음을 선포하기 시작하셨습니다. "때가 차서 하느님 나라가 가까이 왔다. 회개하고 복음을 믿어라."(마르 1,15)

이와 달리 시인 프리드리히 휠덜린은 자기 시대를 궁핍한 시대라고 여겼습니다. 그에게 신적인 모든 것이 사라져 보였기 때문입니다. 그는 암울한 시대에 대해서도 말한 바 있습니다. 그가 자기 시대를 맥 빠지고 무겁게 짓누르는 듯이 느꼈기 때문입니다. 한참 후에 여류시인 마리 루이제 카슈니츠는 쉼 없이 변화를 추구해야 하는 우리 시대를 격동하는 시대로 특징지었습니다.

시간을 갖는다는 것은 하느님의 현존 안에 산다는 것을 말합니다. 사람이 되신 하느님의 현존 안에 시간은 납덩이처럼 무겁게 가라앉아 있지도 않고 바람처럼 쏜살같이 지나가지도 않고, 완전히 충만해 있습니다. 새로운 시간이 그리스도의 탄생과 함께 세상의 시간 속에서 시작되고 있고, 이 세상의 시간을 변화시키고자 합니다.

시간의 전환

예수 그리스도께서 탄생했던 시대는 여러모로 몹시 지쳐있던 시대였습니다. 오랜 세월 받아들여져 온 이념들과 철학들 그리고 종교들이 탈진해 보였습니다. 사람들은 해 저문 세상을 아침 햇빛으로 되돌릴 만한 어떤 새로운 것을 기다렸습니다. "온 누리 어둠으로 가득 찼을 때, 순결한 동정녀의 아들 되시어, 구세주 이 세상에 탄생하시니, 마치도 신방 나선 신랑 같도다." 하고 라틴말로 지어진 오래 된 대림절 찬미가 「별들을 지어내신 창조주시여」Conditor alme siderum에서는 노래합니다.

그리스도교 신앙의 관점에서 베들레헴의 아기는 역사의 중심이며, 시간의 전환입니다. 많은 이들이 의식적으로든 혹은 단지 예감 만으로든 이 아기를 기다렸습니다. 그러나 우리가 우리의 년 수를 세는 기점이 되는 아기가 태어났을 때, 이 아기를 알아본 이는 얼마 되지 않았습니다. 성경은 그의 탄생을 증언하는 이들로 사회적으로 하찮게 취급받던 목동들과 그리고 동방 먼 곳에서 생명의 빛을 따라 찾아 온 현인들인 몇몇 점성술사들을 들고 있습니다. 그러나 눈에 잘 띄지 않은 베들레헴의 아기 탄생 안에는 아주 작은 겨자씨의 힘을 담고 있었고, 그 힘이 마침내 세상을 품에 안을 그리스도 교회의 나무를 자라나게 하였습니다. 하느님께서 사람이 되시고 그리고 그렇게 시작되어 그리스도의 죽음과 부활로 완성된 구원 사업은 세상의 시간 속에서 어떤 새로운 것을, 사람들의 모든 자기주장에 맞서 있는 것을 불러 일으켰습니다. 하느님께서는 예수님 안에서 하나의 새로운 말씀이시지만, 세상은 그 마지막 말씀이 되지 못합니다.

가시밭길 지나가신 마리아

17세기 초엽 튀링엔 아이힉스펠드thüringisches Eichsfeld에서 만들어진 것으로 짐작되는 옛 노랫말에는 세 개 소절 속에 대림절의 주제와 성탄절의 신비가 잘 연결되어 있습니다. 그 가사는 이렇습니다.

마리아 가시밭길 지나가셨네, 주님 자비를 베푸소서.
마리아 가시밭길 지나가셨네,
칠 년 동안 아무 잎도 못 내었던, 주님 자비를 베푸소서.

마리아 마음에 무엇을 품으셨나? 주님 자비를 베푸소서.
고통 모르는 어린 아기를,
마리아 마음에 품으셨네, 주님 자비를 베푸소서.

거기 가시들 장미꽃을 피웠네, 주님 자비를 베푸소서.
어린 아기 업고 가시밭길 지나가실 때,
거기 가시들 장미꽃을 피웠네, 주님 자비를 베푸소서.

성경에 등장하는 위대한 신앙의 인물들이 모두 나그네였듯이, 마리아 역시 길을 떠나십니다. 예수님의 어머니와 관련하여 신약성경에서 전해주는 내용들은 그리 많지 않습니다. 하지만 마리아가 세례자 요한의 어머니 엘리사벳을 만나러 산골마을로 찾아 가시는 이야기는 비교적 길게 전해줍니다. 마리아는 궁핍한 삶을 상징하는 가시밭길을 지나가십니다. 가시나무 숲은 칠년 간 고통스럽게 지속되어 오는 시간 내내 아무 꽃도 못 피웠고, 아무 잎도 못 내었습니다.
마리아는 축복받은 몸입니다. 이스라엘 백성은 수백 년 동안 메시아를 잉태한 채 걸어왔다고 말할 수 있습니다. 이제 이 기다림이 이루어질 때가 가까이 왔습니다. 시온의 딸이자 새 이스라엘이며 교회의 시작이신 마리아가 메시아이신 아기 예수님을 잉태하고 걸어갑니다.

어린 아기를 품고 마리아는 가시밭길을 지나가신다고 앞서 소개된 가사에서 노래하고 있습니다. 이 표현은 성경의 첫 번째 책에서 들려주는 사람이 낙원에서 쫓겨난 이야기와 관련되어 있다고 봅니다. 거기에서 하느님께서는 하와에게 "나는 네가 임신하여 커다란 고통을 겪게 하리라. 너는 괴로움 속에서 자식들을 낳으리라." 하고 말씀하십니다. 전통 신학의 견해에 따르면, 새 하와, 마리아는 아무 고통 없이 메시아 아기를 출산하셨다고 합니다. 마리아와 함께 새로운 창조가 시작되기 때문입니다. 그러나 베들레헴의 아기는 고통의 사람의 사람, "우리의 고통을 짊어진"(이사 53,4-6) 구원자가 되실 것입니다. 그리고 마리아는 교회가 자신의 고유한 전례에서 그분의 일곱 가지 고통에 대한 기억을 바치게 될, 통고의 어머니가 되실 것입니다.

노래의 세 번째 소절은 "거기 가시들 장미꽃을 피웠네." 라는 기쁨의 소식으로 시작합니다. 메마른 땅은 하느님의 아기와 그분의 어머니가 지나가실 때, 초록으로 물들 뿐만 아닙니다. 그 땅은 꽃을 피우기 시작합니다. 그래서 이 대림절 노래는 "이사야 말씀하신 그 나무 등걸에 새 가지 돋아났네. 이새의 지파에 꽃송이 피었네." 라는 더 오래 된 성탄절 노래를 향해 열리고 있습니다.

조용히 문을 두드림

오래된 알프스 지방의 성탄절 노래는 "문을 두드리는 이는 누군가요?" 라는 물음으로 시작합니다. 따뜻한 난로가 피워진 방에서 식탁에 편안히

둘러앉은 사람들의 물음입니다.

노래의 물음에 주저하며 답을 하는 이는 자신들과 아직 태어나지 않은 아기 그리스도를 위해 들여보내주기를, 잠자리를 청하는 마리아와 요셉입니다. 그들의 청이 처음에는 들어지지 않습니다. 성가정은 바깥에 머물러 있어야 했습니다. 사람들을 향한 길을 가시는 사람으로서의 하느님께서 퇴짜 맞고 계십니다.

성탄절 복음은 2000년도 훨씬 더 된 먼 사건에 대한 이야기만은 아닙니다. 문을 두드림은 지금까지 그치지 않고 계속되고 있습니다. 두드려지는 문은 다른 사람의 문만이 아니라, 우리 모두의 문입니다. "문을 두드리는 이는 누군가요?" 하고 노래는 묻습니다. 맨 처음 언제가 우리 문 앞에 서 있는 사람들은 대단히 말수가 적고 수줍어하고 소심해서 쉽게 흘러 들을 수 있는 사람들입니다. 그들은 무시당하고, 외롭고, 병들고, 영적으로 굶주린 사람들입니다. 개중에 어쩌면 이웃 사람이 있을지도 모릅니다. 그리고 육체적으로 굶주리고 있는 저 먼 곳에 사는 사람들, 특히 지구의 남반부에 살고 있는 사람들도 있습니다.

이 사람들 안에서 예수님께서 친히 문을 두드리십니다. 이제 베들레헴의 아기는 어른이 되어 "너희가 내 형제들인 이 가장 작은 이들 가운데 한 사람에게 해 준 것이 바로 나에게 해준 것이다." 하고 말씀하셨기 때문입니다. 그리고 예수님께서는 또 "너희가 이 가장 작은 이들 가운데 한 사람에게 해 주지 않은 것이 바로 나에게 해 주지 않은 것이다." 하고 말씀하셨기 때문입니다.

그러나 하느님께서는 사람을 통해 간접적으로만 우리에게 오시지 않습니다. 비유로 말하자면, 그분 친히 우리 문 앞에 서 계십니다. 그분께서는 친히 우리 양심 안에 있는 목소리로 문을 두드리십니다. 그분께서는 문을 쾅쾅 두드리지도, 거칠게 두드리지도 않으십니다. 그분께서는 조용하시고, 우리에게 당신의 강함이 아니라, 우리가 그분을 사랑하도록 당신의 사랑스러움을 드러내 보이십니다.

많은 개인적인 문들에서 그리고 또 많은 사회질서들의 문들에서 오늘날 하느님께서는 마치 대충 훑어 본 뒤 따돌리거나 아예 퇴박을 당하는 거지 취급을 받습니다. 언젠가 아씨시의 프란치스코는 하느님의 영원한 사랑이 대부분의 사람에 의해 사랑으로 보답 받지 못하고 거절당하는 사실을 알고서 마음이 아파 길거리에서 운적이 있었다고 합니다.

한밤중의 빛

가장 아름답고 유명한 성탄절 성가 중에 "이사야 말씀하신"으로 시작하는 성가에서 "엄동의 한밤중에" 예수 그리스도께서 태어나셨다고 노래합니다.

이스라엘의 예언자들은 메시아의 빛을 간절히 소망했습니다. 그들은 자신들을 어둠과 죽음의 그늘 속에 사는 민족 한가운데 거처하는 사람들로 여겼습니다. 그들은 밤중에 성루 위에서 아침 햇빛을 기다리며 바라보던 파수꾼들과 같았습니다.

교회는 그리스도께서 탄생하신 날과 시간을 정확히 모릅니다. 기원 후 4세기 경 불굴의 태양을 기리던 그 당시까지의 이교도 축제일이 그리스도교 신자들에 의해 그리스도의 탄생 축제로 정해진 것은 참으로 뜻 깊은 일이었습니다. 요한 복음의 증언에 따르면 그리스도께서는 세상의 빛이십니다. 그리고 오래 전부터 전해오는 성가에서는 그분을 "정의의 태양"이라 부릅니다. 그래서 한겨울, 춥고 밤이 긴 계절에 교회는 사람의 마음을 밝히고 따뜻하게 할 수 있는 그 영적 태양이 떠오름을 축제로 기립니다.

"당신의 말구유도 빛을 발하고, 한밤도 새로운 빛 발산하나니, 밤이라 어두움이 끼어들세라, 믿음의 밝은 광명 밝혀주소서." 하고 교부이며 밀라노의 주교였던 암브로시오가 지은 찬미가에서는 노래합니다. 이 광채의 원천은 한 아기입니다.

바로크 시대에 그려진 많은 성탄절 성화에는 그림 한가운데 온몸이 환히 빛나는 아기 예수님으로부터 빛이 사방으로 흘러넘쳐, 마리아의 옷과 얼굴에 아름다운 무지개를 비추고 있습니다.

많은 이들의 마음속에 그리고 사회의 많은 영역 안에 한겨울의 매서운 추위가 몰아치고 있습니다. 세상을 밝히는 거룩한 빛이 거기에서 찾아들지 못하고 부딪혀 나오기 때문입니다. "그 빛이 어둠 속에서 비치고 있지만, 어둠은 그를 깨닫지 못하였다."(요한 1,5) 하고 요한 복음의 머리글은 전하고 있습니다. 이 말씀은 성탄 제3주일 미사 복음으로 선포되는데, 그 빛을 맞아들이지 않는데 대하여 그리고 동시에 그 빛을 물리치지 못하는데 대하여 말해 주고 있습니다.

고요한 밤

두 밤의 고요함 속에서 교회는 매년 자신의 존립에 결정적으로 기여한 두 사건들을 기억합니다. 바로 그리스도의 탄생과 그리고 죽음으로부터 그분의 부활입니다.

우리는 그리스도께서 탄생하신 날과 시간을 알지 못합니다. 조용히 하느님께서는 사람으로 이 세상에 들어오셨습니다. 거의 알아챌 수 없이 그분께서는 그 당시 세상의 중심이었던 로마나 거룩한 도성 예루살렘도 아니었고, 오히려 역사를 주도했던 그런 곳에서 멀리 떨어져, 세계사의 무대에 등장하셨습니다. 그러므로 그분의 탄생을 기념하는 축일 전례는 그분의 부활을 기념하는 부활 축일 전례처럼 한밤중에 거행됩니다. 한밤중은 나지막한 목소리도 알아들을 수 있고, 대낮의 소음이나 분주함에도 묻히지 않는 시간입니다.

모든 성탄절 성가 가운데 가장 잘 알려진 성가는 바로 이 거룩한 고요함을 "고요한 밤, 거룩한 밤"이라 암시하면서 시작합니다. 종종 과소평가되기도 하는 이 성가는 모든 언어의 한계를 극복하고 있다는 것은 옳은 지적입니다. 아이들이 부르면 순수하게 될 것이고, 어른들이 부르면 고귀하게 될 것입니다. 고요함은 떠들썩하지 않은 것보다 더한 것입니다. 대림절의 고요함이 있는 그 곳에서는, 달리 말해 귀를 기울여 듣고 순명하는 준비가 되어 있는 그 곳에서는 독일의 신비가 안겔루스 실레시우스가 "장미꽃이 피어날 것이다." 하고 말한 것처럼, 하느님의 말씀이 사람들에게 도달할 수 있을 것입니다.

기다리는 세상과 기다리는 역사의 고요함 안으로 하느님께서는 당신의 말씀이신 당신 아드님을 보내셨습니다. 교회는 성탄절 전례에서 구약성경의 지혜서의 말씀으로 이 사실을 전합니다. "부드러운 정적이 만물을 뒤덮고, 시간이 흘러 한밤중이 되었을 때, 당신의 전능하신 말씀이 하늘의 왕좌에서 뛰어 내렸습니다."(지혜 18,14-15)

고요함 속에서 인간의 언어와 음악은 하느님의 이 말씀에 대한 응답으로 빚어집니다.

우리와 함께 계신 하느님

구약의 백성에게 닥친 큰 환난의 때에, 예루살렘이 적군에 의해 포위되었을 때에 예언자 이사야는 하느님께서 새로운 시작의 징표로 젊은 여인에게서 태어날 사내아이를 주실 것이라고, 믿음이 약한 아하즈 왕에게 말해 주었습니다. 성경 본문의 젊은 여인은 "동정녀"라고 옮길 수 있습니다. "보십시오, 젊은 여인이 잉태하여 아들을 낳고 그 이름을 임마누엘이라 할 것입니다."(이사 7,14) 임마누엘Immanuel 혹은 엠마누엘Emmanuel이라는 이 이름은 "하느님께서 우리와 함께!"라는 의미를 가지고 있습니다.

예수님의 탄생에 대해 전해주는 마태오 복음서에서는 이 탄생을 이사야 예언자가 말했던 약속이 이루어진 것으로 이해하였습니다. "'보아라, 동정녀가 잉태하여 아들을 낳으리니 그 이름을 임마누엘이라 하리라.' 하신 말씀이다. 임마누엘은 번역하면 '하느님께서 우리와 함께 계시다는 뜻이다."(마태 1,23)

따라서 예수님께서는 "우리와 함께 계신 하느님"이십니다. 교회는 예수님께서 그분 이전의 예언자들처럼 하느님의 전령이실 뿐만 아니라, 실제로 세상 안으로 그리고 인간 존재 안으로 내려오신 하느님이시라고 가르칩니다. 교회의 신앙은 그분에 대하여 "하느님에게서 나신 하느님, 빛에서 나신 빛, 참 하느님에게서 나신 참 하느님."으로 고백합니다.

하느님에 대한 인류의 관계는 예수 그리스도 안에서 더 이상 넘어설 수 없는 최고의 정점에 도달합니다. 신약성경은 세상과 인류의 전 역사가 이 정점을 향하여 놓여 있다고 보고 있습니다. 사도 바오로는 콜로새 신자들에게 보낸 서간에서 "만물이 그분 안에서 창조되었기 때문입니다. 하늘에 있는 것이든 땅에 있는 것이든 … 만물이 그분을 통하여 또 그분을 향하여 창조되었습니다. 그분께서는 만물에 앞서 계시고 만물은 그분 안에서 존속합니다."(콜로 1,16-17)

가장 큰 것에 의해서도 에워싸여 있지 않지만, 가장 작은 것 속에서도 들어 있는 것, 그것이 바로 하느님의 본질입니다. 그래서 마르틴 루터는 자신이 지은 오랜 된 성탄절 찬송가에서 "온 세상이 감쌀 수 없는 분께서 마리아의 태중에 계시다. 그분께서 작은 아기가 되어 홀로 모든 것을 품으시도다." 하고 말합니다.

하느님께서는 우리와 함께 계십니다. 하느님께서는 베들레헴에서 탄생한 아기로, 낡고 경직된 세상에 무방비로 내맡겨진 이 약속으로 우리 곁에 계십니다.

교만에 맞선 축제

성탄절은 교만에 맞선 축제입니다. 옛날부터 전해오는 전설에서 어떤 제자가 자신의 영적 스승에게 "어찌하여 예전에는 사람들이 하느님을 보았으나, 지금은 더 이상 보지 못합니까?" 하고 묻습니다. 노 스승은 이에 "오늘날에는 아무도 더 이상 허리를 굽히려 들지 않기 때문이지." 하고 대답합니다.

이 이야기는 성탄절과 연관됩니다. 성탄절 성화 속 구유에 누워 있거나 또는 마리아의 품에 안겨 있는 아기를 자세히 보고자 하는 사람은 허리를 굽혀야 합니다. 그는 더 낮아져야 하고, 그래서 이 아기와 같아져야 하며, 자신도 오랜 전에 그랬었고 지금 어쩌면 잊고 있을지 모르는 그 아기를 드러내 보여야 합니다. 그리고 이 아기의 어머니인 마리아를 이해하고

자 하는 사람은 자유로움을 드러내 보여주는 그분의 겸손에 대하여 좀 알아야 할 것입니다.

오랜 된 전승에 따르면 베들레헴의 동굴 성당 바닥에 장식되어 있는 은빛별은 예수님께서 태어나신 곳, 그래서 세상에 빛이 떠오른 곳을 가리키고 있습니다. 그 자리는 낮은 곳에 있고, 또 이 동굴에 다가갈 수 있는 높은 탄생 성당 안으로 들어오려면 수그려야만 합니다. 이 오래 된 성당의 대문은 수백 년 전에 "바늘귀"라고 불리는 작은 문을 제외하고 모두 벽으로 막아져 버렸습니다. 거룩한 전통에 따라 하느님께서 아기로 나타나신 곳에 이르기 위해서는 자신을 낮추어야 합니다.

베들레헴에서 태어나 나자렛 사람이 된 아기는 하늘 나라에서 차지할 지위를 놓고 다투는 제자들 한가운데로 어린이 하나를 불러 세우시고 "너희가 회개하여 어린이처럼 되지 않으면, 결코 하늘 나라에 들어가지 못한다. 그러므로 누구든지 이 어린이처럼 자신을 낮추는 이가 하늘 나라에서 가장 큰 사람이다."(마태 18,3-4) 하고 말씀하셨습니다.

한 아기가 왕이다

성탄절은 아기의 축제입니다. 또한 말이 없고 표현이 서툰 사람들도 아기를 만나면 종종 마음씨 좋은 사람으로 바뀝니다. 마음과 입이 열려 미소를 짓고, 말을 건네고, 심지어 노래까지 불러줍니다. 아기는 닫혀 있던 문들을 열어주는 열쇠입니다. 특히 베들레헴의 아기가 그렇습니다.

음악 작품에는 자장가들이 많이 있습니다. 그 중에는 아기 예수님께 들려주는 제법 많은 구유 노래들이 있습니다. 표준어로 된 노래들도 있고,

사투리로 된 노래들도 있습니다. 그 노래들은 그리스도의 탄생으로부터 우리를 갈라놓은 2000년의 시간을 신앙의 상상력으로 이어줍니다. 그 노래들은 부르는 이와 듣는 이를 마리아와 요셉, 목동들과 왕들과 천사들과, 요컨대 성탄절 복음에서 구유 둘레에 모여 있는 사람들과 하나로 묶어줍니다.

"한 아기가 왕이다." 하고 고대 철학자 헤라클레이토스는 말했습니다. 그리스도인들은 이 말을 아기 예수님에 대한 예언으로 이해하였습니다. 바로크 시대의 성탄절 신심은 이 아기를 왕관을 쓰고, 대관식 망토를 걸치고, 왕홀을 쥐고 그리고 손에 지구본을 든 아기 왕의 모습으로 표현하였습니다. 그중 가장 유명한 것은 아마도 프라하의 가르멜 수도원 성당에 보존되어 있는, 이른바 프라하의 아기 예수라고 알려진 작은 조각상일 것입니다. 이 아기 왕은 무기 없이 다스립니다. 그는 비무장의 사랑스러움으로 사람들의 마음을 압도합니다.

성탄절은 아기의 축제입니다. 당시 사람들에게서 말세로 느껴졌던 시대에 하느님께서는 아기로 역사 안에 들어오셔서 한 아기 왕이 세상을 새롭게 할 것이라는 희망을 가득 채워주셨습니다.

두려워하지 마라

하느님께서 사람이 되신 신비가 자신들의 삶 속으로 갑작스럽게 들어 닥친 것에 놀란 사람들에게 "너는 두려워하지 마라." 혹은 "너희는 두려워하지 마라." 하고 천사가 말한 평화를 가져다주는 특별한 인사를 복음서에서는 전해 주고 있습니다.

이 평화의 인사를 받은 대부분의 사람들은 자신들에게 다가온 하느님의 뜻을 잘 알아들을 수 없다는 현실에 직면하여 어찌할 바를 모릅니다. 마리아도 그러했고, 요셉도 그러했습니다. 천사 가브리엘은 "두려워하지 마라, 마리아야. 너는 하느님의 총애를 받았다. 보라, 이제 네가 잉태하여 아들을 낳을 터이니 그 이름을 예수라 하여라. 그분께서는 큰 인물이 되시고 지극히 높으신 분의 아드님이라 불리실 것이다."(루카 1,30-32) 하고 말해 줍니다. 그리고 요셉에게 한 천사가 꿈에 나타나 "다윗의 자손 요셉아, 두려워하지 말고 마리아를 아내로 맞아들여라. 그 몸에 잉태된 아기는 성령으로 말미암은 것이다."(마태 1,20) 하고 말합니다. 그밖에 "너희는 두려워하지 마라."는 말을 건네받은 사람들은 그들의 둘레를 비추는 하느님의 거룩한 광채에 압도당합니다. "주님의 천사가 다가오고 주님의 영광이 그 목자들의 둘레를 비추었다. 그들은 몹시 두려워하였다."(루카 2,9) 라고 복음서에서 전해주고 있는 베들레헴의 목동들이 그러했습니다.

두려움을 몰아내는 성탄절 복음 말씀은 오늘날에도 많은 사람들에게 감동을 줍니다. 그들 중에는 자신들의 신앙을 두고 힘들어 하는 사람들도 포함됩니다. 그들을 불안하게 만드는 것은 당연히 강력한 힘을 발휘하는 하느님의 광채가 아니라, 그보다는 병과 죽음, 동료들과의 인간관계의 소멸, 외롭고 지루한 삶에서 오는 두려움입니다.

성탄을 알리는 천사의 외침은 안전한 공간을 열어줍니다. 성경에서는 이 공간을 비유적으로 사람이 몸을 피해 편히 쉬도록 해 줄 수 있는 하느님의 손길이라 합니다. "두려워하지 마라."는 그 외침은 "네가 떨어진다 해도, 예수님에게서 드러난 하느님의 사랑과 인류애의 손길 안에서보다 더 떨어질 수 없다."는 것을 말합니다.

큰 기쁨

"나는 큰 기쁨이 될 소식을 너희에게 전한다." 하고 성탄절의 천사가 베들레헴 고을 근처 들에서 지내는 목동들에게 말합니다.

우리 인간은 일상의 삶에서 무엇을 두고 기뻐할까요? 우리에게서 그 무엇이 이루어졌을 때, 힘들게 수고한 끝에 결실을 거두었을 때, 우리는 기뻐합니다. 그런데 아무런 대가 없이, 그저 선물로 주어지는 기쁨도 있습니다. 사람들에게 그렇게 주어지는 기쁨이 성탄절 복음 속에 있습니다. 목동들은 메시아의 도래를, 하느님께서 사람이 되심을 아무런 수고 없이 그저 간절히 바라기만 했습니다. 바야흐로 그 기다림의 긴 대림절은 이제 끝이 났습니다. 그에 따른 응답은 기쁨이고, 하늘과 땅이 하나 되어 올리는 환호입니다. "지극히 높은 곳에서는 하느님께 영광, 땅에서는 그분 마음에 드는 사람들에게 평화!" 하고 천사들의 성탄절 합창이 베들레헴 들판에 울려 퍼집니다.

은총을 가득히 입은 사람들, 곧 마리아와 요셉과 목동들과 동방 박사들이 아기 예수님의 구유 곁에 모였습니다. 이 은총의 값진 열매는 목동들에게 알려지고 그리고 온 백성에게 나누어져야 할 기쁨입니다. 그리고 동방에서 온 현자들에 대해서는 "동방에서 본 별이 그들을 앞서 가다가, 아기가 있는 곳 위에 이르러 멈추었다. 그들은 그 별을 보고 더없이 기뻐하였다."(마태 2,9-10) 하고 전해주고 있습니다.

기쁨은 삶의 가장 중요한 양식 중 하나입니다. 때문에 성탄절은 충만한 삶을 위한 샘입니다.

천사들과 함께 노래하다

사람들의 마음을 특별히 감동시키는 것은 말을 하지 않을 수 없도록 하고, 노래를 부르지 않을 수 없도록 합니다. 특히 기쁨과 아픔은 말이나 음악의 언어로 전달되기를 바랍니다. 기쁨은 나누면 배가 되고, 슬픔은 나누면 반이 된다는 속담은 누구나 다 아는 진리입니다.

성탄절에는 기쁨을 노래합니다. 이 축제를 위한 노래들은 헤아릴 수 없이 많고, 여전히 그 주제들은 고갈되지 않아 새로운 성탄절 음악이 계속 생겨나고 있습니다. 여기 유럽에서 그리스도의 탄생 축일보다 더 많이 노래를 부르는 기회는 없을 겁니다.

성탄절 복음은 천사들이 베들레헴 부근 들판에 머물고 있던 목동들에게 그리스도의 탄생을 알리고 난 다음 찬미의 노래를 불렀다고 전해 줍니다. 교회는 이 노래를 축일 미사 중에 대영광송으로 부르고 있습니다. "하늘 높은 데서는 하느님께 영광, 땅에서는 주님께서 사랑하시는 사람들에게 평화!"Gloria in excelsis Deo et in terra pax hominibus bonae voluntatis.(루카 2,14) 하느님께서 사람이 되셨습니다. 하늘과 땅은 하느님의 아드님 안에서 더 이상 생각할 수 없는 깊은 일치를 이루었습니다. 그 때문에 하늘은 기뻐하고 땅은 환호합니다. 그리고 이 기쁨은 아우구스티노가 말했던 것처럼 사랑하는 사람들이 가장 잘 할 줄 아는 노래로 틀을 갖추게 됩니다.

하늘 높은 데서는 하느님께 영광

우리는 도대체 무엇을 위하여 살고 있는가? 이 근본적인 물음에 대해 그리스도교 신앙에서는 "당신 말씀으로 우리를 창조하시고 존재하게 하시는 하느님께 사랑의 응답을 드리기 위하여 우리는 산다."고 말합니다. 그리고 우리는 우리 자신을 위해서만이 아니라, 다른 모든 피조물을 위해서도 그렇게 해야 합니다. 비록 자신의 품위를 자주 잊고 또 배반할지라도, 인간은 분명 하느님께서 지으신 피조물의 정점에 있습니다. 때문에 인간의 삶은 자기실현으로 완성되지 않고, 하느님과 그리고 피조물과 대화 속에서 완성됩니다. 삶은 하느님을 찬미하는 가운데, 하느님과 세상에 사랑으로 동조하는 가운데 성숙해 갑니다.

성경은 찬미하는 사람에 대해 수없이 들려주고 있습니다. 아울러 성경은 하느님의 또 다른 피조물, 말하자면 찬미로 자신의 온 존재를 쏟아내는 천사들에 대해서도 말해 줍니다. 그러한 천사들을 예언자 이사야는 자신의 소명 환시 중에 보았습니다. 그들은 여섯 날개를 가진 사랍Serafim들이었습니다. 그들은 이 여섯의 날개 중 네 개로 하느님의 영광 앞에서 조심스럽게 자신들을 가리고, 나머지 두 개의 날개로 하느님 앞에서 날아다녔습니다. 천사들은 서로 주고받으며 외쳤는데, 그 말을 교회는 전례에 받아들여 성찬례 거행 중에 항상 반복하고 있습니다. "거룩하시도다! 거룩하시도다! 거룩하시도다! 온 누리의 주 하느님! 하늘과 땅에 가득 찬 그 영광!"(이사 6,3)

천사들에 대해서 성탄절 복음에서도 말하고 있습니다. 그들은 "지극히 높은 곳에서는 하느님께 영광." 하고 외치며 하느님을 찬미합니다. 이 외침에 교회는 다른 많은 축일들에서도 소리 맞추어 노래하고, 그것을 대영광송으로 발전시킵니다. 팔레스트리나, 바흐, 모차르트, 하이든 그리고 베토벤과 같은 음악의 대가들은 소리 높여 노래하는 이러한 찬미에 기여하였습니다. 그들의 음악은 연주자와 청중들을 잠시 천상 전례의 윤무에로 들어 높입니다.

땅에서는 평화

성탄절 복음에서 천사들이 먼저 "지극히 높은 곳에서는 하느님께 영광!" 하고 노래한 다음, 이어서 "땅에서는 그분 마음에 드는 사람들에게 평화!"(루카 2,14) 하고 소리 높여 찬미의 노래를 합창합니다. 성탄절은 평화의 축제입니다. 교회는 아기 그리스도 안에서 이사야 예언자가 "용맹한 하느님" 그리고 "평화의 군왕"이라고 부른 평화의 왕이 탄생할 것이라는 예언이 이루어진 것으로 봅니다.

이러한 성경 이해의 전통을 실마리로 삼아 1966년 노벨문학상을 수상한 여류작가 넬리 작스는 "한 사람이 무서운 놀이꾼들의 손에서 공을 빼앗을 것입니다."로 시작하는 시를 썼습니다. 무서운 놀이꾼들이란 당연히 죽음과 악마와 함께 놀며, 전대미문의 전쟁기술의 가능성에 힘입어 지구를 노리갯감으로 삼고 있는 지상의 권력자들입니다.

성경의 시각에서 보면 아기가 이 어른들의 이 치명적인 놀이를 문제 삼고 놀이꾼들의 권세를 위협합니다. 때문에 그리스도교 미술에서는 아기 예수님을 자주 지구의를 사과처럼 손에 들고 있는 어린 왕으로 그리곤 하였습니다.

"주님의 탄일은 우리 평화의 생일입니다." 하고 대 레오 교황은 성탄절 강론에서 말했습니다. 이것은 민족 대이동으로 인해 전통 문화가 몰락하고 대변혁을 겪은 시대에 위안을 가져다주는 말씀이었습니다. 지금까지 그리스도의 평화는 지속적으로 이어지는 정치적 성공을 거두지 못하였습니다. 그리스도의 평화가 전하는 복음은 베들레헴에서 태어나신 아기처럼 가난하고 무기력합니다. 그리스도의 평화는 인간이 이룬 업적이 아니고, 하느님께서 베풀어주시는 선물입니다. 이 선물이 분명하게 받아들여지는 곳에서, 그것은 감추어져 있으나 끊임없이 주위에 영향을 미치는 누룩과 같게 됩니다.

아기는 신체적으로 연약하지만, 자신의 귀여운 매력으로 해서 영적으로 강합니다. 베들레헴의 아기와 그 아기에게서 나오는 평화 역시 그러합니다. 앞서 말한 시의 마지막 부분에서 넬리 작스는 성경이 전해 주는 이 평화를 강한 시적 힘을 실은 말로 다음과 같이 읊었습니다. "평화, 하늘 같은 눈썹으로 모든 불안을 닫아버리는, 너 위대한 눈꺼풀이여."

구유

거의 모든 성당과 수많은 가정들에서는 성탄 전야와 이어지는 날들에 성탄 구유를 장식합니다. 구유는 이따금 정교하게 꾸며지기도 합니다. 때로는 구유가 아이들에 의해서 만들어진 것이어서 그런지 몰라도, 베들레헴의 구유처럼 가난하고 소박하기도 합니다.

우리가 최초의 구유 모형을 가지게 된 것은 그리스도를 믿지 않는 사람들에게서도 존경 받는, 아니 사랑받고 있는 한 그리스도인 덕분입니다. 더 자세히 말하자면 아씨시의 프란치스코가 1223년 성탄절에 움브리아 Umbria 지방의 그레치오 Greccio 숲속 동굴 안에다 건초로 만든 구유를 만들고, 그 곁에 황소와 당나귀를 세워놓았습니다. 그가 세운 수도원의 형제들과 많은 주민들과 함께 그곳에서 성탄 성야 미사를 드리면서 그는 부제로서 성탄절 복음을 노래로 선포하였습니다. 탈혼 상태에 빠진 그는 베들레헴에서 일어났던 일을 그 당시로 돌아가 체험할 수 있었다고 합니다. 그때 그는 자신이 아기로 태어난 하느님의 아드님을 보고 경배하려고 첫 번째 성탄절 밤에 베들레헴으로 서둘러 갔던 목동들 중의 하나인 것으로 생각하였습니다.

저의 어린 시절의 가장 아름다운 기억들 중의 하나는 예수회에서 세웠던 바로크 풍의 우리 성당의 크고 오래된 구유를 찾아가 경배했던 일입니다. 거기에는 수백 개의 조각상이 있었는데, 차례차례 잘 배치되어 있었습니다. 주님 공현 대축일에 어린 시종들과 코끼리들과 낙타들을 화려하게 거느린 거룩한 삼왕이 구유 앞에 등장하면, 이미 목동들은 동굴과 베들레헴 들판을 떠나고 없었습니다. 미술역사가 루돌프 베를리너Rudolf Berliner는 성탄절 구유를 "얼어붙은 극장"이라고 묘사하였습니다. 그러나 어린이들의 상상의 세계에서 이 구유의 조각상들은 결코 굳어 있는 법이 없습니다.

어른들은 자신들의 어린 시절의 성탄절을 회상하면서 오늘날의 어린이들에게 성탄 축제와 관련된 풍성한 그림이나 노래나 상징물들이 어떻게 전달될 수 있을지 자주 묻곤 합니다. 어떤 아이가 받기는 했지만 금방 버려 버리는 많은 선물들은 성탄절이 가져다주는 풍요로움을 대신하지 못합니다.

구유와 십자가

제 책상 위에는 500년 이상 된 것으로 짐작되는 올리브 나무로 만든 작은 목각 조각상 하나가 놓여 있습니다. 그 조각상은 이미 선종하신 어떤 신부님이 저에게 유산으로 남겨준 것입니다. 조각상의 한 면에는 구유, 아기 예수님, 마리아와 요셉 그리고 이콘 양식의 황소와 당나귀가 그려져 있습니다. 그 위로 야자수 같은 나무, 곧 생명나무 한그루가 우뚝 있습니다. 그것은 잃어버린 낙원인 에덴의 동산에 대한 기억이자, 동시에 신약성경의 마지막 책인 요한 묵시록에서 말하고 있는 하느님께서 약속하신 두 번째 낙원을 미리 보여주는 것이기도 합니다. 이 오래된 조각상의 다른 면에는 구유 장면에 있던 생명나무가 십자가 나무, 곧 십자가 기둥이 되어 서 있고, 거기에 나자렛 사람이 된 베들레헴의 아기가 열린 심장으로 그를 따르고자 하는 모든 이들을 자신에게로 이끌어 들이기 위해, 못 박힌 두 팔을 활짝 펴고 매달려 있습니다. 이 오래된 조각상이 말하는 예수님께서 가신 길은 구유로부터 십자가에로 이어지고 있습니다.

물론 이 조각상이 주님께서 가신 길에 대한 그리고 신앙의 길을 두고 말하는 그 길이신 그리스도를 따름에 대한 모든 것을 말해 주고 있지는 않습니다. 이 십자가 형상과는 다른 형상을 더 살펴볼 필요가 있습니다. 그것은 오래된 로마의 산 클레멘테 성당에 걸려 있는 십자가 형상입니다. 거기 십자가는 다시 꽃을 피우고 열매를 맺은 낙원의 나무가 되어 있으며, 그 나무 가지에 새들이 깃들어 노래하고, 그 뿌리에서 샘물이 솟아나와 믿는 이들을 상징하는 사슴이 물을 마십니다. 산 클레멘테 성당의 이 생명의 나무에서 그리스도께서는 들어 높여진 주님, 아버지에게서 나와 요한 복음의 고별사에서 "나는 땅에서 들어 올려지면 모든 사람을 나에게 이끌어 들일 것이다."(요한 12,32) 하신 말씀을 이루신 주님이십니다.

목동들 – 들판의 고요

성탄 복음(루카 2,8-14)에 따르면, 구세주의 탄생을 알리는 소식은 가장 먼저 들에 살면서 밤에도 양떼를 지키는 목동들에게 전해졌습니다.

목동의 모습은 성경을 읽는 사람들에게 매우 친숙합니다. 거기서 하느님께서는 스스로 목자라 하십니다. 그분의 명으로 이스라엘 왕들은 착한 목자처럼 백성을 돌보아야 했습니다. 그리고 예수님께서는 당신을 착한 목자라고 부르십니다.

그러나 예언자들과 왕들의 시대와 달리 예수님께서 탄생할 당시 목동들은 하층민에 속했습니다. 루카 복음사가는 성가 「고요한 거룩한 밤」 안에 늘 울려 퍼지는 "구세주 나셨도다."는 외침을 처음 들은 이들은 소박하고, 물질적으로 가난한 사람들이었다고 전해주고 있습니다.

마리아는 엘리사벳의 집에서 부른 자신의 마니피캇에서 "통치자들을 왕좌에서 끌어내리시고, 비천한 이들을 들어 높이셨다."(루카 1,52) 하고 노래했습니다. 이 노래는 당신의 백성에게 하신 하느님의 약속을 고대하고 있던 목동들에게서, 들판에 있던 그들의 고요함 속에서 참으로 실현됩니다.

특히 가난한 이들은 예언자 이사야가 "어둠 속을 걷던 백성이 큰 빛을 봅니다. 암흑에 사는 이들에게 빛이 비칩니다. 당신께서는 즐거움을 많게 하시고 기쁨을 크게 하십니다. 사람들이 당신 앞에서 기뻐합니다. 수확할 때 기뻐하듯 전리품을 나눌 때 즐거워하듯. … 우리에게 한 아기가 태어났고, 우리에게 한 아들이 주어졌습니다. 왕권이 그의 어깨에 놓이고, 그의 이름은 놀라운 경륜가, 용맹한 하느님, 영원한 아버지, 평화의 군왕이라 불리리라."(이사 9,1-5) 하고 말했던 바로 그 백성이었습니다. 교회는 이 구절을 베들레헴의 구유에 누워 있던 아기, 목동들이 성탄의 밤에 서둘러 찾아뵈었던 아기와 연결시킵니다.

복음에서 목동들이 한 말은 "베들레헴으로 가서 주님께서 우리에게 알려 주신 그 일, 그곳에서 일어난 일을 봅시다."(루카 2,15) 라는 단 한 문장입니다. 많은 성탄절 성가들은 베들레헴으로 순례를 떠나자는 이 초대를 받아들여, 노래하는 이나 듣는 이들을 복음의 증언대로 구유 주위에 모여 있었던 사람들의 무리 속으로 끌어들입니다.

마리아

200년 전 시인 노발리스Novalis(1772-1801)는 "저는 수천의 형상으로 사랑스럽게 표현된 마리아 당신을 봅니다."라고 썼습니다. 매년 성탄절에 수백 년에 걸친 무수한 화가들의 작품들이 들어있는 커다란 화집을 펼쳐보게 됩니다. 이 성탄절 성화의 대부분은 마리아와 관련된 성화들입니다. 성화들은 구유에 누워 계시는 아기 예수님 곁에 있거나, 팔에 아기를 안고 있는 마리아를 보여줍니다. 종종 목동들이나 동방에서 온 점성가들에 둘러싸여 있는 마리아를 보여주기도 합니다.

마리아는 구세주를 통해 새롭게 되기를 고대했던 피조물의 가장 순결한 형상입니다. 마리아는 또한 "시온의 딸"이며, 약속한 메시아를 갈망했던 구약의 백성으로부터 가장 값진 열매이기도 합니다. 그리고 궁극적으로 마리아는 교회의 완전한 전형입니다. 마리아는 "교회의 어머니"입니다. 교회는 마리아처럼 하느님 은총의 선물을 받아들인 존재이기 때문이고, 성령께서 빛나는 구름으로 그 위에 드리워 있기 때문입니다.

모순적으로 보이는 인간 존재의 두 가지 형상, 다시 말해 동정녀이자 어머니의 형상이 마리아 안에서 하나가 되어 있습니다. 마리아의 본성은 그녀에게서 살을 위하여 사람이 되신 하느님의 말씀을 듣고 따르며 겸손하게 응답하는 것입니다. 마리아는 입이라기보다 오히려 귀입니다. 하지만 희망의 어머니로서 마리아는 친척 엘리사벳의 집에서 교회가 매일 성무일도에서 바치는 마니피캇(루카 1,46-55)을 노래합니다. "내 영혼이 주를 찬송하며 나를 구하신 하느님께 내 마음 기뻐 뛰노나니, 당신 종의 비천함을 돌보셨음이로다. 이제로부터 과연 만세가 나를 복되다 일컬으리니."

"우리 기쁨의 원천이신 당신" 하고 로레토Loreto 찬가에서는 마리아를 두고 노래합니다. 하느님의 뜻에 대한 마리아의 "예"는 가장 짧고, 모든 언어 중에서 아마도 그녀가 온 마음을 다해 드릴 수 있는 가장 내용이 풍부한 대답입니다. 이 대답이 성탄 복음에서 들려주는 천사들과 목동들과 동방에서 온 현자들의 기쁨, 바로 그리스도의 탄생에 대한 그 기쁨을 가능하게 합니다.

요셉, 의로운 사람

신약성경은 요셉이 했음직한 말을 한 마디도 전하지 않고, 생김새도 어렴풋한 윤곽만을 보여줍니다. 그는 귀 기울여 듣는 사람, 거의 말을 하지 않으나, 그 때문에 많은 것을 말하는 사람들 중에 속합니다. 이해하기 어렵고 감당하기 힘들게 받아들일 수밖에 없는 하느님의 뜻이 그에게 부과됩니다.

마태오 복음은 예수님의 탄생에 대한 이야기에서 마리아가 성령으로 말미암아 잉태한 사실을 두고, 이를 알지 못했던 요셉은 자신이 웃음거리가 되었음을 느꼈으나, 그럼에도 불구하고 세상에 드러내지 않고 남모르게 파혼하기로 작정한, "의로운 사람이었다."(마태 1,19)고 전해줍니다. 여기서 의롭다는 말은 이해관계를 따져 고르게 하는 것이 아니라, 경건하게 사는 것, 말하자면 하느님께서 정해주신대로 살아갈 준비가 되어 있는 것을 말합니다. 어느 날 꿈에 주님의 천사가 나타나 요셉에게 "다윗의 자손 요셉아, 두려워하지 말고 마리아를 아내로 맞아들여라. 그 몸에 잉태된 아기는 성령으로 말미암은 것이다. 마리아가 아들을 낳으리니 그 이름을 예수라고 하여라. 그분께서 당신 백성을 죄에서 구원하실 것이다."(마태 1,20-21) 하며 이 아기의 본성과 기원에 대해 계시합니다.

또 다른 꿈에 주님의 천사가 요셉에게 나타나 "일어나 아기와 그 어머니를 데리고 이집트로 피신하여라."(마태 2,13) 하고 말합니다. 요셉은 두 꿈에서 지시하는 바를 충실히 따릅니다. 이는 성경에서 말하는 하느님 앞에 의롭다는 것의 당연한 귀결입니다.

루카 복음에서는 "예수님께서는 서른 살 쯤에 활동을 시작하셨는데, 사람들은 그분을 요셉의 아들로 여겼다."(루카 3,23) 하고 전합니다. 그리고 다윗, 아브라함, 아담에 이르기까지 역사 깊숙이 거슬러 올라가, 요셉의 선조들의 긴 족보를 들려주고 있습니다.

의로운 사람, 요셉은 시편 150편 중 첫 번째 편에서 묘사하고 있는 그런 유형의 사람입니다. "주님의 가르침을 좋아하고, 그분의 가르침을 밤낮으로 되새기는 사람. 그는 시냇가에 심겨 제때에 열매를 내며 잎이 시들지 않는 나무와 같다."

요셉은 아기 예수님과 그분의 어머니를 충실히 보호하는 사람입니다. 때문에 많은 그리스도인들은 자신과 그리고 자신의 가정의 보호를 위해 전구해 달라고 요셉에게 맡깁니다.

점성가들

성경에서의 신앙은 고대 동방에서 널리 유포되어 있었던 별 숭배를 배격합니다. 이스라엘은 하느님에게서 "너희는 하늘로 눈을 들어, 해나 달이나 별 같은 어떤 천체를 보고 유혹을 받아, 그것들에게 경배하고 그것들을 섬겨서는 안 된다."(신명 4,19)는 지시를 받았습니다.

"주님께서는 별들의 수를 정하시고 낱낱이 그 이름을 지어 주신다." 하고 시편 147편에서는 말합니다. 그리고 이어지는 시편에서는 해와 달과 별들에게 "주님을 찬양하여라."고 합니다. 별이 빛나는 하늘을 바라보는 것은 마침내 시편 8편에서 기도하는 이에게 하느님을 향해 "인간이 무엇이기에 이토록 기억해 주십니까? 사람이 무엇이기에 이토록 돌보아 주십니까?"며 놀라 묻도록 합니다.

마태오 복음에서 전해주는 동방에서 온 그 사람들도 밤하늘의 별을 올려다보며 놀라움을 금치 못한 사람들입니다. 그들은 "유다인들의 임금으로 태어나신 분이 어디에 계십니까? 우리는 동방에서 그분의 별을 보고 그분께 경배하러 왔습니다."(마태 2,2) 하는 물음과 함께 예루살렘으로 왔습니다. 그 복음에서는 이 별이 떠돌이별로서 그들에게 그리스도 아기께서 머물고 계셨던 곳인 베들레헴으로 길을 인도했다고 계속해서 전해 줍니다.

그리스도에 대한 그리고 우리를 구원하기 위한 그분의 수난과 죽음과 부활에 대한 소식은 수십 년 후에 이스라엘 민족의 경계를 넘어 이방 민족들에게 전해지게 될 것입니다. 동방에서 온 마술사들 혹은 점성가들은 이 경계 넘어 반대 방향에서 옵니다. 오늘날 이들을 거룩한 삼왕이라고 하는데, 이는 적절치 못한 표현입니다. 그들은 한 별이 비추는 빛을 받으며, 요한 복음의 증언에서 "세상의 빛"(요한 8,12)으로 그리고 요한 묵시록에서 "빛나는 샛별"(묵시 22,16)로 불리게 되실, 그리스도를 향해 걸어옵니다. 동방의 나라에서 온 현자들은 별을 고대하며 내다보다가 그리스도 안에서 신성한 태양을 발견했던 것입니다.

… 그리고 그들은 그분께 경배하였다

예루살렘을 향한 민족들의 순례에 대한 환시에서 예언자 이사야는 하느님의 이 도성에 대하여 "바다의 보화가 너에게로 흘러들고, 민족들의 재물이 너에게로 들어온다. … 그들은 모두 스바에서 오면서 금과 유향을 가져와 주님께서 찬미 받으실 일들을 알리리라."(이사 60,5-6) 하고 말했습니다. 그리고 시편 72편에서는 평화의 왕이 약속됩니다. "타르시스와 섬나라 임금들이 예물을 가져오고, 세바와 스바의 임금들이 조공을 바치게 하소서."(시편 72,10)

이러한 성서적 배경을 전제로 하면서 마태오 복음에서는 동방으로부터 박사들이 베들레헴의 아기와 그분의 어머니를 찾아오는 이야기를 전합니다. "그들은 그 집에 들어가 어머니 마리아와 함께 있는 아기를 보고 땅에 엎드려 경배하였다. 또 보물 상자를 열고 아기에게 황금과 유향과 몰약을 예물로 드렸다."(마태 2,11)

그리스도교의 예술품들에서 감동을 주는 수많은 성화들이 동방박사들을 머리에 왕관을 쓴 모습으로 그리고 있지만, 사실 그들은 왕이 아닙니다. 그러나 그들이 찾아와 경배한 분께서는 왕이십니다. 베들레헴의 아기는 성인 예수가 되어 빌라도에게 "나는 임금이다." 그리고 "내 나라는 이 세상에 속하지 않는다."(요한 18,33-38) 하고 말씀하시게 될 것입니다.

박사들은 동방의 관습에 따라 무릎을 꿇고 아기 왕 예수님을 보고 경배합니다. 그리고 그들은 많은 해석의 여지를 남기고 있는 세 가지 예물, 곧 황금과 유향과 몰약을 드립니다. 이것들은 시편 72편에서 표현하고 있듯이, 왕이 바라는 예물 모두를 통틀어 말합니다. 황금은 왕의 권세를, 그리고 향기를 풍기는 유향과 몰약은 왕의 명예를 상징합니다. 많은 해석가들은 몰약은 고대에 가장 중요한 치료제 중의 하나였으며, 그래서 몰약을 예물로 드린 것은 예수님께서 치유자라는 것을 암시한다는 점을 지적합니다.

그리스도교의 많은 성화 작품들에서 동방 박사들이 맨머리에 자신들의 왕관을 손에 들고 아기 예수님 앞에 무릎을 꿇은 왕들로 그려져 있는 것을 볼 수 있습니다. 그와 함께 이 성화들은 오직 이 아기에게만 왕관이 주어져야 마땅하다는 것을 보여줍니다. 그 왕관은 수난 때에 가시관이 될 것입니다. 그러나 부활하신 그리스도께서는, 성경의 마지막 책에서 파트모스의 선지자에게 나타나신 것처럼(묵시 1,12-18), 이제 명백히 드러난 온 세상의 임금이시며 역사의 주인이십니다.

성탄절 선물들

많은 사람들이 이 나라에서 성탄 축제와 관련해서 선물을 하는 인습적인 속박을 두고, 참을성 있게 포장을 하고 그리고 그 선물을 받자마자 곧 바로 조급하게 포장을 뜯는 풍속을 두고 한탄합니다. 성탄절 트리나무 아래 선물들이 많이 쌓이면 쌓일수록, 역설적으로 성탄절의 진정한 기쁨은 더욱 더 위협을 받습니다. 사람들은 아이들의 태도에서 이것을 가장 잘 읽어낼 수 있습니다.

하지만 성탄절과 선물은 뗄 수 없이 서로 밀접하게 연결되어 있습니다. 명실상부한 성탄절 선물은 바로 하느님의 아드님이십니다. 그분께서는 이 세상을 위해 마련한 하느님의 선물입니다. 성탄절을 잘 이해하고 올바르게 지낸다는 것은 이 선물을 받아들인다는 것을 의미하고, 하느님을 위한 자리를 자신의 삶 속에서 마련해 드린다는 것을 의미합니다. 그리고 그것은 또한 하느님께 무언가를 마련해 드린다는 것을 의미하기도 합니다.

성탄절에 교회는 예수 그리스도의 탄생을 기념합니다. 우리를 사랑하는 이들에게 우리는 그들의 생일에 선물을 줍니다. 마태오 복음에서 전하는 동방 박사들은 아기 그리스도께 황금과 유황과 몰약을 예물로 드렸습니다 (마태 2,11). 우리는 사람이 되신 하느님께 무엇을 드려야 할까요? 그분께서는 우리 마음을 더 원하십니다.

그래서 오래된 성탄절 성가에서는 구유에 누워 계신 아기를 향하여 "제 마음을, 제가 가진 모든 것을 당신께 드리려 합니다." 하고 노래합니다. 사람이 되신 하느님께서는 베들레헴과 나자렛과 예루살렘만이 아니라, 우리의 마음 안에까지 오고자 하십니다. 그분께서는 사람의 마음 안에서 태어나기를 바라십니다. 이 탄생은 여류시인 넬리 작스에 표현을 따르면 "모든 탄생 중에 가장 조용한 탄생"입니다. 이것은 그리스도교의 신비주의에서 중요한 주제가 되고 있습니다.

성전에서의 아기

루카 복음에서는 아기 예수님과 함께 마리아와 요셉의 성가정이 예루살렘 성전으로 올라간 첫 나들이에 대해 전해줍니다. "모세의 율법에 따라 정결례를 거행할 날이 되자, 그들은 아기를 예루살렘으로 데리고 올라가 주님께 바쳤다. 주님의 율법에 '태를 열고 나온 사내아이는 모두 주님께 봉헌해야 한다.'고 기록된 대로 한 것이다. 그들은 또한 주님의 율법에서 '산비둘기 한 쌍이나 어린 집비둘기 두 마리'를 바치라고 명령한 대로 제물을 바쳤다."(루카 2,22-24)

성전은 하느님께서 당신의 백성 한 가운데 현존하시는 특별한 장소입니다. 이제 성전 문턱을 넘어오는 아기는 하느님의 아드님이시고, 성전 그이상의 분이십니다. 성전 시대는 근원적으로 지나갔습니다. 사람들은 여기서 철저하게 자신에게서 벗어나 하느님께 나아가고자 노력했으며, 그때문에 희생 제물을 바쳤습니다. 이 희생 제물로 사람은 자기 자신을 바칠 수 없었기에, 봉헌물로 대신하였습니다. 그러나 베들레헴의 아기는 수난과 십자가로 아무 조건 없이 사랑으로 아버지와 사람들에게 당신을 넘겨주게 되실 것입니다. 그분 몸의 성전은 무너지게 될 것이나, 성령께서 그리스도의 이 희생의 결실로 새 성전을 세우게 되실 것입니다. 이 새 성전은 살아 있는 돌들로 지어질 것입니다. 바로 이것이 교회, 곧 그리스도의 신비체입니다.

때가 찼습니다. 메시아를 향한 긴 기다림은 끝이 났습니다. 그 때문에 루카 복음에서는 성가정의 성전 방문에 대해 전하면서, 백발의 노인 시메온과 한나를 등장시킵니다. 그들은 구원을 기다리는 이스라엘을 대표하는 대림절의 두 인물입니다.

시메온은 아기 메시아와 그분의 어머니에 대해 예언합니다. 황혼의 삶에 이른 백발의 노인에게 있어서 이 아기는 하느님께서 모든 민족들 앞에서 이스라엘 백성 한 가운데에서 마련하신, 다른 민족들에게는 계시의 빛이며 당신 백성 이스라엘에게는 영광이 되는(루카 2,30-31), 바로 그 구원입니다. 이 아기는 결단을 요구하는 도전이 되고, 위기가 되어, 이스라엘에서 많은 사람을 쓰러지게도 하고 일어나게도 할 것입니다. 이 아기는 반대를 받는 표징이 될 것입니다. 또한 풍요로운 열매를 맺는 이 위기의 고통 속에는 이 아기의 어머니 마리아도 포함되고 있습니다. 시메온은 마리아에게 "당신의 영혼이 칼에 꿰찔리게 될 것입니다."(루카 2,35) 하고 말합니다. 통고의 어머니로서 마리아는 수많은 슬퍼하는 이들의 위로자가 될 것입니다.

주님의 공현

부활의 신비가 그리스도의 승천과 성령 강림의 신비와 축제로 전개되어 완성되듯이, 성탄의 신비에는 그리스도의 탄생을 기념하는 것뿐만이 아니라, 그분의 공현, 다시 말해 그분의 탄생과 더불어 주어졌던 것보다도 더 크게 드러나는 그분의 신적 본질에 관한 계시를 기억하는 것 또한 포함됩니다.

애초의 성탄 축제는 구세주의 탄생과 공현을 아마도 함께 기념했을 겁니다. 그러나 나중에 가서 탄생의 신비는 12월 25일로 그리고 그리스도 공현의 세 가지 기적에 대한 기억은 1월 6일로 최종 결정되었습니다. 교회는 주님 공현 대축일의 성무일도에서 "오늘 세 가지 기적으로 이날을 기념하였도다. 별이 박사들을 구유에로 인도하였고, (갈릴래아 카나의) 혼인 잔치에서 물이 술로 변하였으며, 그리스도께서 우리를 구속하시기 위하여 요르단 강에서 세례를 받으셨도다. 알렐루야." 하고 노래합니다.

멀리서 별빛을 받으며 구유를 찾아와 모든 민족과 문화에서 하느님을 찾는 이들을 대표하는 동방 박사들, 카나에서의 혼인 잔치에서 예수님의 첫 기적을 본 증인들 그리고 요르단 강에서 세례자 요한에게 세례를 받으시는 예수님을 지켜 본 증인들은 공현, 말하자면 예수님의 신적 근원과 본질이 드러남을, 그리고 구유에서 환히 빛나던, 그러나 이제 그 어떤 빛보다도 더 강하게 비추는 그리고 죽음에서 일으켜 세워지신 분께서 나타나실 때 부활의 빛으로 훨씬 더 강하게 세상을 비출, 광채를 체험합니다.

12월 25일에 기념하는 그리스도의 탄생 축일이 불굴의 태양, 곧 태양신을 숭배하던 이교인들의 축일을 대체하였듯이, 아마도 예수님의 세례와 주님의 공현 축일 또한 시간과 영원의 결합의 화신인 아이온Aion의 탄생

축일을 그리스도교적으로 바꿔놓은 것일 겁니다. 하느님의 태양이 떠오를 때, 신들의 별들은 빛을 잃게 마련입니다.

피신하여 구출되다

마태오 복음이 전하는 바에 따르면 꿈에 요셉에게 내린 하느님의 지시는 이렇습니다. "일어나 아기와 그 어머니를 데리고 이집트로 피신하여, 내가 너에게 일러줄 때까지 거기에 있어라. 헤로데가 아기를 찾아 없애 버리려고 한다."(마태 2,13) 요셉은 밤에 일어나, 주님의 천사가 전한 지시를 따릅니다. 그리고 이 성가정은 헤로데가 죽을 때까지 이국땅에 머뭅니다.

사람들은 언제나 이방인의 운명, 피난민의 운명을 짊어지고 살아가야 합니다. 오늘날 수백 만 명이 정치 권력자나 기아나 자연재해를 피해 피난길에 나섭니다. 이 거대한 피난 행렬 한 가운데에서 그리스도인들은 자주 아기 예수님의 피신에 대해 들려주는 복음의 짧은 대목을 떠올립니다. 하느님께서 당신 아드님의 형상으로 피난민의 아기가 되셨으므로, 그분께서는 또한 이 낯설고 소외된 곳에 살고 있는 우리와 함께 계신다고 말해주는 이 대목은 위로의 소식이 됩니다. 하느님의 아드님께서는 인간 존재의 고귀한 모습을 지녔을 뿐만 아니라, 인간의 가장 비천한 처지까지도 견디어 내시고 구원해 주셨습니다. 마구간에서 태어나, 피신하여 위험을 모면하고, 도성 밖에서 십자가에 못 박혀 죽고, 저승에까지 내려가신 것, 그것은 약속에 대한 성취입니다. 그 약속은 구세주의 호칭들 가운데 분명하게 나타나고 있습니다. 이 호칭이 임마누엘, 곧 우리와 함께 계신 하느님입니다.

시편 139편에서는 사람들과 함께 계신 하느님의 이 함께 있음을 감동적인 언어로 표현하였습니다. "제가 하늘로 올라가도 거기에 당신 계시고, 저승에 잠자리를 펴도 거기에 또한 계십니다."(시편 139,8)

죄 없는 아기들

교회의 전례력을 살펴보면, 그리스도 탄생 축일 다음에 교회의 첫 순교자인 예루살렘의 부제 스테파노 축일이 따릅니다. 그 다음 12월 28일에 죄 없는 아기들 축일 그리고 12월 29일에 영국의 주교 순교자 토마스 베케트의 기념일로 이어집니다.

마태오 복음에서는 헤로데 왕이 장차 왕좌에 오를 거라고 기대하는 유력자를 제거하기 위해 베들레헴 일대에 사는 두 살 이하의 사내아이들을 모조리 죽여 버렸다고 전합니다(마태 2,16-18). 아기 예수님께서는 피신하여 이 학살을 모면하였습니다. 헤로데의 이 잔혹성에 대한 증언은 성경의 다른 출처에서도 입증되고 있습니다. 예수님의 어린 시절 이야기와 탈출기에 나오는 모세의 어린 시절에 대한 성경의 증언 간의 유사점은 그냥 보아 넘길 수 없습니다. 아기 예수님께서는 "새로운 모세"이고, 구약성경의 약속들을 이루고 그리고 그것을 넘어서는 분이십니다.

몇몇 교부들이 강조한 대로, 베들레헴의 아기들은 예수님을 위한 증인으로서 뿐만 아니라, 예수님께서 모든 이를 대신하여 죽임을 당하시기 전에, 그분을 대신하여 죽임을 당했습니다. 12월 28일의 전례는 시편 124편의 "우리는 사냥꾼의 그물에서 새처럼 벗어났네. 그물은 찢어지고 우리는 벗어났네."라는 감동적인 구절을 아기들의 죽음에 그리고 그 아기들이 하늘나라에서 어린 양을 따르며 그분을 찬송하는 성인들의 무리에 받아들여졌음에 관련시킵니다.

그리스도께서 가신 길은 구유에서 십자가로 이어집니다. 그분을 두고 영들이 갈라서기 때문이고, 그리고 그분께서는 반대를 받는 표징이 되도록 정해졌기 때문입니다(루카 2,34). 성탄절의 순교자들, 스테파노와 죄 없는 아기들 그리고 토마스 베케트가 갔던 길 또한 그렇게 뻗어 있습니다.

헤로데는 역사에서 "대왕"으로 기술되고 있습니다. 그는 자신의 왕국을 넓혔고, 예루살렘의 성전을 새로 세웠습니다. 그러나 그는 자신의 권력을 부지하려고 자기보다 더 위대한 아기 앞에서 떨었습니다.

한처음에 말씀이 계셨다

마태오와 루카 복음에서는 그리스도의 탄생 사화를 시대사의 틀 속에 배치하고 있습니다. 말하자면 로마 황제 아우구스티노와 유다의 왕 헤로데가 통치하던 시대에 이 일이 있었습니다.
그러나 요한이 전하는 네 번째 복음에서는 힘이 넘치는 찬미가로 시작하고 있습니다. 그 찬미가는 세상의 기원을 되돌아보게 합니다. "한처음에 말씀이 계셨다. 말씀은 하느님과 함께 계셨는데, 말씀은 하느님이셨다."(요한 1,1) 마태오와 루카가 베들레헴의 아기로 전해주는 그분께서는 요한에게 있어서 모든 시간에서 벗어나 계신, 그래서 한처음에 하느님 아버지와 함께 계셨던 말씀이십니다. 요한 복음서의 머리글은 계속해서 "모든 것이 그분을 통하여 생겨났고, 그분 없이 생겨난 것은 하나도 없다."(요한 1,3) 하고 말하면서, 아득히 높이 날아오르는 독수리처럼 이 말씀이 살이 되기 위하여 세상과 역사 안으로 내려와, 사람이 되었다고 고백합니다.

요한 복음서의 시작은 성경의 첫 번째 책인 창세기의 시작을 떠올리게 합니다. 거기에서도 요한 복음과 마찬가지로 한처음에 대해 말하고 있습

니다. "한처음에 하느님께서 하늘과 땅을 창조하셨다."(창세 1,1)

가장 아름다운 성탄절 성가들 중에서 "이사야 말씀하신 그 나무 등걸에 새 가지 돋아났네, 이새의 지파에 꽃송이 피었네." 하고 노래합니다. 여기서 말하는 새 가지는 마리아입니다. 이사이의 지파는 다윗의 집안이며 가문입니다. 예언자 이사야는 이 가문에서 메시아가 날 것이라고 말했습니다. "이사이의 그루터기에서 햇순이 돋아나고 그 뿌리에서 새싹이 움트리라."(이사 11,1)

이사이의 뿌리가 꽃을 피웠습니다. 이 뿌리는 근원이자, 역사의 내부에서 시작입니다. 그러나 요한 복음서의 머리말에서 전하는 시작은 "시간과 장소의 밖에", 영원 안에, 영원하신 아버지의 품속에 놓여 있습니다. 그와 관련하여 이 머리말의 18절에서는 "아무도 하느님을 본 적이 없다. 아버지와 가장 가까우신 외아드님, 하느님이신 그분께서 알려주셨다." 하고 증언하고 있습니다.

그리고 말씀이 살이 되셨다

오래된 전례 관습에서는 하느님께서 사람이 되심의 신비가 요한복음서의 머리말에 나오는 "말씀이 살이 되셨다."(요한 1,14)는 말씀으로 선포될 때, 무릎을 꿇도록 규정하였습니다. 살이 됨은 하느님의 말씀이 사람이 되심을, 하느님께서 사람이 되심을 의미합니다.

사람은 세상의 일부입니다. 그리고 동시에 사람은 체험과 사고를 통해 늘 세상과 마주하면서, 또한 세상을 넘어, 죽음의 경계를 넘어 선 목표를 지향하는 다리들을 놓습니다. 이 다리들은 항상 미완성의 파편으로 남을까요? 아니면 다른 편 둑에 도달할까요? 성탄절 복음은 두 번째 물음에 손을 들어 줍니다. 하느님께서 사람을 향해 오신다고, 그분께서는 복음에서 "말씀"이라고 부르는 당신의 영원하신 아드님 안에서 사람이 되신다고 말해 줍니다. 하느님의 아드님께서는 사람의 길을 가십니다. 권력에 굶주린 오만한 인간이 가는 높은 길이 아니라, 구유에서 십자가로 나아가는 낮은 길입니다.

역사의 흐름에서 사람들은 부단하게 초인들이 되고 싶어 했고, 신들과 같아지고자 했습니다. 그러나 그들은 신적인 것을 사랑이 아니라, 권력 안에서 보았습니다. 그렇게 그들은 늘 다시금 무너져 내렸던 바벨탑들을 쌓았습니다. 그러나 하느님께서 사람이 되심으로써, 그분께서는 상처 입을 수 있고, 결국 십자가에 못 박히는 사랑의 형상으로 나타나셨습니다. 그분께서는 베들레헴에서 아기의 모습으로, 얻어맞으면서도 저항하지 않고, 의연한 평화로 짓누르는 증오를 내면으로부터 극복한 나자렛 젊은이의 모습으로 당신을 드러내셨습니다.

바로 그것이 구원, 곧 하늘과 땅 사이의, 사람과 하느님 사이의, 사람과 사람 사이의 화해입니다. 그것은 또한 자기 자신과의 화해이기도 합니다. 그러므로 "사람이 살이 되셨다."는 전례에서의 외침은 그 말씀의 진리를 확신하는 이들에게 무릎을 꿇게 하고, 위대한 신비 앞에서 자신이 작아지도록 촉구합니다.

하느님의 가난

성삼위에서 두 번째 위격인 영원한 말씀께서 사람이 되심으로 하느님께서는 당신을 내어주십니다. 죄와 죽음이라는 무거운 짐을 지고 살아가는 인간 실존이 처해 있는 낮은 곳으로 하느님께서 내려오심은 당신 사랑의 형상이며 행위입니다.

사도 바오로는 하느님의 사랑을 드러내 보이는 가난에 관한 이 신비를 수없이 성찰하며 맴돌았고 그리고 언어로 표현하였습니다. 아마도 사도가 직접 지은 것이라기보다, 이미 그리스도교의 전례 안에 현존하고 있었던, 필리피 신자들에게 보낸 서간의 찬미가에서는 하느님의 아드님에 관하여 "그분께서는 하느님의 모습을 지니셨지만, 하느님과 같음을 당연한 것으로 여기지 않으시고, 오히려 당신 자신을 비우시어 종의 모습을 취하시고, 사람들과 같이 되셨습니다."(필리 2,6-7) 하고 전합니다.

사람들에게서 나오는 수많은 의문들과 탄식과 고발들이 매일 하늘로 올라갑니다. 그 가운데 대부분은 교만하고 독선적입니다. 다른 것은 고통을 당하며 "하느님께서는 왜 이런 고통을 허락하시는가?" 하고 묻는 피조물의 탄식에 불과합니다.

하느님께서는 그것에 대해 답하지 않으십니다. 그분께서는 사람들과 토론을 벌이지 않으시고, 친히 사람이 되십니다. 수난 당하시고, 피를 흘리시며, 십자가에 못 박혀 돌아가시고, 그렇지만 부활하신 사람이 되십니다. 구유에 누워 계시는 그리고 십자가에 매달리시는 하느님을 고발할 수 있는 자, 누구입니까?

베들레헴은 어디에나 있다

제2차 세계대전이 끝난 후 자주 공연되었던 볼프강 보르헤르트Wolfgang Borchert(1921-1947)의 작품 중에서 귀향자를 주제로 다룬 드라마의 제목은 『문 밖에서』Drauβ en vor der Tür입니다. 문 밖에서, 베들레헴 마을 밖에서, 보호해 주고 편안한 생활공간 밖에서 하느님의 아드님께서 태어나셨다고 전승에서는 말해 줍니다. 공동체에서 쫓겨나고 돌아가셨던 그분의 십자가도 예루살렘 도성 밖에 세워졌습니다. 예수님의 길은 구유에서 십자가로 이어집니다.

마치 이방인처럼 하느님께서는 오셨습니다. 그리고 마치 이방인처럼 많은 집들의 문 앞에서 거절당하셨습니다. 여전히 그분께서는 문 앞에 서 계십니다. 그분께서는 당신의 말씀을 전하다 자주 거절당했던 사자들을 통하여 문을 두드리십니다. 그분께서는 양심의 나지막한 소리로 문을 두드리십니다. 그리고 그분께서는 고향을 찾는 사람들, 말하자면 추위에 떨면서 안전하게 해 주는 지붕과 따뜻한 난로와 무엇이든 들어주려는 열려 있는 귀와 도움의 손길을 찾는 사람들의 모습으로 문을 두드리십니다. 베들레헴은 어디에나 있습니다.

베들레헴의 아기는 오늘날에도 여전히 지구 남반부 어디에선가 굶주림으로 죽어가는 아기의 모습으로, 우리 가까이에서 만나는 외로운 노인의 모습으로, 일자리와 길을 찾는 젊은이의 모습으로 우리에게 나타납니다.

베들레헴의 아기는 세상과 삶을 우리와 나누어야 할 아직 태어나지 않은 사람 안에서도 나타나십니다.

"문을 높이 들어올리고, 대문을 활짝 열어라." 하고 대림절 성가에서는 노래합니다. 문 밖은 춥습니다. 하느님을 우리의 따스한 방 안에, 우리의 따뜻한 마음 안에 모셔 들입시다. 그분과 그분의 모상인 사람들을 우리 곁에서 살아가도록 합시다. 그리스도께서는 성탄절에 베들레헴에까지만 아니라, 우리 마음에까지 오고 싶어 하십니다. "그리스도께서 수천 번 베들레헴에서 태어나신다 해도 바로 네 안에서 태어나지 않으신다면, 너는 영원히 버림받은 자로 남으리라." 하고 안겔루스 실레시우스는 그의 작품 『케루빔 천사 같은 방랑자』에서 말합니다.

요한 복음서의 머리말에서는 사람이 되신 하느님에 대해 "그분께서 당신 땅에 오셨지만, 그분의 백성은 그분을 맞아들이지 않았다." 하고 한탄하면서, "그분께서는 당신을 받아들이는 이들, 당신의 이름을 믿는 모든 이에게 하느님의 자녀가 되는 권한을 주셨다." 하고 덧붙여 전합니다 (요한 1,11-12).

성탄절은 모든 것에 스며드는 냉기에 맞서는 축제입니다.

오늘 구세주 태어나셨다

루카 복음에서 성탄절 천사가 베들레헴 근처 들에 사는 목동들에게 전한 성탄절의 핵심적인 복음 말씀은 이렇습니다. "오늘 너희를 위하여 다윗 고을에서 구원자가 태어나셨으니, 주 그리스도이시다."(루카 2,11) 이 "오늘"이란 말은 환히 빛을 발하며 트럼펫 소리처럼 울립니다. 그 말은 성경의 다른 곳에서도 울려나오며, 귀뿐 아니라 마음까지 열어줍니다.

성경에서 오늘이란 단지 시간의 간격이라기보다, 오히려 하느님과 사람이 맺은 관계의 시작, 하느님과 선택된 백성이 맺은 관계의 시작을 말합니다. 하느님께서는 구약의 백성과 계약을 맺을 때 모세를 통하여 "내가 오늘 너희에게 명령하는 이 계명은 너희에게 힘든 것도 아니고 멀리 있는 것도 아니다."(신명 30,11) 하고 말씀하십니다. 시편 95편에서는 하느님께 찬미 드릴 것을 호소한 다음, 기도하는 공동체에게 "오늘 너희가 그분의 소리에 귀를 기울인다면! 너희는 마음을 완고하게 하지 마라."(시편 95,7-8) 하며 독려합니다. 이 "오늘"은 결단을 내리도록 하느님께서 열어주시는 부르심입니다. 이 부르심을 놓쳐버리거나 헛되이 한다면, 인간 실존은 위태롭게 됩니다.

교회 전례에서는 "오늘" 일어난 일에 대한 성경의 말씀들을 받아들이고, 그 말씀들을 되풀이하여 전합니다. 특히 성탄절과 부활절 전례 거행에서 그렇게 합니다. 그렇게 해서 그리스도인들과 그리스도의 탄생 사건 사이를 가르는 2000여년의 시간 간격이 극복되고 있습니다. 그것을 함께 기념하는 사람은 기억 속에서 불러내어진 것, 말하자면 오늘 그리스도께서 탄생하셨다, 오늘 그분께서 성찬례를 세우셨다, 오늘 그분께서 수난당하시고 돌아가셨다, 오늘 그분께서 죽음으로부터 부활하셨다, 오늘 그분께서 성령을 보내셨다 하는 일이 지금 여기서 동시에 일어나는 일이 되도록 해야 합니다.

성탄절을 이해하고 바르게 지낸다는 것은 이 "오늘 그리스도께서 태어나셨다."라는 사건의 영역 안으로 들어가는 것을 의미합니다.

성탄절 노래

저는 여기 당신의 구유 앞에 서 있습니다, 오 예수님, 저의 생명이시여.
당신께서 제게 주신 것을 가지고 와, 당신께 드립니다.
받으소서, 저의 정신과 생각과
마음과 영혼과 용기이니 모두 받으시고
흡족해 하소서.

제가 아직 태어나기 전에, 당신께서 저에게 태어나셨고

제가 당신을 알기 전에, 저를 당신 것으로 삼기까지 하셨습니다.
제가 당신의 손으로 지음 받기 전에,
저를 이미 당신 곁에 두시기로 작정하셨습니다.
당신께서 저의 것이 되고자 하셨듯이.

저는 깊디깊은 죽음의 밤에 누워 있었고, 당신께서는 저의 태양이셨습니다.
제게 보내진 태양은 빛, 생명, 기쁨 그리고 환희였습니다.
신앙의 소중한 빛을 저에게 마련하신
오, 태양이시여
당신의 햇살은 얼마나 아름다운지요.

기쁨으로 당신을 바라보며, 저는 결코 싫증을 모릅니다.
그리고 이제 아무 것도 더 할 수 없기에, 저는 경배하며 서 있을 뿐입니다.
오, 저의 생각이 깊은 심연이기만 하다면
그리고 저의 영혼이 드넓은 바다이기만 하다면
그리하여 당신을 안을 수만 있다면.

(개신교 목사이며 시인 파울 게르하르트 Paul Gerhart(1607-1676), 베를린 1653년)

3
사순절
기쁨 그리고 십자가

사순절 찬미가

어느덧 세월흘러 봄이돌아와
사십일 재계시기 다가왔으니
교회의 신비로운 전통에따라
마음을 가다듬어 재를지키세

율법과 예언자들 예고한대로
인류의 임금이신 예수오시어
시간의 창조주로 사십일정해
재계의 시기삼아 축성하셨네

마시고 흥청대던 경망한행동
늦은잠 육신쾌락 절제하면서
흩어진 우리마음 바로잡으며
엄하게 우리자신 다스려보세

죄악이 우리마음 파고드나니
갖가지 못된죄악 멀리피하고
간교한 원수들이 위협하여도
한치의 여유마저 주지마세나

자비론 삼위일체 하느님이여
만물이 당신기려 흠숭하오니
우리도 용서받아 새사람되고
기쁨의 새노래를 부르나이다.

(교회의 성무일도에서)

사순절

사십일

전례주년에서 사순절이라고도 불리는 부활절 이전의 참회 시기는 40일 동안 지속됩니다. 부활 축제를 준비하는 때입니다. 성경에서 전하는 바에 따르면 이 사십일은 구약의 백성 이스라엘이 하느님께서 약속하신 땅에 들어갈 수 있기 전, 광야에서 40년 동안 시험 받고 정화되었던 것을 기억하도록 합니다. 그리고 복음서들에서 증언하는 대로 이 시기는 예수님께서 공적 활동을 시작하시기 전, 광야에서 40일 동안 지내신 것을 기억하도록 합니다.

부활절 이전 참회 시기에서 그 이름이 유래된 사순절은 다양한 형태들을 가질 수 있습니다. 어쨌든 그리스도교적인 의미에서 사순절은 자기 절제입니다. 다른 사람들이 그리고 궁극적으로 하느님께서 이 단식하는 사람들과 더불어 더 많은 자리를 가지도록 하는 것입니다. 한 원의 중심에 놓인 자리를 포기하는 것, 그리고 타원의 초점들 중 하나에 상대를 놓고 다른 하나에 위치한 초점에 자기가 자리하는 것으로 만족하는 것입니다.

음식이나 돈이나 시간 또는 공간에 대한 포기 등 그것이 어떻게 행해지든, 사순절은 하느님과 인간을 향한 사랑의 형태입니다. 요한 복음에서 예수님께서는 "누구든지 나를 사랑하면 … 내 아버지께서 그를 사랑하시고, 우리가 그에게 가서 그와 함께 살 것이다."(요한 14,23) 하고 말씀하십니다. 이 사순절은 연습을 필요로 합니다. 부활절 이전 40일은 막다른 골목에서 돌아서는 시간을 위해서, 바닥을 치는 일상에서 벗어나는 시간을 위해서, 충분하고 좋은 시간입니다. 사순절에 뒤따라오는 부활 축제를 참으로 생동감 넘치는 축제로 체험하도록 도와주는 시간입니다.

초대 교회 이래로 부활절 이전 사십일은 부활 성야에 베풀어졌고, 지금도 계속 베풀어지고 있는 성인 세례를 준비하도록 특별히 지정되어 있기도 합니다.

전례주년은 서로 분명하게 구분되는 엄숙함과 환호 그리고 인내의 기다림과 축제의 완성에 의해 서로 번갈아 교체하는 절기를 갖습니다. 교회 박사 아빌라의 성 데레사는 이러한 교체와 관련하여 "말린 생선일 때는 말린 생선, 자고새일 때는 자고새!"라는 속담으로 간결하게 말했습니다. 사순절 동안 검소하게 절제하며 생활한 사람만이 부활 축제에 차려진 식탁의 풍요로움을 소중하게 여길 수 있게 됩니다.

생각의 전환

회개는 성경에서 사용한 그리스말로 메타노이아Metanoia라고 합니다. 마르코 복음에서 예수님께서 가장 먼저 하신 말씀이 바로 회개라는 말입니다. 우리에게 매년 부활절을 앞두고 사십일 동안 속죄의 시간에 떠올리게 하는 것으로, 예수님께서는 홀로 사십일 동안 광야에 머무신 다음, 갈릴래아로 가셔서 복음, 곧 기쁜 소식을 공공연하게 선포하셨습니다. 그 핵심 내용은 다음과 같습니다. "때가 차서 하느님의 나라가 가까이 왔다. 회개하고 복음을 믿어라."(마르 1,15)

이 선포는 마치 트럼펫이나 큰 나팔 소리처럼 울리는 우렁찬 외침에 비길 수 있습니다. 그것은 한편으로 성경에 등장하는 예언자들의 외침들을 계승하지만, 다른 한편으로 새로운 울림이기도 합니다. 성경에 등장하는 예언자들은 자기 백성들과 그 지도자들에게 끊임없이 그리고 종종 단호한 어조로 회개하라고, 하느님과의 계약으로 돌아오라고 외쳤습니다. 이러한 외침의 한 사례는 재의 수요일 미사 독서에서 봉독되는 요엘 예언서입니다. "주님의 말씀이다." 하며 요엘은 "그러니 이제라도 너희는 단식하고 울고 슬퍼하면서 마음을 다하여 나에게 돌아오너라. 옷이 아니라 너희 마음을 찢어라. … 주님을 섬기는 사제들은 성전 현관과 제단 사이에서 울며 아뢰어라. '주님, 당신 백성에게 동정을 베풀어주십시오. 당신의 소유를 우셋거리로 넘기지 마십시오.'"(요엘 2,12-18) 하고 외칩니다. 신약성경의 시각에서 구약의 마지막 예언자인 세례자 요한은 많은 바리사이와 사두가이에게 "독사의 자식들아, 다가오는 진노를 피하라고 누가 너희에게 일러 주더냐? 회개에 합당한 열매를 맺어라."(마태 3,7-8)

갈릴래아에서 복음을 선포하신 예수님의 외침은 이러한 외침들의 계보를 이어가지만, 동시에 그것들과 본질적으로 구분됩니다. 무언가 행하라, 회개하라, 그래서 하느님께서 너희에게 오실 수 있도록, 아니 도무지 오시지 않고는 배길 수 없도록 하라! 종교적인 업적들을 미리 쌓아두어라! 하고 예전에는 말해졌습니다. 이제 그 관점은 뒤바뀌게 됩니다. 하느님께서는 새롭게 출발하도록 하셨습니다. 하느님께서는 사람이 되신 당신의 아드님이신 예수님의 오심으로 새롭게 말씀하셨습니다. 그리고 사람은 거기에 응답만 하면 됩니다. 응답하는 것은 먼저 말하는 것보다, 앞서 조치를 취하는 것보다 훨씬 더 쉽습니다. 마르코 복음에서 예수님께서 가장 먼저 하신 말씀인 "회개하라!"는 외침은 그 이후 그리스도를 따르는 모든 사람에게 핵심적인 말씀으로 남아 있습니다. 이 핵심적인 말씀은 교회에 의해서, 사도 바오로처럼 "우리는 그리스도를 대신하여 여러분에게 빕니다. 하느님과 화해하십시오."(2코린 5,20) 하고 말할 수 있는 모든 사람에 의해서 수천 번도 더 따라 말해지고 따라 기록되어집니다.

"회개"라는 말이 윤리 분야에 속하고 있긴 하지만, 윤리적으로만 쓰이지 않습니다. 윤리는 오늘날 적어도 이론상으로 호황을 누리고 있습니다. 생태윤리, 의학윤리, 경제윤리 그리고 다른 여타의 윤리를 위하여 교육과정이나 심지어 대학의 정규 강좌들이 개설되었거나 개설될 추세에 있습니다. 인간의 지식과 능력이 폭발적으로 증가하면서 수많은 개인과 사회 전체에 도덕적 균형을 위협하고 있기 때문입니다. 그러나 실천으로서의 윤리는 원죄 이래 늘 그래왔듯이, 오늘날에도 많은 곳에서 호응을 얻지 못하고 있습니다. 윤리적 요구와 구호가 늘어난다 해도 그런 상황이 나아지도록 바꿀 수는 없을 것입니다. 겪어보고 난 다음 수긍할 수 있는 윤리적 모델이 있다면 혹시 모르겠습니다. 복음과 관련하여, 자신들의 신앙을 증거하며 살아가는 그리스도인들이 많아진다면 상황은 좀 나아질 것 같습니다.

예수님께서 회개에 대해 말씀하셨다면, 그분께서는 그 시작이나 끝에서 어떤 도덕적인 성과가 아니라, 인격적인 관계를 맺는 것 또는 맺고 있기는 하지만 훼손된 그러한 관계를 회복하는 것을 염두에 두셨다고 생각됩니다. 그 관계란 자기 자신과의 관계, 다른 사람들과의 관계, 그리고 모든 것 안에서 모든 것을 넘어서서 하느님과 맺는 관계입니다. 하느님과의 관계는 도덕적으로 노력을 한다고 해서 나아지는 것이 아닙니다. 비록 하느님께로 회개할 때 영적 에너지가 관계의 양극 사이에서 흘러들어오고 나간다 해도 그렇습니다. 하느님과의 관계는 예수 그리스도 안에서 형상을 취하여 내미시는 하느님의 손을 잡고 그리고 그리스도 안에서 드러내시는 하느님의 얼굴을 바라봄으로써, 달리 말하자면 사람이 하느님을 대면하여 눈과 눈을 마주 보고 손과 손을 잡아야 회복되는 것입니다. 그렇게 어떤 중세의 무명 화가가 샤르트르 대성당에 인간이 창조되어 점점 성숙해 가는 과정을 그려 놓았습니다. 그리고 수 세기가 지나서 백발의 미켈란젤로 또한 로마의 시스티나 경당에다 그런 내용의 천장화를 그렸습니다.

언젠가 하느님께서는 우리 각자를 그렇게 바라보시고, 부르시며, 쓰다듬어 주셨습니다. 어쩌면 많은 사람들이 오랜 시간이 지나면서 그것을 잊었는지도 모르겠습니다. 그렇지만 그 기억은 문득 다시 떠오를 수 있습니다. 그리고 신비주의의 영역에 속하는, 어떤 유례없이 새로운 하느님 체험이 생겨날 수도 있을 겁니다.

예수 그리스도의 시야에서 하느님을 향한 회개는 하느님의 집에 들어가는 것이고, 하느님에게로의 귀향이지, 교만에서 생겨날 수 있는 그런 업적을 쌓는 것이 아닙니다. 그런 회개와 귀향에 대해 들려주는 성경에서의 가장 아름다운 이야기를 우리는 루카 복음에서 만납니다. 예수님께서 친히 이 이야기를 들려주셨습니다. 잃어버렸지만 다시 찾은 아들과 그의 귀향을 기뻐하는 아버지에 대한 이야기입니다. 이 이야기에서 아버지는 하느님 그분이십니다. 잃었던 아들은 고향을 떠나 도덕적으로 죽기 바로 직전에 이르도록 멀리 떠나갔습니다. 회개를 위한 영적 에너지는 그저 어렴풋이 다른 말로 표현되고 있을 뿐입니다. 말하자면 그 힘이 우울함에서, 소외 받는 서러움에서, 후회에서, 향수병에서 생겨난 것이라는 겁니다. 그런데 그 모든 것은 은총이라는 말로 요약될 수 있습니다.

하느님을 향해 돌아서는 회개에서 또한 다른 사람들과 자기 자신을 향해 돌아서서 회개하는 힘도 생겨납니다. 하느님을 외면하는 사람은 늘 자기 자신마저도 외면합니다. 그래서 바쁜 일에 몰두하고 오락에 빠집니다. "네가 네 자신에게 낯설다면, 다른 모든 사람에게 낯설지 않겠는가? 네가 네 자신을 잃는다면, 완전하고 진정한 사람일 수 있겠는가? 모든 사람이 네게 권리를 가진다면, 너 자신도 그들에게 권리를 가진 한 사람일 것이다." 하고 12세기의 교회박사 클레르보의 베르나르도가 어떤 편지에서 말했습니다. 그리고 쿠사의 추기경 니콜라오는 현대가 시작될 무렵 테커른세의 수도승들에게 보낸 편지에서 자기는 예수 그리스도의 이름과 사고방식으로 말할 수 있다며 이렇게 썼습니다. "너의 것이 되어라. 그러면 나는 너의 것이 되리라Tuus sis et ego ero tuus."

잡다한 데서 오는 중압감에 시달리는 많은 사람들은 회개가 어렵다고 생각하고 말합니다. 그런데 그리스도교와 유대교의 위대한 영적 스승들은 회개가 쉽다고 말합니다. 왜냐하면 회개는 자기중심적인 말을 필요로 하지 않고, 그보다 더 자주 하느님 혹은 사람들의 말에 대한 응답이어야 하기 때문입니다. 그리고 회개는 영적인 넉넉함에서 뿐만 아니라, 또한 가는 길에서 그저 소박하게 자기도 동행하도록 하는데서 생겨날 수 있기 때문입니다. 첫 걸음을 떼어놓으면, 다음 걸음들은 좀 더 쉬워집니다.

독일의 엘베 강 이북에 있는 개신교회는 잊혔던 고해성사를 되살리고 있습니다. 우리 가톨릭 신자들도 조속히 고해성사를 회개의 길로, 참회로부터 얻는 기쁨의 원천으로 다시 발견하게 되기를 바랍니다. 한 사람이 하느님을 향해, 다른 사람들을 향해 그리고 자기 자신을 향해 되돌아가는 곳, 그 곳에 기쁨이 있고 선을 위해 넘쳐흐르는 에너지가 있습니다. 우리는 사순절을 시작하면서 서로에게 그러한 귀향의 은총을 빌어줍시다.

"너희가 믿지 않으면, 머물지 못하리라."

재의 수요일에 봉독되는 영적인 말씀은 임박한 날이 중요하기는 하지만, 당장의 현실적인 문제를 다루지 않습니다. 저는 좋은 날에도 나쁜 날에도 우리를 지탱하고 영감을 줄 수 있는 힘이 있다는 것을 말씀드리고 싶습니다. 거의 20억에 달하는 사람들이 그리스도인으로 세례를 받게 된 것은 성경에 담겨 있는 믿음이라고 여겨집니다. 그들 중 많은 이가 그 믿음을 빛이라고 고백합니다. 다른 이들은 이 믿음 안에서 혼란스러워 하며, 그것으로부터 후광을 얻지 못합니다.

그리스도 탄생 700년 전 예언자 이사야는 예루살렘 역사의 전환기에 아하즈 왕에게 "너희가 믿지 않으면, 머물지 못하리라.", 또는 히브리 본문에 따라 조금 달리 옮기면 "너희가 믿지 않으면, 정녕 서 있지 못하리라." 하고 천둥 같은 목소리로 알려 주었습니다. 그에 따라 벌어질 일은 성경에서 매우 극적으로 서술되고 있습니다. "도성이 엄청난 위험에 처한다." 인접해 있는 여러 적대국들로 구성된 연합군에 의한 포위가 목전에 다다랐습니다. 이 소규모의 적들에 맞서서 유다의 왕은 더 위험한 적, 아시리아의 대왕에게 도움을 청하려고 합니다. 그러나 아시리아로부터의 도움은 성경을 가진 민족의 종교를 혼합주의로 타락시킬 위험을 안고 있습니다. 이때 예언자가 왕을 제지합니다. 이 만남은 상징적으로 대단히 의미 있는 장소에서 일어납니다. 말하자면 그곳은 예루살렘에 물을 공급하고, 포위되었을 때 주민들의 생존을 부지해 주는, 성벽 안에 위치한 커다란 저수지입니다. 도성의 수로 끝이며 생명의 중추인 여기에서 이사야는 왕에게 끝까지 신뢰할 수 있는 근원으로 하느님을 잊지 않도록 주의시킵니다. 그는 왕에게 하느님과의 계약에 충실해야 한다는 것을 상기시키면서, 천둥 같은 목소리로 "너희가 믿지 않으면, 정녕 서 있지 못하리라!" 하며 성경에 담긴 신앙으로 조심스럽게 정치적 결정을 내리라고 주의를 줍니다.

가장 넓은 의미에서 믿음이란 인간이 결코 포기할 수 없는 것입니다. 어떤 식으로든 의사소통을 할 줄 아는 사람은 종교와 무관하다하더라도 믿음을 가진 사람입니다. 그는 어떤 방식으로든 다른 사람들을 신뢰하고 믿음으로써, 그들과 유대 관계를 맺는 다리들을 놓지 않으면 안 됩니다. "나는 너를 믿어.", "나는 너를 신뢰해."는 한 사람이 다른 사람에게 해 줄 수 있는 가장 아름다운 말입니다. 맹목적이 아니라, 상대를 잘 알고 하는 말입니다. 그럼에도 불구하고 사람과 사람 사이의 믿음, 신뢰의 이 다리에는 모험이나 위험이 따릅니다. 믿음은 실망을 초래할 수도 있습니다. 그러나 실망을 본능적으로 피하려고, 다른 사람들에 대한 그러한 다리조차 놓지 않는 사람은 홀로 고립되어 자기 존재의 이런저런 차원들에서 의기소침해 질 수 있습니다.

"나는 너를 믿어." 이 말을 넘어 설 수 있는 말은 오직 "나는 너를 사랑해!" 라는 말 뿐입니다. 이 말들을 사람은 자기와 같은 사람들에게뿐 아니라, 하느님에게도 할 수 있습니다. 하느님께 대한 믿음은 우리가 미사에 참례하여 대 신앙고백문에서 "한 분이신 하느님을 저는 믿나이다."Credo in unum Deum 하고 외울 때가 아니라, 일상에서 "저는 당신을 믿고 사랑하렵니다. 저의 힘이시여." 하고 고백할 때 이미 그 절정에 다다릅니다.

밀물이 있으면 썰물도 있듯이, 하느님께 대한 믿음은 사람의 삶 속에 다 그 때가 있기 마련입니다. 믿음은 마치 사계절처럼 봄날의 약속으로부터 가을의 성숙 그리고 겨울의 은폐로 변화됩니다. 사람이 전인적으로 성장해 가듯이, 그렇게 이 믿음도 성숙해 집니다. 믿음은 위기와 어둠들을 지나가는 사이사이마다 언제나 계속해서 약속된 땅의 오아시스에 도착하기도 하지만, 또 언제나 다시금 하느님을 향해 "저는 믿으렵니다. 믿음이 없는 저를 도와주십시오."(마르 9,24) 하고 시급하게 청을 드리게 됩니다.

성경에서는 믿음의 모범이 되는 위대한 남녀들에 대한 증언들로 넘칩니다. 신약성경의 히브리인들에게 보낸 서간에서는 특출하게 강했지만, 또 특출하게 단련을 받고 믿었던 "구름처럼 에워싸고 있는 많은 증인들"을 회상하고 있습니다. 그들 가운데 그리스도께서 오시기 이전에 아브라함, 이사악과 야곱, 사라와 라합 등(히브 11,1-2,1)이 있습니다. 신약성경에서는 이 증인들의 계보를 바오로를 포함한 사도들 그리고 그리스도의 어머니 마리아와 부활절 아침 주님의 무덤을 찾아갔던 세 명의 마리아와 같은 여인들로 이어갑니다.

성경에 담겨 있는 믿음은 쉬운 것만은 아닙니다. 그 믿음은 비극적인 방식으로 개인이나 민족 전체가 처했던 광야나 올리브 동산과 같은 상황 속에 빠뜨리기도 합니다. 그 믿음은 다른 한편 어찌할 바 모르는 방식으로 진지한 형이상학적 물음들에 대한 무관심과 피로감 혹은 무례함의 시대에 힘이 들게 합니다. 그 일부를 우리는 지난 300년 이상 유럽에서 종교 비판들의 파고를 헤쳐 나왔던 것처럼, 지금 소위 포스트모더니즘의 사회 속에서 체험하고 있습니다.

그러나 믿지 않는 것 또한 사람에게 있어서 쉬운 일이 아닙니다. 특히 성경에 담겨 있는 믿음의 폭 속에서 자라나서, 비록 그 믿음에서 지금은 떠나 있긴 하지만, 자신의 삶과 인류의 삶에 대해 근본적으로 묻게 되는 사람에게 있어서 그렇습니다. 그 사람이 세상에는 찬양하고, 청하고, 하소연하고, 고발하며 부를 수 있을 만한 어떤 인격적인 배경이 있다고 믿지 않을 수 있습니다. 하지만 그는 인류가 우주 안에서 의식의 정점을 차지하여 침묵하는 저 광활한 공간 속에 홀로 있다는 것을, 우리 사람들이 다시 죽기 위하여 삶 속에 들어서 있다는 것을 믿지 않을 수 없습니다. 쟝 폴Jean Paul(1763-1825)은 독일 문학에서 하나의 사고의 가능성으로 "어쩌면 신은 존재하지 않을 것이다."는 두려운 탄식을 토로한 바 있습니다.

그러나 이미 오래 전에 블레세 파스칼Blaise Pascal(1623-1662)은 영적으로 까다롭게 의심하는 사람에게 천박하지 않은 내기에 끼어들어 보라고 조언을 해 주었습니다. 그 내기는 교회 안에서 믿음을 가지고 살아가는 그리스도인 같은 그런 태도를 가져보라는 것이었습니다. 이 천재적인 철학자이자 수학자는 자신의 수상록『팡세』Pensees에서 가상의 대화 상대에게 "성수를 찍고 묵주기도를 바치고 미사에 참여해 보십시오. 그것이 당신을 의심할 여지없이 단순하게 해 줄 것입니다." 하고 말합니다. 엄밀히 말해 이 조언은 예수님께서 베드로에게 물에 빠질까 두려워하지 말고 배에서 내려 물 위를 걸어 당신께로 오라 하신 권유의 변형입니다. 물에 빠지지 않은 것은 물이 물을 떠받쳐주는 것이라고 신약성경에서는 그렇게 증언합니다.

성경에 담긴 믿음의 시련에 직면하여 인류가 예전보다 집단적으로 더 많은 것을 알고 있고 기술적으로 더 많은 일을 해 낼 수 있는 오늘날, 지식의 차가운 세상에서 고향을 느끼지 못하는 사람들은 한편으로 성경과 교회가 전하는 진지한 믿음의 주요한 양상과 다른 한편으로 체념적인 무신론 사이에서 하나의 길, 말하자면 성경에서 진지하게 전하는 믿음과 전혀 관계없거나 혹은 별 상관하지 않고 적절하게 균형 잡힌 종교심으로 살아가는 세상에서 제3의 길을 선택합니다.

성경에 담긴 믿음의 영혼은 사랑과 희망입니다. 바오로는 코린토 신자들에게 보낸 첫째 서간에서 "이제" 하고 썼습니다. "이제 믿음과 희망과 사랑 이 세 가지는 계속됩니다. 그 가운데에서 으뜸은 사랑입니다." 우리가 순례자로서 이러한 삶의 여정을 가는 동안에는 언제나 "이제"입니다. 사랑이 없으면 믿음은 퇴화합니다. 그 믿음은 삭막하게 되거나 혹은 자신을 속여가면서 사람들을 성숙한 하느님 사랑과 이웃 사랑으로 인도하기보다 오직 체제 유지만을 중요하게 여기는 음산한 종교재판관의 믿음처럼 파괴적이 되어버리고 맙니다.

19세기 덴마크의 한 예언적 그리스도인, 쇠렌 키에르케고르는 많은 훌륭한 저작들 이외에 성경에서 우리에게 전하는 믿음의 시조인 아브라함에 대한 단편을 저술하였습니다. 『아브라함에 대한 찬사』라고 불리는 제목의 이 저서는 이렇게 끝이 납니다. "아브라함 할아버지, 당신 삶의 많은 햇수 속에서 그리고 긴 여정에서 믿음에 이르기까지만 나아가시고 더 이상 나아가지 않은 것에 대해 저희는 감사드립니다." 믿음보다 더 이상, 그 영혼이 사랑인 믿음보다 더 이상, 사람은 나아갈 필요가 없습니다. 그렇습니다. 사람은 자기 목표에서 빗나가지 않으려면, 더 이상 갈 수 없습니다. 우리 서로 이 믿음을 위하여 기도합시다. 다른 사람들 또한 믿음을 가지도록 도와주는 이 믿음을 위하여 기도드립시다. 하느님을 찾는 초대인 이 믿음을 위하여 기도드립시다. 종종 어려움을 겪긴 하지만, 결코 무너지지 않는 우리 교회 안에서 서로 함께 나누는 믿음의 기쁨을 위하여 기도드립시다.

"보호받으며 보호하고"

재의 수요일 전례에서 우리는 극적인 방식으로 우리 실존의 한계를 상기하게 됩니다. 곧 우리 자신과 다른 이의 잘못을 통한 그리고 특히 모든 한계의 한계인 바로 죽음을 통한 제재입니다. 사제는 "사람아, 흙에서 왔으니 흙으로 돌아갈 것을 생각하라."고 말하며, 이 예식에 참여하는 그리스도인들의 이마에 재로 십자표를 그어 줍니다. 어린이든, 청장년이든, 황혼기에 접어든 사람이든 모두에게 똑같이 그렇게 해 줍니다. 이사야 예언서에 나오는 이스라엘의 한 경건한 이가 하느님께 "나는 저승의 문으로 불려 가는구나. … 목자들의 천막처럼 나의 거처가 뽑혀 내게서 치워졌으니, 나는 베 짜는 이처럼 내 생을 감아 들여야 했네. 그분께서 나를 베틀에서 잘라 버리셨네. … 주님, 공경에 빠진 이 몸, 저를 돌보아 주소서."(이사 38,10 이하) 하고 말했던 것은 아직 어리거나 이미 나이가 들었거나 우리 모두에게 해당됩니다.

인생은 여기서 목자들이 안전하게 피할 수 있는 천막이라는 아주 오랜 표상에 비교되고 있습니다. 거기에서 알지 못하는 사이에 인간 실존을 위한 매우 함축적인 상징으로서 목자라는 전형적인 표상이 눈에 들어옵니다. 그와 함께 인간이든 동물이든 목자에 의해 인도되고 보호받는 피조물의 표상이 연결되고 있습니다.

우리가 위험한 경계에까지 이르게 된다면, 비록 늦었다 할지라도 무엇이 우리를 보호하고 안전하게 지켜줄 수 있는지에 대해 묻게 됩니다. 성경에서는 그렇게 묻는 이들에게 자주 목자의 표상을 가리켜 보입니다. 마치 천을 짜는 견본처럼 구약성경 45권과 신약성경 27권 안에는 목자의 표상이 삽입되어 있습니다. 맨 처음 그 표상은 동생 아벨을 죽인 형 카인의 이야기를 들려주는 창세기에 나옵니다. 하느님께서 살인자에게 "네 아우 아벨은 어디 있느냐?" 하고 물으시자, 카인은 반항적으로 "모릅니다. 제가 아우를 지키는 사람입니까?" 하고 대꾸합니다. 이 두 가지 물음은 그때 이래로 단 한 번도 그친 적이 없습니다. 그 물음들은 오늘날 바로 성경의 땅, 팔레스티나가 직면하고 있는 가슴 아픈 현실입니다.

성경에서는 자기 이웃의 보호자와 목자이기를 거부하는 사람에게 하느님께서는 친히 목자로서 마주서십니다. 성경의 시각에서 돌보는 것은 하느님의 본질적 특성이고, 사람이 되신 당신 아드님의 본질적 특성입니다. 시편 23편에서는 "주님은 나의 목자"라고 노래합니다. 이 소중한 본문을 우리 중 많은 이들이 암송합니다. 그 본문은 이렇게 시작합니다. "주님은 나의 목자, 나는 아쉬울 것 없어라. … 잔잔한 물가로 나를 이끄시어 내 영혼에 생기를 돋우어 주시네." 수백 년이 지난 다음 예수님께서는 다른 전형적인 표상들에서 "생명의 빵", "생수의 샘", "참 포도나무", "길이요 진리"라고 하신 것처럼, 요한 복음에서 당신을 착한 목자라 하십니다.

하느님이신 목자께서는 늘 새로운 사람들을 부르시어, 그들이 희미하나마 당신을 닮아 맡겨주신 이웃들에게 착한 목자가 되게 하십니다. "나는 너희에게 목자를 준다Pastores dabo vobis." 하느님께서는 당신 백성에게 예언자 예레미아를 통하여 다음과 같이 약속해 주십니다. "내가 너희에게 내 마음에 드는 목자들을 보내리니, 그들이 너희를 지식과 슬기로 돌볼 것이다."(예레 3,15) 그리고 교회 역사에서 첫 부활절이 지난 다음 어느 날 이른 아침 겐네사렛 호수가에서 부활하신 그리스도께서는 사도 베드로에게 "내 어린 양들을 돌보아라, 내 어린 양들을 돌보아라, 내 양들을 돌보아라." 하고 세 번에 걸친 사명을 맡기시며 으뜸 목자의 자리에 앉히십니다.

하느님의 마음으로, 예수 그리스도의 마음으로 돌보는 것, 이것은 비단 교회의 직무뿐만 아니라 모든 그리스도인에게 맡겨진 사명입니다. 자기 형제를 돌보려 하지 않았던 카인의 어두운 형상은 세대에서 세대를 거쳐 늘 새롭게 역사의 지평에 나타납니다. 오늘날 아벨은 이 땅의 가족들 안에서, 고문 받고 고통당하는 사람들의 집단 안에서, 더 나아가 아프리카나 아시아의 많은 나라들에서 연이어 피를 흘리는 온 국민들 안에서 저질러지는 살인과 살육의 희생자들입니다. 거기에는 맞아 죽지 않는다 할지라도, 병든 사회 구조의 희생물로서 수명이 단축되는 수많은 사람들도 포함됩니다. 그들은 마태오 복음이 전해주고 있는 예수님의 동시대 사람들과 처지가 비슷합니다. "예수님께서는 모든 고을과 마을을 두루 다니시며, 회당에서 가르치시고 하늘 나라의 복음을 선포하시며, 병자와 허약한 이들을 모두 고쳐 주셨다. 그분은 군중을 보시고 가엾은 마음이 드셨다. 그들이 목자 없는 양들처럼 시달리며 기가 꺾여 있었기 때문이다. 그래서 제자들에게 말씀하셨다. '수확할 것은 많은데 일꾼은 적다. 그러니 수확할 밭의 주님께 일꾼들을 보내 주십사고 청하여라.'"(마태 9.35-38)

어느 시대를 막론하고 그러한 사람들을 보통 이상의 따뜻한 마음으로 감싸줄 목자들, 보호자들이 필요합니다. 그럴 때 교회에는 하느님의 마음으로 수행되어야 하고 또 수천 번에 걸쳐 수행되고 있는, 교황과 주교와 사제의 뚜렷이 구분되는 직무가 있습니다. 하지만 그것을 훨씬 뛰어 넘어 수만 번에 걸쳐 그리스도인들이 가정과 학교와 병원과 각종 보호기관에서 온갖 형태로 수행하는, 사람들을 돌보고 보호하며 펼치는 봉사 또한 있습니다. 그리고 문화적, 정치적 활동을 통하여 인간의 품위에 맞는 환경과 사회의 유지 발전이 있습니다.

오늘날 많은 사람들 또한 "제가 아우를 지키는 사람입니까?" 하고 대꾸합니다. "그렇다, 바로 네가 그 사람이다!" 하고 하느님께서는 그리스도인들뿐 아니라, 매정하지 않은 모든 사람들에게 그들 양심의 소리를 통해 말씀하십니다. 이 양심이 이기적인 통속 사회의 영향 아래 무디어져 있지 않다면 말입니다. 그리고 실제로 돌보아주는 이들이 여전히 얼마 되지 않다 하더라도, 서로 다른 처지에 있는 남성과 여성 그리고 젊은이들이 사람은 함께 이웃하며 살아가는 것이 아름답다는 것을, 괴테의 설화시 「마왕」에서의 아버지처럼 자기 아기를 품에 안고 있는 아버지의 본보기를 따라서 그리고 이루 말할 수 없는 깊은 차원에서 아기와 함께 있는 성모 마리아의 모범을 따르는 어머니들처럼 돌보아주는 것이 아름답다는 것을, 체험하며 살아가는 사람들이 많다는 것은 다행입니다.

목자로, 보호자로 살아가는 사람은 당연히 항상 자기 힘의 한계에 부딪힙니다. 그래서 그 목자를 누가 보호해 주고 지켜주는가? 라는 물음이 따릅니다. 성경에서는 그 물음에 시편의 아름다운 말들로 답해 줍니다. "주님은 너를 지키시는 분, 주님은 너의 그늘, 네 오른쪽에 계시다. 낮에는 해도, 밤에는 달도 너를 해치지 않으리라. 주님께서 모든 악에서 너를 지키시고, 네 생명을 지키신다. 나가나 들거나 주님께서 너를 지키신다. 이제부터 영원까지."(시편 121,5-8) 이 말들은 주변에서 그리고 또한 자신의 삶에서 일어나는, 그 뜻을 알수 없는 수많은 재앙들에 직면했을 때 우리 영혼을 보호하는 지붕과 같습니다. 그 말들은 결코 파괴될 수 없는 궁극적인 것에 관해 말합니다.

부활절 이전의 참회시기를 사순절이라고 부르는 것이 더 적절한 것 같습니다. 사순절은 삶의 모든 가능한 영역에서 회개에로 초대합니다. 이 때 회개가 의미하는 바는 우리가 할 수 있는 가장 아름다운 일에 속하는 지켜주고 삶이 피도록 보살펴 주는 것, 말하자면 아이들과 병자들과 그리고 영적으로 지치고 공허해진 사람들을 돌보아 주는 것입니다. 그러나 무엇보다 사순절은 우리를 돌보아주시고, 우리의 마음과 생각과 행동에서 우리를 지킬 수 있는 힘을 주시는 분이신 하느님, 예수 그리스도에게로 돌아서라는 초대입니다. 그러한 회개는 때때로 부담스럽고 고통스럽습니다. 하지만 마음속 깊은 곳의 기쁨에로 이끌어 주는 길이기도 합니다.

주님 수난 성금요일

신비롭게 빛나는 십자가

있는 힘을 다해 일어서서 두 팔을 벌린 사람은 그 모습으로 십자가를 만들어냅니다. 이 모습을 보여주는 사람은 우주적 조화를 드러내는 표지입니다. 그는 동서남북 사이에서 그리고 하늘과 땅 사이에서 중심을 이룹니다.

그러나 예루살렘 도성의 성문 앞에 세워졌던 예수 그리스도의 십자가는 우선 사람과 사람 사이에서 그리고 사람과 하느님 사이에서 극단적인 불화를 보여준 표지였습니다. 나중에 그리스도교의 예술과 문학 작품 안에서 그 십자가와 결합되었던 광채를 교회 역사의 첫 금요일에는 조금도 볼 수가 없었습니다. 예수님께서는 침묵하는 하늘 아래에서 사람들에게 둘러싸여 증오에 가득 찬 조롱을 들으시며 수난 당하시고 돌아가셨습니다. 주님을 골고타까지 따라 갔던 얼마 되지 않은 충실한 사람들은 말없이 혹은 울면서 십자가에 못 박히신 분의 발치에 서 있었습니다.

골고타에서 십자가는 한 인간을 고문하고 처형하기 위한 도구 말고 다른 아무 것도 아닌 것으로 여겨졌습니다. 그러나 사흗날에 십자가에 못 박히신 분께서는 부활하신 분으로 나타나셨습니다. 그분께서는 그분에 의해 극복된 죽음의 경계를 넘어 새로운 실존 방식으로 제자들에 돌아오셨습니다. 그분의 몸에 남겨진 죽음의 상처들은 볼 수 있었지만, 거룩한 모습으로 변모되셨습니다.

제자들과 후대의 모든 그리스도인들에게 있어서 그리스도의 십자가는 이제 치욕과 죽음의 표징에서 죄와 죽음을 이긴 승리의 상징이 되었습니다. 처형의 나무에서 생명의 나무가 되었습니다. 그래서 초기 그리스도교의 미술 작품에서는 주님의 몸이 없는 십자가들을 그리곤 하였습니다. 그러다가 4세기 이래로 대부분 광채를 발하는 화려한 십자가들로 표현됩니다. 그 십자가들은 성 금요일보다 그리스도의 부활 승리를 더 우선적으로 가리켜 보이는 것 같습니다.

이탈리아 라벤나 성당에 있는 거대한 모자이크에서 십자가는 마치 별들이 흩뿌려진 창공 한가운데의 태양처럼 빛나고 있습니다. 그리고 6세기의 한 찬미가에서는 "십자가가 신비롭게 빛나네." 하며 노래합니다.

후대로 내려오면서 십자가는 그리스도의 승리의 표지가 아니라 그분의 수난의 표지로 다시 이해되기 시작하였습니다. 이러한 변화는 고딕 시대에 두드러지게 나타납니다. 흑사병과 전쟁 그리고 다른 재앙들로 괴로움을 겪던 사람들은 십자가에 못 박히신 그리스도를 바라보며 자기 자신들의 고난 가운데에서 위로와 신뢰를 구하고 찾았습니다.

십자가는 마침내 위로의 표지에서 반 그리스도교 주창자들에 의해 적대의 표지로 바뀌었습니다. 그들은 그리스도교의 십자가 경배에서 삶을 부정하는 승리 말고 다른 어떤 것도 볼 수 없었습니다. 프리드리히 니체 Friedrich Nietzsche(1844-1900)는 십자가에 못 박히신 분과 반대되는 모습으로서 술에 취해서 사람들을 술 취하게 하는 고대의 디오니시오스 신을 찬양하였습니다. 십자가에 못 박히시고 죽음으로부터 부활하신 분에 대한 믿음 없이는 세상에서 겪는 고난에서 그 의미와 풍부한 효과를 놓고 뻔뻔스럽기 그지없는 태도를 취하게 됩니다.

그래서 그리스도께서 보여주시는 최종적인 모습은 그분을 십자가에서 돌아가신 분이 아니라, 거룩하게 변모된 상처를 지닌 부활하신 분으로 보여줍니다. 그 때문에 그리스도의 십자가가 보여주는 최종적인 형상 또한 더 이상 고난의 나무가 아니라 생명의 나무입니다. 그 좋은 예는 12세기 로마의 성 클레멘스 성당에 꽃이 핀 덩굴에 감겨서 그 안에 깃든 새들과 함께 장식되어 있는 모자이크 십자가에서 찾아볼 수 있습니다.

"십자가가 신비롭게 빛나네." 하며 앞서 말한 6세기의 찬미가에서는 노래합니다. 그것을 넘어서 "십자가가 신비롭게 피어나네." 하고 성 클레멘스 성당의 십자가는 말해줍니다.

찢어진 휘장

이천 년 전 어느 금요일 예루살렘 성문 앞에 몇 시간 동안 십자가가 세워져 있었습니다. 로마법의 관습에 따라 십자가에 못 박힌 자의 머리 위에 그의 이름과 사형 판결문을 적은 판이 붙여졌습니다. 길을 오가는 사람들은 "나자렛 사람 예수, 유다인의 왕"이라고 쓴 글을 읽을 수 있었습니다. 그래서 그들은 이 기록된 내용과 엄청난 차이 속에서 파멸되어 갔던 한 사람이 죽임을 당했다는 사실을 알았습니다.

예수님의 성금요일 이전이나 그 이후에도 팔레스티나와 로마 제국의 다른 곳에서 수많은 사람들이 십자가에 처형되었습니다. 그들의 이름은 잊혀 졌고, 그들의 죽음은 아무런 흔적조차 없이 사라졌습니다. 하지만 예수님의 이름은 잊혀 지지 않았습니다. 그분의 죽음은 역사를 변화시켰고, 지금도 여전히 변화시키고 있습니다. 그분의 죽음은 십자가를 치욕스러운 죽음의 상징에서 구원과 죽음을 이긴 승리의 표지로 바꾸어놓았습니다.

네 복음서 모두 예수님의 수난과 죽음에 대하여 상세하게 전합니다. 복음서들은 이 수난과 죽음에서 아예 관심이 없거나 혹은 적대적인 어떤 목격자가 골고타에서 보고 들었던 것을 그대로 알려주려고만 하지 않습니다. 오히려 복음서들은 거기서 벌어졌던 사건의 깊이를 밝혀내고, 십자가에 못 박히신 분께서 하느님과 함께 살아 계시다는 체험에 이르렀던 그 마지막에서부터 돌이켜 설명해 줍니다.

복음서들은 십자가에 못 박히신 분의 일곱 가지 말씀도 전해줍니다. 그중 몇 가지 말씀은 십자가 주변에 있는 사람들, 이를테면 예수님께서 하느님께 그들을 용서해 달라고 청하신 사형 집행자들, 낙원을 약속해 주신 강도, 서로에게 맡기신 어머니와 제자에게 해당합니다. 돌아가시기 직전의 다른 말씀들은 아버지께로 향합니다. "목마르다." 하시며 그분께서는 시편 구절을 빌려 고통을 토로하십니다. 그리고 "저의 하느님, 저의 하느님, 어찌하여 저를 버리셨습니까?" 라는 말씀에 이어 "다 이루어졌다." 며 "아버지, 제 영을 아버지 손에 맡깁니다."는 의탁의 말씀이 따릅니다.

예수님께서 십자가로부터 내리 하신 말씀은 죽음의 절규에로 흘러듭니다. "큰 소리를 지르셨다." "그리고 숨을 거두셨다." 이 무시무시한 절규는 그 자체로 첫 인간 아담으로부터 마지막 인간까지의 모든 물음과 한탄을 담고 있으며, 시달림을 받고 있는 피조물의 모든 한숨을 품고 있습니다.

이 절규는 허무하게 끝나버리고 말까요? 거기에서 이 절규를 들어줄 뿐만 아니라, 응답해줄 수 있는 누군가가 있기는 한가요? 그러한 물음에 대한 하느님의 답은 사흘째 되는 날에 주어집니다. 그것은 바로 부활입니다.

예수님께서 큰 소리를 지르시고 숨을 거두셨을 때, 예루살렘의 성전 휘장이, 성전의 심장부인 지성소를 가리고 있던 휘장이 찢어집니다. 그 사실은 예수님의 죽음이 지성소를 열어젖혔다는 것을, 하느님께로 이르는 길이 열렸다는 것을, 성전의 시대는 끝났다는 것을 의미합니다. 셀 수 없이 많은 희생 제물들이 이 성전에서 바쳐져 왔습니다. 그 봉헌은 자신에게서 자유롭게 되고, 자신에게서 벗어나 하느님에게로 나아가려는 인간의 통절한 시도였습니다. 그러나 인간은 성전에서 아직 자기 자신을 봉헌하지는 않았습니다. 다만 희생 제물을 통하여, 부족한 사랑의 표시를 통하여 대신하도록 했습니다.

그러나 이제 사람의 아들일 뿐만 아니라, 또한 하느님의 아드님이셨기에 넘치도록 사랑하셨던 유일한 분께서 오셨습니다. 그분께서는 자신을 남김없이 내어주셨습니다. 그분께서는 하느님과 세상을 거부하며 사사건건 부정적 말만 하는 무수한 사람들 가운데에서 자신의 실존을 다해 긍정적으로 말씀하셨습니다. 그리하여 세상은 하느님을 향해 활짝 열리게 되었고, 뒤틀린 자기 자신에게서 벗어나 구원받게 되었습니다. 하느님과 세상 사이에 새로운 관계가 세워졌고, 십자가에 못 박히신 분의 피로 새로운 계약이 맺어졌습니다.

오직 그리스도의 사랑만이 세상을 구원하였습니다. 그분의 십자가, 그분의 고통, 그분께서 흘리신 피가 구원을 얻도록 해 주었습니다. 그것들이 그분의 사랑의 표현이었다는 점에서 그렇습니다. 하느님께서는 피의 속죄를 원하는 아버지-악마가 아니십니다.

증오, 동족상잔, 무관심이 난무하는 이 세상에서 가장 철저한 사랑이 죄인들과 함께 그리고 그들을 위하여 가장 철저하게 수난당하고 죽는 것 말고 어떻게 달리 표현될 수 있겠습니까? 아버지와 아들, 남자와 여자, 노예와 자유인, 인간과 하느님 사이에서 서로 갈라지고 서로 대립하는 모든 것이 아버지 하느님과 그리고 그분의 형제자매들인 사람들을 끌어안기 위하여 십자가에서 두 팔을 벌리신 그리스도를 통하지 않고서 어떻게 서로 화합하고 화해하게 될 수 있겠습니까?

주님 수난 성 금요일에 교회는 이 모든 것을 침묵으로 시작하여 침묵으로 끝나는 전례 중에 기억합니다. 그 침묵 중에 기억되고 있는 돌아가신 분께서는 죽음 속에 머무시기 않기에, 이 침묵은 공허한 침묵이 아닙니다. 그 침묵은 모든 것을 다 이루신 분의 평화를 체험하게 해 주는 침묵입니다.

그리스도의 십자가 그리고 사람들의 십자가들

그리스도의 십자가는 모든 시대와 모든 사람의 삶을 그늘지게 합니다. 예수님께서는 늘 다시금 십자가에 못 박히십니다. "너희가 내 형제들인 이 가장 작은 이들 가운데 한 사람에게 해 준 것이 바로 나에게 해 준 것이다."는 그분의 말씀은 선한 일에만 해당되는 것이 아닙니다. 사람들이 서로에게 가하는 악한 일에도 해당됩니다. 역사 속에서 늘 반복해서 그리고 오늘날에도 사람들이 겪는 고난의 십자가는 세워지고, 사람의 얼굴은 "피와 상처로 가득한 머리"로 변합니다. 이제까지 별다른 어려움을 겪지 않은 또는 평범할지 모르는 한 사람의 삶의 길은 주님의 십자가의 길로 통합니다. 사람들이 겪는 고난은 동정과 도움과 관계 변화를 불러일으킵니다. 그럼에도 많은 사람들은 아무 생각 없이 그냥 지나칩니다. 오래 전부터 그들은 불안한 삶에 휩쓸리지 않고 자신들이 누리는 작은 행복마저도 위협받지 않으려고, 예수님의 십자가와 자기와 같은 시대를 살아가는 사람들의 고난을 못 본체 하는데 익숙해져 있습니다. 그 결과 이미 오래 전에 도시들의 교회 첨탑에 세워져 있는 십자가들이나 젊은이들의 목걸이 장식으로 십자가가 일상이 되어버린 것처럼, 고난을 겪고 학대 받는 사람들의 십자가가 일상이 되어버릴 위험에 처해 있습니다. 통상 사용되고 있는 상징들은 더 이상 말이 없거나 아니면 들릴 듯 말 듯 말합니다. 이런 이유로 해서 오래 전부터 가톨릭교회에서는 성 금요일에 다시 벗겨지도록, 부활절 이전 2주 동안 십자가들을 가리게 합니다. 그리고 이 존중할 만한 관습은 계속 보존되어야 할 것입니다. 가리는 것은 시야에서 벗어나도록 하는 것, 바로 그것을 강조합니다. 늘 여기에 있는 것은 나중에 더 이상 아무런 주목도 받지 않게 될 것입니다. 당장 볼 수 없지만 그러면서도 지금 여기 있는 십자가는 이 표지가 주는 요청과 약속을 다시 부각시킵니다. 오늘날 골동품 가게에 팔려고 내놓은 성물들이나 교회 주변에서 팔리는 싸구려 기념품으로 전락한 그런 곳에서도 십자가는 잠시 동안이지만 덮어 가려두어야 할 것입니다. 그러나 세계 도처에서 수많은 사람들은 십자가의 이 표지를 자기 비하로부터 다시 들어 올려 그들의 일터나 휴식 공간에 세워놓습니다. 그리하여 십자가는 오늘날에도 그리스도인들에게 그리고 그리스도교의 언저리나 밖에서 길을 찾는 많은 사람들에게 말을 건네고 있습니다.

그리스도인들이나 편견 없는 비그리스도인들 모두 다 마찬가지로 십자가를 바라보면서 여러 가지 상념에 잠기게 될 것입니다. 말하자면 그리스도 이전이나 이후에 어느 곳의 거리들이나 성문들 앞에서 사람들이 죽음에 처해졌던 무수한 십자가들을 떠올릴 것입니다. 또한 아벨의 살해에서 시작하여 여러 전쟁과 강제수용소들을 거쳐 현재의 민족 학살에 이르기까지 인간이 인간에게 늑대가 되는 역사의 반복되는 상황들을 떠올릴 것입니다. 예나 지금이나 다양한 방식으로 사람들은 자기와 같은 사람들에 의해서 행복을 박탈당하고, 소중한 생명을 침해당하고, 착취당하고, 고문받으며, 짓밟히고 있습니다.

고발과 재판을 거친 다음 참수형이나 십자가형에 처했던 지난 시대의 극적인 수난은 대개 지구상의 도처에서 굶주리는 사람들, 추방당한 사람들, 사회적으로 억압받는 사람들이 수시로 당하는 길고도 혹독한 고난으로 대체되고 있습니다. 거기에 우리 이웃들 안에서의 그리고 어쩌면 우리 자신들에게서의 고난 역시 포함됩니다. 그 고난은 젊은이와 노인의 고독, 깨어진 혼인, 파탄 난 가정 등을 말합니다. 조금은 무례하게 들리겠지만, 실제로 조금씩 나누어 당하는 할부 수난, 할부 십자가형이라 부를 수 있을 것입니다.

그리스도의 십자가는 무엇보다 먼저 주님의 수난에 대해 말합니다. 그리고 그것을 넘어서 모든 사람이 각자 겪는 고난을 상징합니다. 그렇게 보면 십자가는 비그리스도인, 아니 비신앙인의 책상 위에도 걸려 있을 수 있습니다. 그러면 그 사람은 그 십자가에서 언젠가 "이 사람을 보라."Ecce homo며 고문 받고 학대당하는 모든 사람의 총체적 상징을 보게 될 것입니다. 십자가는 그에게 모든 불의에 대한 저항의 표지가 되고, 그렇게 해서 언제나 처형자가 희생자에게 승리하지 못하도록 그리고 그렇게 해서 전쟁이 언제가 종식되도록 애쓰라는 요청이 될 것입니다. 이 노력이 결국에 가서 의미가 있을지 없을지를 누가 알겠습니까?

십자가에 매달려 아버지 손에 자신을 맡기신 예수님의 부르짖음이 아무 의미가 없었다면, 그분의 죽음은 그것으로 끝장나고 말 것이고, 그리고 진보와 정의를 위한 어떤 투쟁도 죽은 이들의 수난에 따르는 최종적인 의미를 부여하지 못할 것입니다. 그러나 십자가 형틀은 그리스도인들에게 믿음 안에서 죽음을 이긴 승리의 표지로, 그리고 영원한 생명의 상징으로 거룩하게 변모됩니다. 그리고 예수님 친히 자주 읊으셨던 아주 오래된 유다인의 기도문인 탄원의 시편들은 그리스도인들에게 있어서 고난을 바꾸어주실 수 있는 하느님을 향한 부르짖음이 될 것입니다. 왜냐하면 하느님께서 예수님의 부활로 닫혀 있던 인간의 한계를 결정적으로 열어주셨기 때문입니다.

왜 고난을 당하는가?

인간이 겪는 고통과 그리고 고통을 느낄 수 있는 다른 피조물들도 겪고 있는 고통의 의미에 대한 물음은 한 분이시며 동시에 전능하시고 자비로우신 하느님을 믿는 그 곳에서 더 없이 절박하게 제기됩니다. "하느님"이란 말이 자연에 있어서 하나의 또 다른 이름에 불과하다면, 이 물음은 그 역동성을 상실하고 맙니다. 자연은 이 세상에서 아이들이 암으로 죽어가기 때문에 묻거나 원망할 수 있는 인격적인 '너'가 아닙니다.

악을 저지르는 자들의 고통에서는 기도드리는 자리에서 하느님께 끊임없이 올라가는 "왜?"라는 본질적인 물음이 나오지 않습니다. 예수님 곁에서 십자가형에 처해졌던 착한 강도는 묻거나 불평하지 않습니다. 그는 건너 편 십자가에 매달려 예수님을 모독하는 다른 강도에게 "우리야 당연히 우리가 저지른 짓에 합당한 벌을 받는다."(루카 23,41) 하고 말합니다.

그러나 또 다른 고통도 있습니다. 죄 없는 아기들의 고통과 그리고 궁극적으로 무죄하신 예수님의 고통이 그것입니다. "어찌하여 저를 버리셨습니까?" 하고 십자가에 매달리신 하느님의 아드님이며 사람의 아들이신 분께서 아버지에게 묻습니다. 이 물음은 그분께서 당신 백성에게 지어주신 시편의 말씀입니다. 그분께서는 많은 이들을 대신하여 이 말씀을 하십니다. 그분께서는 성경에서 전해주는 본질적인 물음과 비탄 속에 빠져있던 사람들의 대열에 들어서십니다. 그들 가운데 인내하는 사람 욥과 예언자 예레미아가 있습니다. 그들은 하느님께 묻습니다. "어찌하여 당신께서는 이 땅에서 이방인처럼, 하룻밤 묵고자 들어선 나그네처럼 되셨습니까? 어찌하여 당신께서는 놀란 사람처럼, 저희를 구원할 힘이 없는 용사처럼 되셨습니까?"(예레 14,8-9)

"당신 친 아드님을 십자가에 매다셨다는데, 어떻게 하느님을 사람들의 고통 때문에 고발할 수 있겠습니까?"라는 물음으로 신학자 칼 라너Karl Rahner는 묵상해 보도록 하였습니다. 그러나 그리스도께서 오신 후에도 짓눌린 피조물의 수많은 한숨소리를 마주 하며 "왜?"라는 엄청난 물음은 그치지 않고 있습니다. 도스토예브스키는 반항적인 이반 카라마조프로 하여금 이 세상에서 죄 없는 아기들이 고통을 받아야만 하기에, 낙원인 하늘나라에 들어가는 입장권을 하느님께 되돌려 드린다고 말하도록 합니다. 하지만 그리스도의 십자가는 하느님을 인간의 죄 때문에 피로 속량되기를 바라시는 잔혹한 아버지가 아니라, 당신 아드님 안에서 증오를 내면으로부터 극복하는 꾸밈없는 사랑의 형상으로 그분을 계시하십니다. 주님 수난 성금요일 이후 사흘째 되는 날이 예수 부활 대축일입니다.

십자가의 길

우리 삶은 하나의 길입니다. 아우구스티노는 인간은 하느님 없이는 제자리를 맴돈다고 말했습니다. 그러나 하느님과 함께 하는 길은 영원한 고향에 이릅니다.

예수님께서는 당신을 "길"이라 하셨습니다. 그분께서는 죄 짓고 길 잃은 사람의 뒤를 좇아가셨습니다. 그분께서는 그에게 새로운 길을 가리켜주고, 모든 방황에서 벗어나는 문을 열어주셨습니다. 서른 살이 되던 해부터 예수님께서는 쉼 없이 당신의 길을 걸어 가셨습니다. 마을들과 고을들을 거쳐 가신 길이었습니다. 거기에서 그분 주위에 많은 사람들이 몰려들었습니다. 그분에게서 지금까지 들어본 적이 없는 말씀을 듣고, 그분을 만나 치유받기 위해였습니다. 또 광야를 가로지르신 길이었습니다. 그곳에서 그분께서는 당신 아버지이신 하느님과 기도 중에 대화를 나누셨습니다.

예수님께서 가신 길의 마지막 구간은 십자가로 나아가는 길, 십자가의 길입니다. 베들레헴 고을 바깥에서 예수님께서는 태어나셨습니다. 예루살렘 도성 바깥에 그분의 십자가는 세워졌고, 거기에서 수난 당하고 피 흘리며 돌아가셔서 죄로 갈라졌던 모든 것, 곧 하늘과 땅, 하느님과 사람, 사람과 사람을 합일시키고 그리고 구원하여 화해를 이루신 하느님이며 사람이신 분께서 못 박히셨습니다. 주님께서는 창에 찔려 피를 쏟은 심장에서 가장 강하게 표현된 당신의 사랑을 통하여 온갖 증오와 모든 무관심을 극복하십니다.

십자가의 길 경배에서 교회는 묵상하고 기도하고 노래하며 십자가와 무덤으로 이어지는 길에서 그리스도를 뒤따릅니다. 그리고 교회는 14처에 이 길을 간직하고 있습니다. 유명 무명의 많은 예술가들이 이 14처를 위한 형상들을 만들었습니다. 그것들은 주님의 수난에 실제로 동참하려고, 그래서 믿음과 희망 그리고 선행을 할 힘을 새롭게 얻으려고 묵상 기도를 하는 사람들에게 도움을 줍니다.

제1처 예수님께서 사형 선고 받으심

예수님께서 사형 선고를 받으십니다. 이것이 십자가의 길 제1처의 제목입니다. 하느님의 아드님께서 당시 지상의 최고 권력자인 로마 황제를 대리하는 빌라도 앞에 무기력한 모습으로 서 계십니다. 로마인은 애매모호한 죄수에게 그가 임금인지, 그렇다면 그의 나라는 어디 있는지 묻습니다. 그리고 이어서 밑도 끝도 없이 "진리가 무엇이오?" 하고 묻습니다. 그렇게 대화는 고소당한 자의 침묵 속에서 그리고 그에 대한 사형 선고로 끝납니다. 우리 모두는 죽어야 하고, 따라서 사형 선고를 받고 있습니다. 하느님의 아드님께서는 돌아가시고 부활하심으로써 인간을 에워싸고 있는 죄와 죽음의 장벽을 부수어 허물어버리기 위하여 오셨습니다.

제2처 예수님께서 십자가 지심

카인이 동생 아벨을 죽인 이후 여러 가지 방식으로 사람들은 다른 사람들의 목숨을 빼앗았습니다. 십자가 죽음은 고통스럽게 죽이는 특별한 형태입니다.

로마인들은 십자가 처형을 카르타고인들에게서 받아들여 이방인들에게 적용하였습니다. 로마 시민들에게는 십자가형이 허용되지 않았습니다. 예수님께서는 로마 제국에서 이방인이셨기에, 채찍질과 가시관으로 시작하여 서서히 죽임을 당하는 처참한 의식이 그분께 집행되었습니다. 십자가형 선고를 받은 사람들은 통상 십자가의 횡목을 스스로 지고 처형장으로 가야 했습니다. 예수님께서도 이런 방식으로 복음에서 전해주듯이 당신 십자가를 지셨습니다.

예수님께서 지신 십자가의 무게는 그분께서 측은히 여기고 죄를 속죄하려고 스스로 받아 지신 사람들의 죄와 고통의 무게를 나타내고 있습니다. "오 하느님의 어린 양, 죄 없으신 분 …, 당신께서 모든 죄를 지셨나이다."

제3처 예수님께서 십자가에 눌려 첫 번째 넘어지심

사형 선고를 받으신 예수님, 하느님의 아드님이며 사람의 아들이신 분께서는 십자가의 길을 가기 전에 받은 심문과 조롱과 채찍질의 고통으로 이미 기력이 다하셨습니다. 그래서 그분께서는 십자 들보의 무게에 눌려 비틀거리며 처음으로 바닥에 넘어지셨습니다.

몸에 기력이 다하신 주님의 비틀거림은 아무 죄 없이 육체와 영혼에 무거운 짐을 지고 살아가는 모든 사람에게 위로의 표상이 됩니다. 또한 죄를 짓고 비틀거리며, 그 넘어짐에서 다시 일어서도록 주님께서 돕고자 하는 사람들에게 위로의 표상이 됩니다.

바닥으로 끌어 내리는 죄의 힘은 구원의 은총으로 극복됩니다. 쓰러짐에는 새로이 일어섬이, 죽음에는 생명이, 주님 수난 성 금요일에는 예수 부활 대축일이 뒤따릅니다.

제4처 예수님께서 성모님을 만나심

제자 요한의 이름에 따라 붙여진 넷째 복음서는 우리에게 예수님의 십자가 곁에 그분의 어머니 마리아께서 다른 여인들과 제자들과 함께 서 계셨다고 전합니다. 십자가의 길 제4처는 그것을 넘어서 마리아께서 짐작컨대 교차로에 서서 십자가를 지고 골고타를 향해 가시는 아드님을 어떻게 만나시는지 보여줍니다. 눈에서 눈으로, 마음에서 마음으로, 말없이 대화를 나누십니다.

백발의 노인 시메온이 예루살렘 성전에서 마리아에게 아기 예수님께서 반대 받는 표징이 될 것이라는 예언을 남긴지 어느덧 33년이 지났습니다. 그리고 그는 "당신의 영혼이 칼에 꿰찔릴 것입니다." 하고 덧붙여 말했습니다. 이 말이 이제 십자가형을 받으러 가는 길에서 그리고 십자가 곁에서 실현되고 있습니다.

로레토의 호칭기도에서 탄원하고 있듯이, 고통으로 꿰뚫린 마리아의 영혼은 그분을 슬퍼하는 이들의 위로자로 삼게 합니다.

제5처 키레네 사람 시몬이 예수님을 도와 십자가를 짐

그들은 예수님을 끌고 가다가, 시골에서 오고 있던 시몬이라는 키레네 사람을 붙잡아 십자가를 지우고 예수님을 뒤따르게 하였습니다. 루카 복음서에서는 우리에게 십자가의 길 경배 제 5처에서 기억하게 되는 사건을 그렇게 전해줍니다.

예수님을 끌고 가던 자들은 그분께서 탈진해 계신 것을 눈치 채고 십자가에 눌려 두 번째 넘어지실 것을 예상합니다. 그분께서는 처형당하기 전에 돌아가실 수도 있었습니다. 예수님께서 가시는 십자가의 길로 들에서 일하다 집으로 돌아오는 농부 시몬의 길이 통합니다. 어쩌면 그는 집에 가서 가족들과 축제의 밤을 지낼 생각을 하고 있었는지 모릅니다. 그는 골고타를 향해 힘들게 나아가는 이 낯선 죄수와 아무런 관계도 없습니다. 하지만 뜻밖에 어떤 그런 관계가 맺어집니다. 다른 사람의 십자가, 곧 그리스도의 십자가가 그에게 지워집니다.

이렇게 남의 짐을 진 키레네 사람 시몬의 감정에 대해 우리가 아는 것은 전혀 없습니다. 반항, 체념, 아니면 동정심이 그의 마음을 움직였을까요? 우리는 알지 못합니다. 하지만 우리는 시몬처럼 십자가를 지게 되었던, 느닷없이 감당하기 힘든 삶의 무게를 지게 되었던 사람들을 알고 있습니다. 언제나 무리들 가운데, 친구들이나 놀이 동무들이나 즐거운 모임에 함께 하는 사람들 가운데 한 사람이 나옵니다. 그 사람이 고난을 당하도록 정해집니다. 십자가가 그에게 지워집니다. 대개 그는 예수님의 십자가를 함께 진다는 것을, 예수님께서 그의 십자가를 함께 진다는 것을 잘 모르고,

또 대부분 알려고 하지도 않습니다. 암에 걸린 어린이, 죽을 병에 걸린 젊은 여인, 이들은 다른 많은 사람들처럼 십자가를 진 사람들입니다. 적은 수의 사람들에게 선사되고 있는 것처럼, 그들 역시 모두 많은 사람들 가운데에서 져야 하는 질병이나 외로움의 짐인 이 십자가를 그리스도의 십자가에 동참하는 것으로 이해하고 받아들일 수도 있었을 겁니다. 그들 역시 그들의 십자가도 거룩하게 변모될 수 있다는 것을, 마침내 그들에게 있어서도 주님 수난 성금요일이 아니라 예수 부활 대축일이 될 거라는 알 수도 있었을 것이고, 믿을 수도 있었을 겁니다.

제6처 베로니카 예수님께 수건을 건네줌

키레네 사람 시몬은 예수님을 도와 한 구간 십자가를 지고 가도록 강요받았습니다. 비록 복음서는 아니지만 옛 전승에서는 예수님을 누구의 강요 없이 순수한 연민으로 보살펴주었던 도움의 손길에 대해 감동적으로 들려줍니다.

베로니카라는 이름의 한 여인이 그분께서 얼굴에 흐르는 땀과 피를 닦을 수 있도록 아마포를 건네 드렸다고 합니다. 그분께서는 그 수건을 받아드셨고, 거기에 당신 용모를 새겨주심으로써, 은총의 그림인 성화상이 되게 하셨습니다.

중세의 예술 작품은 베로니카의 수건에 새겨진 주님의 거룩한 용모를 수없이 그렸습니다. 그 수건은 베로니카나 천사들의 손에 들려 있습니다. 모든 수난곡 중에서 가장 감동적인 다음의 노래는 이 그림에 해당됩니다.

"피와 상처 가득한 머리,
극심한 고통과 온갖 조롱 …"

베로니카는 그리스도를 위로합니다. 그리고 무거운 짐을 지고 수고하는 사람들의 모습 안에서 그리스도를 만나는 사람에게 위로하는 법을 가르칩니다.

제7처 예수님께서 십자가에 눌려 두 번째 넘어지심

빌라도는 채찍질을 당하고 가시나무 관을 쓴 그리스도를 군중들에게 내보이며 "자, 이 사람이요."Ecce homo 하고 소리쳤습니다. 군중들에게서 고소당한 이를 위한 동정심을 불러일으켜 보려는 부질없는 시도였습니다.

십자가의 길 제7처의 형상도 그것을 바라보는 이에게 "자, 이 사람이요." 하고 말합니다. "이 사람"은 십자가의 무게에 눌려 비틀거리며 두 번째로 바닥에 넘어지신 그리스도를 보여줍니다. 그분께서는 다른 사람이 져야 하는 짐, 곧 아담 이래로 인류가 저지른 모든 죄의 짐을 지십니다. 비틀거리고 넘어짐으로써 "이 사람"은 자신의 사람됨의 길에서 늘 잘못되어 넘어지는 사람을 보여줍니다. 그러한 체험에서 의인도 하루에 일곱 번은 넘어진다는 격언이 생겨났습니다. 그리고 아우구스티노는 그리스도인이 되기로 확고히 결심하기 전 자신의 삶을 가시밭길이라 하였습니다.

예수님께서는 두 번째로 바닥에 넘어지셨다가, 온 힘을 다해 다시 일어서십니다. 주님, 저희도 쓰러졌다 다시 일어서도록 한 번, 두 번, 언제나 거듭 도와주소서.

제8처 예수님께서 통곡하는 여자들을 위로하심

루카 복음에서 전해주고 있듯이, 백성의 큰 무리가 십자가를 지고 가시는 그리스도를 따라갔습니다. 그 가운데에는 그분 때문에 가슴을 치며 통곡하는 여자들도 있었습니다. 그분께서는 그 여자들에게 돌아서서 이르셨습니다. "예루살렘의 딸들아, 나 때문에 울지 말고 너희와 너희 자녀들 때문에 울어라. 보라, '아이를 낳지 못하는 여자, 아이를 배어 보지 못하고 젖을 먹여 보지 못한 여자는 행복하여라!' 하고 말할 날이 올 것이다. 그때에 사람들은 산들에게 '우리 위로 무너져 내려라.' 하고 언덕들에게 '우리를 덮어 다오' 할 것이다."

이 말씀으로 예수님께서는 서기 70년경 로마군 사령관 티투스가 예루살렘 도성을 참혹하게 파괴한 미래를 미리 일러주십니다.

"사물은 자기 눈물을 지니고 있다." 하고 로마의 시인 베르길리우스는 말했습니다. 하물며 사람들이야 당연히 눈물을 흘립니다. 심지어 교회는 오래 전에 울 수 있는 은사를, 죄와 고통에 대한 눈물의 은사를 청하는 기도를 드리기도 하였습니다. 울 수 있다는 것 그리고 위로할 수 있다는 것은 참된 인간성의 표현입니다.

제9처 예수님께서 세 번째 넘어지심

세 번 베드로는 예수님을 부인하였고, 세 번 예수님께서는 당신 십자가에 짓눌려 쓰러지셨습니다. 하지만 그분께서는 매번 다시 일어나시어, 사람들에게서 버림 받고 그리고 겉으로 보기에 하느님에게서도 버림받은 채 하늘과 땅 사이에서 세 시간 동안이나 방치되어 계실 골고타를 향한 길을 계속 가십니다.

"이 아기는 많은 사람을 쓰러지게도 하고 일어나게도 할 것입니다." 하고 백발의 노인 시메온이 예루살렘 성전에서 아기 예수님에 대해 말하였습니다. 대장부 예수님께서는 인간의 죄가 그분께 지운 짐에 눌려 세 번이나 넘어지십니다. 하지만 그분께서는 신적인 힘으로 매번 다시 일어나십니다. 바로 이것이 세상을 이기는 승리입니다.

예수님께서는 몇 년 전에 한 죽은 아이에게 말씀하셨습니다. "탈리다 쿰 Talita kumi! 소녀야, 일어나라!" 십자가의 길 제9처에서 예수님께서는 당신 수난에 참여하려는 모든 이에게 "사람아, 일어나라! 무관심과 절망으로부터 일어나라." 하고 말씀하십니다.

제10처 예수님께서 옷 벗김 당하심

옷은 교만과 허영의 표현일 수 있습니다. 그러나 옷은 그 기원에서 사람을 위한 제2의 피부이며, 더위와 추위를 막아줍니다. 또한 예로부터 옷은 사람의 품위를 지켜줍니다. 그래서 비수에 찔린 율리우스 시저는 쓰러지면서도 자신의 시신을 단정하게 덮도록 긴 상의Toga를 여몄다고 합니다.

그러나 예수님께서는 십자가에 못 박히기 전에 당신 옷이 벗겨졌습니다. 이는 완전한 몰수를 나타냅니다. 부유함에서 자신의 행복을 찾는 사람을 하느님이며 사람이신 분께서는 빈손으로 만나십니다.

제11처 예수님께서 십자가에 못 박히심

예수님을 십자가에 못 박기 위해 팔을 벌리도록 강요했던 사형 집행인들은 자신도 모르게 예언적으로 행동하였습니다. 팔을 벌리는 이 자세는 예수님의 존재를 가장 강하게 나타내고 있습니다. 그분께서는 사람들을 당신께로 끌어들이려고 그들을 향하여 팔을 벌리셨습니다. 그러나 대부분의 사람들은 그분을 거부하였습니다.

그분께서 가신 길의 끝에서 "예루살렘아, 암탉이 제 병아리들을 날개 밑으로 모으듯, 내가 몇 번이나 너의 자녀들을 모으려고 하였던가? 그러나 너희는 마다하였다." 하는 탄식이 울립니다.

아직도 여전히 십자가에 못 박히신 분께서는 고향 같은 마음을 찾는 모든 사람을 향해 두 팔을 벌리십니다.

제12처 예수님께서 십자가 위에서 돌아가심

하느님께서는 전능하십니다. 그러나 동시에 그분께서는 사랑이십니다. 하느님의 아드님께서는 사람이 되신 사랑이십니다. 그 사랑은 강요하지 않습니다. 그 사랑은 상처 받기 쉽습니다. 그리고 그 사랑은 찔려 상처 입게 됩니다. 예수님께서 가신 길의 종착역은 그러므로 십자가입니다. 여기에서 이 세상의 모든 적대적인 것과 모든 악이 그분을 관통합니다. 그러나 또한 여기에서 죄로 말미암아 갈라진 모든 것, 곧 하느님과 사람, 사람과 사람이 하나로 결합됩니다. 갈라진 것에서 생겨나는 팽팽한 긴장감, 아니 감당할 수 없도록 잡아 늘어뜨리는 힘으로 그리스도의 몸에서 혈관은 찢어지고, 그분의 심장은 피를 다 쏟아 냅니다. 어린양이 늑대들에게 죽임을 당합니다. 하지만 이것이 끝은 아닙니다. 그리스도의 사랑은 죽음보다 강합니다. 주님 수난 성금요일의 어둠 속에 이미 부활절 아침의 빛이 보입니다.

제13처 예수님 시신이 십자가에서 내려져 어머니 품에 안기심

십자가의 길 제13처는 복음서들이 전해주는 증언을 신심 깊게 전개하여 돌아가신 아드님을 품에 안으신 마리아를 보여줍니다. 고딕 시대의 조각가들은 물론 미켈란젤로도 자신의 피에타 조각상에 이 주제를 감동적으로 형상화하였습니다.

주님 수난 성 금요일 늦은 오후 저녁기도 시간에 예수님의 시신을 어머니의 품으로 돌려드렸던 이 주제를 새긴 고딕 양식의 형상을 사람들은 저녁기도의 형상Pieta 혹은 마리아의 탄식이라 부릅니다. 많은 예술가들은 이 시신을 어린이처럼 작게 표현하였습니다. 죽은 아드님께서는 다시 품 안의 아기가 되셨습니다. 이는 고통 중에 살아가는 모든 시대의 어머니들을 위한 위로의 표상입니다.

제14처 예수님께서 무덤에 묻히심

아직 아무도 묻힌 적이 없는 새 무덤에 예수님의 시신은 편안히 모셔집니다. 죽음과 무덤은 끝장난 삶에 대한, 그래서 아무도 열 수 없는 것처럼 보이는 봉인입니다.

성토요일의 고요가 시작됩니다. 하느님께서는 당신 아드님 안에서 죽은 것처럼 보이십니다. 이것이 끝인가요?

여류 시인 마리아 루이제 카슈니츠는 이 물음에 자신의 시를 헌정하였습니다.

용기 있는 이들은 안다.
그들이 부활하지 못한다는 것을
어떤 살도 그들 주위에 자라지 못한다는 것을
최후의 날 아침에
그들은 아무 일도 더 이상 기억하지 못하고
누구도 다시 만나지 못한다는 것을

아무 것도 그들을 기다리지 않는다는 것을
어떤 행복도 없고
어떤 고통도 없고
나는
용기가 없다

"나는 용기가 없다." 하고 마리아 루이제 카슈니츠는 자신이 지은 시의 끝에 말합니다. 그 말은 '나는 죽음과 함께 모든 것이 끝장나는 것을 원하지 않는다. 나는 무덤과 죽음을 넘어 한 가닥 희망을 건다.'를 뜻합니다.

셋째 날 부활절이 있게 될 것입니다. 향료를 가지고 간 여인들은 예수님의 무덤이 열린 채 비어 있는 것을 발견합니다. 죽음아, 네 독침은 어디 있느냐? 지옥아, 너의 승리는 어디 있느냐?

거룩한 십자가 찬미가

임금님 높은깃발 앞장서가니
십자가 깊은신비 빛을발하네
사람을 내신분이 사람되시어
십자가 형틀위에 달려계시네

주님은 십자가에 높이달리어
예리한 창끝으로 찔리셨으니
우리의 더러운피 씻으시려고
피와물 송두리째 쏟으셨도다

광채로 번쩍이는 영광된나무
임금님 붉은피로 물들었어라
고귀한 나무줄기 간택됐으니
거룩한 가지들도 적셔주소서

유일한 우리희망 십자나무여
수난의 귀한시기 다가왔으니
열심한 신자에게 은총주시고
죄인의 모든허물 씻어주소서

구원의 원천이신 삼위일체여
천사들 소리맞춰 찬미하오니
십자가 그신비로 구원된우리
영원히 무궁토록 지켜주소서. 아멘.

(찬미가 「임금님 높은깃발 앞장서가니」Vexilla regis prodeunt는 6세기 포이티에의 주교 베난티우스 포르티나투스Venantius Fortunatus에게서 유래한다.)

4 부활절
생명의 축제

천년 된 부활절 찬미가

파스카 희생제물 우리모두 찬미하세
그리스도 죄인들을 아버지께 화해시켜
무죄하신 어린양이 양떼들을 구하셨네
죽음생명 싸움에서 참혹하게 돌아가신
불사불멸 용사께서 다시살아 다스리네
마리아 말하여라 무엇을 보았는지
살아나신 주님무덤 부활하신 주님영광
목격자 천사들과 수의염포 난보았네
그리스도 나의희망 죽음에서 부활했네
너희보다 먼저앞서 갈릴래아 가시리라
그리스도 부활하심 저희굳게 믿사오니
승리하신 임금님 자비를 베푸소서. 아멘. 알렐루야.

(이 부활절 부속가는 부르군트의 황실 사제 비포Burgund Wipo의 1050년 이전 작품이다)

머리말

부활절은 봄의 축제만이 아니라, 부활절 나들이를 나서도록 하거나 옷과 영혼에 신선한 바람을 쐬도록 하는 반가운 기회이기도 합니다.

부활절은 전대미문의 승리, 곧 하느님의 어린양이 인간 늑대들보다 더 강하고, 하느님의 빛이 어둠보다 더 강하고, 하느님의 아드님이시며 사람의 아들이신 분의 거룩함이 세상의 죄보다 더 강하며, 생명이 죽음보다 더 강하다는 전대미문의 승리를 기리는 축제일입니다.

부활절은 세상으로부터 세상의 근원으로 나아가시는 그리스도의 고귀한 출정의 축제입니다.

부활절은 인류 전체와 온 우주를 위한 미래의 전망입니다. 그리스도인은 자신을 부활절의 사람으로 파악할 때, 비로소 자신을 온전히 이해하게 됩니다.

부활절은 중력에 맞서는 축제, 땅으로 끌어당기는 모든 것을 떨쳐 버릴 날개를 달아 줄 수 있는 축제입니다.

사흘째 되는 날

"십자가에 못 박혀 돌아가시고 묻히셨으며 저승에 가시어 사흗날에 죽은 이들 가운데서 부활하시고 하늘에 올라 전능하신 천주 성부 오른편에 앉으시며 …." 웅장한 종소리처럼 울려 퍼지는 이 말들과 함께 교회는 죽음 안에서 가신 그리스도의 길을 그리고 "사흗날" 부활 사건 속에서 그분 죽음의 "죽음"을 가리킵니다.

예수님 친히 루카 복음서에서 당신의 "사흗날"에 대해 말씀하십니다. 바리사이 몇 사람이 그분께 다가와 헤로데 왕이 죽이려 하니 조심하라고 주의를 주자, 그분께서는 그들에게 "가서 그 여우에게 이렇게 전하여라. '보라 오늘과 내일은 내가 마귀들을 쫓아내며 병을 고쳐 주고, 사흘째 되는 날에는 내 일을 마친다. 그러나 오늘도 내일도 그다음 날도 내 길을 계속 가야 한다. 예언자는 예루살렘이 아닌 곳에서 죽을 수 없기 때문이다.'"(루카 13,31-33) 하고 이르십니다. 당신 파견에 대한 흔들림 없는 일관성으로 예수님께서는 십자가를 향한 길을 가시며, 십자가 죽음을 지나 부활하여 아버지께 "올라"가시고, 성삼위 하느님의 영원한 생명에 들어가십니다.

주님 수난 성금요일과 사흘째 되는 날 그분의 부활 사이에 길고 어두운 성토요일이 놓여 있습니다. 하느님의 아드님께서 돌아가시어, 바위 무덤에 묻혀 계신 것입니다. 사흘째 되는 날 엠마오로 가던 제자들은 누군지 잘 몰랐지만, 이상하게도 친숙하게 느껴지는 분과 동행하면서도, 여전히 그분께서 무덤에 계시다고 믿었습니다. "우리는 그분이야말로 이스라엘을 해방하실 분이라고 기대하였습니다. 그 일이 일어난 지도 벌써 사흘째가 됩니다."(루카 24,21) 예수님께서 당신 일을 다 마치신 사흘째 되는 날(루카 13,32)은 이미 밝았으나, 제자들은 아직 그 사실을 알지 못합니다. 가장 깊은 곳, 죽음의 나라로 내려가신 주님의 하강에 이어 가장 높은 곳, "하느님 아버지의 나라"에로 오르시는 주님의 상승이 따릅니다. 그리스도께서 가신 이 길은 이제 그분을 사랑하며 믿는 이들에게도 열려 있습니다.

무거운 돌

주님 수난 성금요일에 예수님의 시신은 서둘러 묻혀야 했습니다. 유대인의 관습에 따라 이날 저녁 무렵 이미 안식일의 휴식이 시작되었기 때문입니다. 안식일에는 매장이 금지되어 있었습니다.

요한 복음에서는 아리마태아 출신 요셉과 니코데모가 예수님의 시신을 모셔다가 몰약과 침향을 섞어 만든 향유를 발라 예를 갖추고 아마포로 감싸 무덤에 모셨다고 설명하는데(요한 19,38-41) 비해, 마르코와 루카 복음에서는 장례를 서둘러 지내야 하는 계명 때문에 향유를 바르지 못했을 것이라는 전승을 전해주고 있습니다. 그리고 이어서 갈릴래아에서부터 예수님과 함께 온 세 여자가 부활절 새벽 일찍이 마지막 경건한 사랑의 봉사로 돌아가신 분의 시신에 향유를 발라드리려고 무덤으로 갔다고 이야기합니다(마르 16,1-8; 루카 24,1-12). 그리스도교에서 영감을 받은 예술 작품은 이 주제를 수없이 감동적으로 형상화하였습니다.

"누가 그 돌을 무덤 입구에서 굴려 내 줄까요?"(마르 16,3) 하고 나중에 그냥 세 명의 마리아라고 불렀던 그 여자들은 무덤으로 가면서 서로 말하였습니다. 예수님 시대에는 무덤들을 통상 무거운 돌로 막았는데, 그 돌은 남자 몇 사람의 물리적인 힘만으로 거의 움직여지지 않았습니다. 여자들의 물음은 그런 큰 돌을 치우는 것이 무리라는 대화를 나누고 있는 것입니다.

"누가 그 돌을 굴려 내 줄까요?" 하고 여자들은 물었습니다. 그들은 아직 하느님께서 당신 아드님의 부활을 통해 손수 그 돌을 치우셨다는 사실을 몰랐습니다.

많은 사람들이 큰 돌과 같은 무거운 짐을 지고 살아가고 있습니다. 예수님의 무덤을 막았던 돌은 그들에게 그리스도교 신앙의 눈으로 볼 때 그들의 삶에 지워진 무거운 짐, 말하자면 사랑받지 못하고 실패한 모든 사람이 겪는 슬픔의 짐 그리고 그보다 더한 죄와 죄의 한 형상인 죽음의 짐을 나타내는 상징이 됩니다.

하느님께서는 그리스도의 무덤에서 돌을 치워버리셨습니다. 무덤의 돌은 하느님 아드님의 삶과 죽음 위를 덮어 씌운 마감돌이 아니었습니다. 그리스도의 부활을 믿는 이는 자신에게 주어진 삶의 짐을 쉽게 내던져버릴 수 없지만, 희망을 갖지 않은 사람들보다 훨씬 쉽게 그 짐을 집니다. 그리고 때때로 하느님의 은총이 그를 들어 올려주시고, 그에게 모든 중력에 맞서는 날개를 달아 주십니다.

빈 무덤

예수님께서 부활하신 다음 만나셨던 여자들은 부활절 이른 아침 그분의 무덤에 갔을 때, 그분의 무덤이 비어 있는 것을 보았다고 네 복음서 모두 전하고 있습니다. 루카와 요한은 그것을 넘어 예수님의 제자들도 무덤에 갔는데 비어 있었다고 전해줍니다. 빈 무덤은 그 자체로 예수님의 부활을 위한 증명이 아닙니다. 때문에 세 복음서들에서는 여자들에게 이 상황을 알려주는 천사들에 대해 말해주고 있습니다. "두려워하지 마라. 너희가 십자가에 못 박히신 예수님을 찾는 줄을 나는 안다. 그분께서는 여기에 계시지 않는다. 말씀하신 대로 그분께서는 되살아나셨다. 와서 그분께서 누워 계셨던 곳을 보아라. 그러니 서둘러 그분의 제자들에게 가서 이렇게 일러라. '그분께서는 죽은 이들 가운데에서 되살아나셨습니다. 이제 여러분 보다 먼저 갈릴래아로 가실 터이니, 여러분은 거기에서 그분을 뵙게 될 것입니다.' 이것이 내가 너희에게 알리는 말이다."(마태 28,5-7)

요한 복음서에서 우리는 베드로와 "다른 제자"(아마 요한일 겁니다.)가 마리아 막달레나에게서 예수님의 무덤이 비어있다는 소식을 전해 듣고 급하게 무덤으로 달려갔다(요한 20,3)는 증언을 읽습니다. 베드로는 무덤으로 들어갔습니다. "그는 아마포가 놓여 있는 것을 보았다. 예수님의 얼굴을 쌌던 수건은 아마포와 함께 놓여 있지 않고, 따로 한곳에 개켜져 있었다." (요한 20,6-7) 그리고 복음서는 계속 전합니다. "그제야 무덤에 먼저 다다른 제자도 들어갔다. 그리고 보고 믿었다."(요한 20,8)

여자들과 제자들 앞에 부활하신 분의 발현들이 비로소 최초의 부활 신앙을 완결하고 있습니다. 예수님께서 마리아 막달레나를 무덤을 둘러싸고 있는 정원에서 만날 때, 그녀는 그분을 정원지기로 생각하고 "선생님, 선생님께서 그분을 옮겨 가셨으면 어디에 모셨는지 저에게 말씀해 주십시오. 제가 모셔 가겠습니다."(요한 20,14-15) 하고 말합니다. 예수님께서는 "마리아야!" 하고 이름을 부르십니다. 마리아는 그분께로 돌아서서 히브리말로 "라뿌니!" 하고 부릅니다. "이는 '스승님'이라는 뜻입니다."(요한 20,16)

비록 빈 무덤이 그 자체로 그리스도의 부활에 대한 신앙을 떠받쳐주지 못하지만, 그럼에도 그것은 이 부활 신앙의 기초에 속하며, "예수님의 모든 기적 중의 기적"인 그분의 부활과 연관된 전체의 한 요소에 속합니다. 종교학자들은 예수님의 무덤이 비어 있었음을 입증할만한 언급이 없었더라면, 그분의 부활에 대한 믿음이 예루살렘에서 선포될 수 없었을 것이라고 지적합니다.

부활절 천사

성경에서는 자주 천사들에 대하여 말해주고 있습니다. 그들은 하느님의 사자로서 사람을 만나, 보호하고, 길을 가르쳐 주거나 하느님의 말씀 전하는 영적 존재들입니다. 성경에서 전하는 이야기들을 모두 살펴보면 그들은 하느님의 피조물로서 맡겨진 사명을 수행한 후 뒤로 물러납니다. 하느님과 하느님께서 맡기신 사명만을 가리켜 보이는 것이 그들의 본질입니다.

그리스도인은 교회의 신앙을 "한 분이신 하느님을 저는 믿나이다. 전능하신 아버지, 하늘과 땅의 유형무형한 만물의 창조주를 믿나이다." 하고 고백합니다. 이 무형의 영역에 천사들이 속합니다. 그들의 실존을 믿는다는 것은 하느님의 피조물이 우리가 세상의 눈으로 볼 수 있는 것보다 훨씬 더 풍요롭고 아름답다는 것을 확신한다는 것을 의미합니다.

특히 신약성경의 성탄절과 부활절 이야기들은 자주 천사들에 대해 말해 주고 있습니다. 네 복음서 모두 예수님의 빈 무덤에 하나 혹은 두 천사가 마리아 막달레나 또는 "갈릴래아에서부터 예수님과 함께 온" 여러 여자들에게 나타났다고 전합니다.

마태오 복음의 증언은 극적입니다. "주님의 천사가 하늘에서 내려오더니 무덤으로 다가가 돌을 옆으로 굴리고서는 그 위에 앉는 것이었다. 그의 모습은 번개 같고 옷은 눈처럼 희었다."(마태 28,2-3) 천사가 "두려워하지 마라."(마태 28,5) 하고 여자들에게 각별히 진정시키는 말을 건넵니다. 이 말은 복음서들의 성탄절 이야기들에서도 나타납니다. 천사들에게서 나오는 하느님의 광채는 행복하게도 하지만 동시에 놀라게도 합니다. 천사는 여자들에게 그리스도의 부활 소식을 제자들에게 전하라는 임무를 맡깁니다. 그리고 그들은 "두려워하면서도 크게 기뻐하며" 서둘러 무덤을 떠나, 그 임무를 완수합니다.

역광 속의 그리스도

네 복음서 모두 부활하신 그리스도와 만난 제자들과 여자들에 대하여 증언하고 있습니다. 이 증언들은 각각의 상황들과 그리고 주님 모습의 외면만을 조명하고 있지 않습니다. 그것들은 그 신비의 내면을 가리켜 보입니다. 부활하신 분께서는 역광 속에서처럼, 뚜렷한 윤곽과 함께 동시에 결코 지울 수 없는 내면을 깊숙이 가리키며 서 계십니다.

죽음의 경계선을 건너가시기 전부터 이미 예수님께서는 복음서들의 증언에 따르면 당신 주위 사람들에게 친근하면서도 동시에 낯선 분이셨습니다. 이 점은 그분 가장 가까이 있었던 사람들, 곧 제자들과 어머니 마리아에게도 마찬가지였습니다. 이 친근함을 증언하는 많은 감동적인 말과 장면들이 전해지고 있습니다. 이와 반대로 낯설음의 체험이 있습니다. 예컨대 겐네사렛 호수 위에서 생명을 위협하는 거센 돌풍을 잠재우시는 그분의 능력에 제자들은 큰 두려움을 보이며 "도대체 이분이 누구시기에 바람과 호수까지 복종하는가?"(마르 4,41) 라는 물음에 이르게 됩니다.

예수님의 부활 이후 성경의 증언에 따르면 신비스러움에 가득 찬 예수님의 낯설음은 더욱 강화됩니다. 그분께서 엠마오로 가는 길에서 함께 걸으셨던 두 제자는 목적지에 도달해서야 그분을 알아봅니다(루카 24,31).

그리고 그분께서 예루살렘에서 제자들에게 나타나시어, 당신을 만져보라 하시며 "여기에 먹을 것이 좀 있느냐?" 하고 물으시고, 가져온 음식을 그들 눈앞에서 잡수실 때까지, 그들은 너무나 무섭고 두려워 유령을 보는 줄로 생각합니다(루카 24,39-43).

요한 복음서 마지막 장에 부활하신 분께서 아침 동틀 녘에 티베리아스 호숫가에서 몇몇 제자들에게 나타나신 장면은 특히 감동적입니다. 그들은 전날 밤 그물을 던졌으나 아무 것도 잡지 못하였습니다. 복음사가는 "어느덧 아침이 될 무렵, 예수님께서 물가에 서 계셨다. 그러나 제자들은 그분은 예수님이신 줄을 알지 못하였다."(요한 21,4) 하고 전합니다. 예수님께서 "얘들아, 무얼 좀 잡았느냐?"(요한 21,5) 하고 물으십니다. 그들은 아무 것도 못 잡았습니다. 그분께서 그들에게 그물을 배 오른쪽에 던지라고 명하시자, 고기가 너무 많이 걸려 끌어 올릴 수조차 없습니다. "제자들 가운데에는 '누구십니까?' 하고 감히 묻는 사람이 없었다. 그분이 주님이시라는 것을 알고 있었기 때문이다."(요한 21,12) 하고 복음에서는 전하고 있습니다. 여기서도 부활하신 분께서는 역광 속에서처럼 그렇게 서 계십니다.

아버지 품에서 나와 사람이 되어 세상에 오셨던(요한 1, 14) 그리스도께서는 이제 아버지 곁에 계십니다. 부활하신 분으로서 그분께서는 당신을 믿는 이들에게도 아버지 곁에 머무는 본향을 마련해 주려 하시며, 성삼위이신 하느님의 흘러넘치는 생명에 참여 하기를 바라십니다.

나를 붙들지 마라

요한 복음에서는 예수님의 빈 무덤 앞에 서서 한 여자가 울고 있었다고 전하고 있습니다(요한 20,1) 마리아 막달레나입니다. 예수님께서는 특별한 방식으로 그에게도 구원자이셨습니다. 그분께서는 그를 일곱 마귀로부터 해방시켜주셨습니다(마르 16,9). 그러나 이제 그분께서는 돌아가셨고, 그분을 마지막으로 볼 수 있고 만질 수 있는 그분의 시신마저 누가 꺼내 갔다고 그는 생각합니다.

주님의 무덤가에서 울고 있는 마리아 막달레나는 특별히 사랑했던 사람의 무덤가에서 울고 있는 수많은 사람들을 상징합니다. 그러나 이 무덤가에서 다른 그 어떤 무덤가에서도 일어나지 않았던 그 어떤 일이 벌어집니다. 돌아가신 분께서 살아 계신 분으로 나타나신 일입니다. 다만 죽은 듯 보였을 뿐이거나 아니면 라자로처럼 신체적으로 죽었다가 다시 깨어난 사람으로서가 아니라, 죽음의 경계를 넘어 당신의 기원, 당신의 본향이 있는 그곳. 곧 하느님이신 당신 아버지께서 계신 곳까지 가셨던 분으로 나타나신 일입니다. 그곳에서 그분께서는 십자가에 못 박히신 분, 땅에 묻히신 분, 그리고 부활하신 분으로 되돌아오십니다.

그분께서는 이전과 다르시지만, 이전에 계셨던 바로 같은 분이십니다. 때문에 그분께서는 우선 낯선 사람으로 나타나십니다. 마리아 막달레나는 그분을 예수님의 돌무덤을 둘러싸고 있는 정원을 지키는 사람으로 생각합니다. 이 정원지기가 마리아에게 예수님의 시신에 무슨 일이 일어났는지 말해 줄 수 있을까요? "선생님, 선생님께서 그분을 옮겨 가셨으면 어디에 모셨는지 저에게 말씀해 주십시오. 제가 모셔가겠습니다."(요한 20,15) 그러나 그 낯선 이가 그에게 "마리아야!" 하고 이름을 불러주십니다. 그 목소리로 그는 그분을 알아봅니다. 그분께서는 예수님이십니다. 순간 그는 이제 모든 것이 다시 예전과 같아지리라 희망합니다. 그분께서 다시 여기 계십니다.

마리아 막달레나는 부활하신 주님께서 당신을 드러내 보여주신 첫 사람입니다(마르 16,9). 그는 그분께 꼭 매달려 그분을 붙들려고 합니다. 그러나 그분께서는 그를 제지하며 "나를 더 이상 붙들지 마라." 하고 말씀하십니다. 그리고 그분께서는 그를 당신 형제들인 사도들에게 다음과 같은 말씀을 전하라고 보내십니다. "나는 내 아버지시며 너희의 아버지신 분, 내 하느님이시며 너희의 하느님이신 분께 올라간다."(요한 20,17)

그리스도께서는 과거로 되돌아가신 것이 아닙니다. 그분께서는 뒤를 향하고 있던 막달라 여자의 얼굴을 앞으로 돌려 미래로 돌아서게 하십니다. 주님을 향한 마리아의 사랑은 소유와 집착의 단계를 극복하고, 성숙해져야만 합니다. 그는 풀어놓아주어야만 하고, 일어나야만 하며, 그리고 자신의 길을 계속 가야만 합니다. 그리고 그는 복음 선포자로서 그가 길을 가면서 체험했던 것을 전해야만 합니다. 그리스도께서는 그를 앞서 가십니다. 그분께서는 그가 가는 길 끝에서 그를 기다리십니다.

그는 보고 믿었다

요한 복음에서는 부활절 이른 아침 예수님의 무덤이 비어 있는 것을 보고, "누가 주님을 무덤에서 꺼내 갔습니다. 어디에 모셨는지 모르겠습니다." 하고 알려 주기 위해 사도 베드로와 요한("예수님께서 사랑하신 제자")에게 달려간 마리아 막달레나에 대해 전하고 있습니다. 두 제자가 무덤으로 갔는데, 아니 달렸는데, 젊은 요한이 먼저 다다랐고, 몸을 숙여 무덤 안에 아마포가 놓여 있는 것을 보았지만, 안으로 들어가지는 않았다는 증언은 그 이후에 자주 상징적으로 해석되고 있습니다. 먼저 무덤 안으로 들어가는 우선권이 베드로에게 마땅히 돌아가야 하는 것으로 여겨지고 있습니다. 많은 성경 주석가들이 확신하는 바에 따르면, 요한은 격정적으로 앞서 달려가는 사랑의 신념을 구체적으로 구현하고 있습니다. 베드로는 보다 천천히, 그렇지만 전권을 가지고 선두에 서는 직무를 구체적으로 구현하고 있습니다. 베드로는 무덤 안으로 들어가 아마포가 놓여 있는 것과, 예수님의 얼굴을 쌌던 수건은 아마포와 함께 놓여 있지 않고, 따로 한 곳에 개켜져 있는 것을 봅니다. 사람의 손길이 주님의 시신에 미친 흔적은 전혀 없었다는 것을 복음사가는 말하고자 합니다. 베드로에게 보여지고 있는 광경은 잘 정리된 고요입니다. "그제야 무덤에 먼저 다다른 다른 제자도 들어갔다. 그리고 보고 믿었다. 사실 그들은 예수님께서 죽은 이들 가운데에서 다시 살아나셔야 한다는 성경 말씀을 아직 깨닫지 못하고 있었던 것이다."(요한 20,8-9)

요한은 보고 믿습니다. 그는 아직 부활하신 분을 보지 못하였고, 다만 복음사가가 전해주는 것처럼 시신이 강제적으로 다루어진 흔적 없이 "천상의 몸"이라는 새로운 실존 양식으로 건너간 데서 무덤과 수건만을 보았습니다.

이런 일이 있은 직후 예수님께서는 스승의 부활을 의심하는 토마스에게 "너는 나를 보고서야 믿느냐? 보지 않고도 믿는 사람은 행복하다."(요한 20,29) 하고 말씀하십니다. 요한은 이 "보는 것" 없이 믿습니다. 부활 신앙은 이미 빈 무덤에서 시작합니다. 이 믿음은 부활하신 분께서 나타나심으로 시작하지 않습니다. 요한은 이 사건이 일어난 날도 정확하게 말합니다. 그날은 "주간 첫날" 아침 해가 떠오를 때였습니다. 그날은 교회 역사에서 첫 주일이었습니다.

잠가 놓은 문을 통하여

세상의 빛, 길이요 진리이며 생명, 생명의 빵, 포도나무, 살아 있는 물의 샘, 착한 목자 그리고 양들이 드나드는 문 - 요한 복음에서 이 모든 말은 근원적으로 예수님과 관련되고 있습니다. 그분께서는 이 말들이 지닌 완전한 의미 안에서 모두 다입니다.

문을 모두 잠가 놓고 제자들은 예수님을 죽음으로 내몰았던 문밖의 사람들을 두려워하며 예루살렘에서 최후의 만찬을 가졌던 방에 모여 있었습니다. 그들은 그들 중심에 계셨던 분을 뵙고 싶은 마음이 간절했지만, 이 중심을 이제 영영 잃어버렸다고 믿었습니다. 루카와 요한 복음서에서는 예수님께서 갑자기 그들 가운데 들어오시어, "평화가 너희와 함께!"(루카 24,36; 요한 20,19.21) 라는 말씀으로 제자들에게서 두려움을 없애주셨다고 전합니다.

신약성경의 마지막 책인 요한 묵시록에서는 다시 문을 잠가 놓고 있는 그리스도인들과 그들의 공동체에 대해 말하고 있습니다. 이번에는 밖에 있는 적대자들에 대한 두려움이 아니라, 그리스도를 향해 마음의 문을 열고, "슬기로운 처녀들"처럼 그분을 기다리지 못하게 방해하는 미지근함을 두고 말합니다. 그리스도께서는 라오디케이아 교회에게 파트모스의 예지자를 통해 "내가 문 앞에 서서 문을 두드리고 있다. 누구든지 내 목소리를 듣고 문을 열면, 나는 그의 집에 들어가 그와 함께 먹고 그 사람도 나와 함께 먹을 것이다."(묵시 3,20) 라는 말씀을 전하도록 하십니다.

그리스도께서는 그때나 지금이나 조용히 문을 두드리십니다. 그리스도께서 현존하신다는 표지들은 쉽게 흘려들을 수 있고, 무심코 바라볼 수 있습니다. 그러나 문을 여는 사람은 "우리는 주님을 뵈었소."(요한 20,25) 하고 말하는 제자들의 기쁨을 조금은 체험할 것입니다.

평화가 너희와 함께

평화라는 주제는 성탄절과 부활절 축제와 특별히 결합하고 있습니다. 성탄절 복음에서 천사들의 합창이 "지극히 높은 곳에서는 하느님께 영광" 하고 소리 높여 찬미하며, 거기에 "땅에서는 그분 마음에 드는 사람들에게 평화!"(루카 2,14) 라는 약속이 이어집니다. 그러므로 평화는 사람들이 하느님께 영광을 드릴 때, 선물로 주어지는 것입니다.

루카와 요한 복음의 증언에 따르면 부활하신 그리스도께서는 예루살렘에 모여 있던 제자들에게 "평화가 너희와 함께!"(루카 24,36; 요한 20,19.21) 하고 인사말을 건네셨습니다. 이 말씀은 말씀하신 그대로 이루어집니다. 목자 없는 양들처럼 이미 길을 잃기 시작했던 제자들 가운데 서신 그분 자신이 바로 평화이십니다.

성경의 시각으로 보면 평화는 하느님께서 베풀어주시는 값진 선물들 중의 하나이며, 사람이 독단적으로 실현시키는 그 무엇은 아닙니다. 구약성경에 등장하는 위대한 예언자들은 메시아께서 오시는 종말에 주어질 충만한 평화를 약속하였습니다. 이사야서에서는 예루살렘 위에 내린 하느님의 말씀을 전하고 있습니다. "내가 예루살렘에 평화를 강물처럼 끌어들이리라."(이사 66,12) 같은 예언서에서는 메시아를 "평화의 군왕"(이사 9,5)으로 부르고 있습니다.

예수님과 함께 메시아 시대는 시작되었습니다. 이 메시아께서 오실 때 주어진 약속들이 실현되기 시작합니다. 요한 복음이 전하는 고별사에서 예수님께서는 제자들에게 "나는 너희에게 평화를 남기고 간다. 내 평화를 너희에게 준다. 내가 주는 평화는 세상이 주는 평화와 같지 않다."(요한 14,27) 하고 말씀하십니다.

신약성경의 사도들의 서간에서는 그리스도를 통하여 전해지는 평화에 대하여 빈번하게 말하고 있습니다. 특히 로마서에서는 "믿음으로 의롭게 된 우리는 우리 주 예수 그리스도를 통하여 하느님과 더불어 평화를 누립니다."(로마 5,1) 하고 말합니다.

그리스도의 평화를 줄 수 없는 세상 한가운데에서 이 평화는 유리잔처럼 쉽게 깨질듯이 보일 수 있습니다. 그러나 그리스도를 따르는 참된 제자들은 겉으로 보기에 불화가 있는 곳에서도 마음에 이 평화를 간직합니다. 끊임없이 새롭게 다투고 갈라서는 세상에서 그리스도의 평화는 마치 누룩처럼 작용하고 있으며, 이 평화를 방해하는 지금의 모든 것보다 마침내 훨씬 더 우위에 있게 될 것입니다.

제자들은 기뻐하였다

마치 옷감의 문양처럼 기쁨이란 주제는 성경 곳곳에 스며들어 새겨져 있습니다. 특히 이 기쁨은 신약성경에서 그러합니다. 예수님께서 전하신 소식은 복음, 곧 "기쁜 소식"이라 합니다. 예수님께서 몸과 마음에서 무거운 짐을 벗겨준 사람들은 예수님을 보고 매우 기뻐했습니다. 대개 이러한 해방과 더불어 갖가지 우상을 버리고 살아계신 하느님께 돌아서는 회개가 이어졌습니다.

성경의 시각으로 보면 기쁨은 그 가장 깊은 근원을 우정에서 찾고 있습니다. 더 이상 종이 아니라, 친구가 되려면 그들은 "내 사랑 안에 머물러라." 하신 주님의 계명을 실천할 준비가 되어 있어야 합니다. 요한 복음이 전하는 고별사에서 예수님께서는 그들에게 이것을 "내 기쁨이 너희 안에 있게 하려는 것이다." 하고 말씀하십니다(요한 15,11-15).

주님께서는 다가올 당신의 죽음으로 겪게 될 제자들의 아픔을 해산하는 여자의 고통에 비교하셨습니다. 아기가 태어나면, 그 여자는 "사람 하나가 이 세상에 태어났다."는 기쁨으로 그 고통을 잊어버린다고 말씀하셨습니다. 제자들은 예수님을 다시 뵙게 될 것이고, 기뻐할 것입니다. 그리고 그 기쁨은 아무도 빼앗지 못할 것입니다.

"그날에는 너희가 나에게 아무 것도 묻지 않을 것이다." 하고 주님께서는 덧붙여 말씀하십니다(요한 16,21-23).

부활하신 분으로서 예수님께서 오시어 제자들 가운데 서십니다. 그분께서는 그들에게 평화의 인사를 건네시며, 찔리신 두 손과 옆구리를 보여주십니다. "제자들은 주님을 뵙고 기뻐하였다."(요한 20,20) 그것은 십자가와 죽음을 피했다는 안도감으로부터가 아니라, 사랑의 한 형태인 고통으로부터 생겨난 기쁨입니다.

주님으로 말미암은 기쁨은 그 이후로 그리스도의 참 제자들인 남녀 신자들의 장점입니다.

기뻐하소서, 하늘의 여왕이시여

부활의 기쁨은 한 여인에게 특별히 풍성하게 나누어졌습니다. 넷째 복음서의 증언에 따르면 그 여인은 예수님의 십자가 곁에 서 계셨던 부활하신 분의 어머니 마리아이십니다. 신약성경이 전하는 부활의 증인들 가운데 그분께서는 분명하게 거명되고 있지 않습니다. 그분께서는 예수님의 공적 활동 기간 동안 겸손하게 뒷전에 머물러계셨듯이, 부활 이후에도 뒷전에 머무르십니다. 하지만 예수님께서 약속하신 성령 강림을 예루살렘에서 기도하며 기다렸던 첫 공동체에 대한 사도행전의 증언에서는 열한 사도들의 이름과 함께 마리아의 이름도 분명하게 거명되고 있습니다(사도 1,12-14). 오순절에 하느님의 영이 거센 바람이 부는 듯 그리고 불꽃 모양으로 이 첫 공동체 위에 내려앉았을 때, 그분께서도 그 자리에 분명 계셨습니다(사도 2,1-13).

그리스도에 대해 깊이 성찰하는 가운데 교회는 특히 교회사의 첫 백 년 동안 그분의 어머니의 신비에 대해 점점 더 깊이 숙고하였고, 그래서 이전에 감추어져 있었던 그분의 진실들에 대해 밝혀내었습니다. 근본적으로 그 진실들은 마리아에게 큰일을 하셨던(루카 1,49) 그리스도와 성삼위 하느님자체에 대한 진실들입니다.

마리아에게서 하느님의 뜻을 따르는 교회가 무엇인지 드러나게 됩니다. 마리아께서는 하느님의 말씀을 듣고, 따르며 그리고 그분께 순종하는 분이십니다. 교회가 마리아를 찬양한다면, 자기 자신의 이상적인 모습을 눈앞에 두는 것이나 다름없습니다. 수백 년을 내려오면서 영적인 보물로 수집된 부활절과 관련된 수많은 마리아 성가들 중에 「하늘의 여왕」Regina coeli는 그 가사와 그레고리안 합창 선율에서 특히 귀중합니다. 이 성가에서 중요한 것은 1200년경 로마에서 처음 불러진 것으로 확인되는 교송 Anthipon입니다. 이 교송은 가장 오래된 부활절 기도에서 이미 관례가 되고 있듯이, 서서 기도하거나 노래하게 됩니다. 그리스도의 부활을 증언하거나 감사해야 할 때는 서서해야 했습니다. 아름다운 반주 선율과 함께 가장 사랑받는 부활절 노래가 된 이 교송의 라틴어 원본을 자유롭게 우리말로 옮겨놓은 첫 소절은 다음과 같습니다. "기뻐하소서 천상 모후, 알렐루야. 태중에 모시던 아드님이, 알렐루야. 말씀대로 부활했네, 알렐루야. 천주께 빌으소서, 알렐루야."Regina coeli laetare, alleluja: Quia quem meruisti portare, alleluja: Resurrexit, sicut dixit, alleluja: Ora pro nobis Deum, alleluja

가장 순수한 형태의 기쁨은 다른 사람의 기쁨에 참여하는 것, 곧 함께 기뻐하는 것입니다. 이 부활절 성가에서 교회는 마리아와 함께 기뻐하며, 그럼으로써 영적으로 영원한 부활절인 하늘로 들어 높여집니다.

토마스의 손가락

작고한 독일의 작가 하인리히 뵐Heinrich Böll(1917-1985)은 자신의 작품 "토마스의 냉혹한 손가락"에서 다룬 주제가 의심이라고 말한 바 있습니다. 쉽게 믿어버리는 사람들의 태도가 다양한 방식으로 악용되는 사회 한 가운데에서, 뵐은 냉철한 두뇌와 명료한 지성을 유지하려 했고, 그리고 자기 독자들에게도 그렇게 하기를 권하려고 하였습니다.

죽은 이들 가운데에서 부활하신 그리스도와의 만남에 대한 요한 복음의 증언들에서는 토마스에 대해서도 말해주고 있습니다. 이 토마스와 자신을 뵐은 비교합니다. "열두 제자 가운데 하나로서 '쌍둥이'라고 불리는 토마스는 예수님께서 오셨을 때에 그들과 함께 있지 않았다. 그래서 다른 제자들이 그에게 '우리는 주님을 뵈었소.' 하고 말하였다. 그러나 토마스는 그들에게, '나는 그분의 손에 있는 못 자국에 내 손가락을 넣어 보고 또 그분 옆구리에 내 손을 넣어 보지 않고는 결코 믿지 못하겠소.' 하고 말하였다. 여드레 뒤에 제자들이 다시 집 안에 모여 있었는데 토마스도 그들과 함께 있었다. 문이 다 잠겨 있었는데도 예수님께서 오시어 가운데 서시며, '평화가 너희와 함께!' 하고 말씀하셨다. 그러고 나서 토마스에게 이르셨다. '네 손가락을 여기 대 보고 내 손을 보아라. 네 손을 뻗어 내 옆구리에 넣어보아라. 그리고 의심을 버리고 믿어라.' 토마스가 예수님께 대답하였다. '저의 주님, 저의 하느님!' 그러자 예수님께서 토마스에게 말씀하셨다. '너는 나를 보고서야 믿느냐? 보지 않고도 믿는 사람은 행복하다.'"(요한 20,24-29)

토마스의 모습은 회의를 품거나 의심하는 많은 이들을 대신하고 있습니다. 그들은 사람이 자신의 가장 성숙한 모습 안에서 분석하고 구성하면서 자기에게 주어진 재료로서 세상을 단순히 다루기만 하는 존재를 넘어선다는 인식에로 여전히 나아가지 못하고 있습니다. 인간의 위대함은 분석하고 구성하는 것을 훨씬 뛰어 넘어 믿고 사랑하면서, 그가 당신이라고 부르는 그리고 "나는 당신을 믿습니다." 하고 말하는 누군가에게 자신을 맡기는 모험 속에 있습니다. 사람이 가장 근본적인 의미로 "나는 당신을 믿습니다." 하고 말할 수 있는 타자는 하느님이십니다.

예수 그리스도께서는 단지 토마스에게만 "보지 않고도 믿는 사람은 행복하다." 하고 말씀하시지 않습니다.

엠마오로 가는 길

루카 복음에서는 주간 첫날 예루살렘에서 예순 스타디온 떨어진 엠마오라는 마을로 길을 갔던, 실망한 두 제자에 대한 이야기를 전해주고 있습니다. 그들의 생각과 대화는 도성이 있는 뒤쪽을 향해 있었습니다. 그들은 그곳에서 십자가에 못 박히신 예수님께서 실패했고, 그분과 함께 이스라엘의 해방이라는 자신들의 기대도 묻혀버렸다고 생각했습니다. 길을 가던 도중에 부활하신 분께서 낯선 나그네의 모습으로 그들 가까이 다가오셨습니다. 그분께서 그들에게 물으셨습니다. 그분의 물음은 그들이 마음을 털어놓고, 예수님께 걸었던 자신들의 희망이 이루어지지 못했던 것에 대해 토로하도록 하는 일종의 초대였습니다. "우리는 그분이야말로 이스라엘을 해방하실 분이라고 기대하였습니다."(루카 24,13-35)

잘 모르긴 하지만 왠지 친숙하게 느껴지는 동행자는 마치 마음의 의사인 동시에 영적 스승처럼 두 제자의 말을 들어줍니다. "그리스도는 그러한 고난을 겪고서 자기의 영광 속에 들어가야 하는 것이 아니냐?"라며 그분께서는 그들에게 생각해 보도록 하십니다. "그리고 이어서 모세와 모든 예언자로부터 시작하여 성경 전체에 걸쳐 당신에 관한 기록들을 그들에게 설명해 주셨다." 그들은 마을 가까이 이르렀고, 그분께서는 더 멀리 가려고 하시는 듯하였습니다. 그들은 그분께 머물러주실 것을 오늘날 성가 가사로도 사용되고 있는 말로 청합니다. "저희와 함께 묵으십시오. 저녁때가 되어가고 날도 이미 저물었습니다." 그분께서는 그 집에 들어가시고, 식탁에 앉아 빵을 들고 찬미를 드리신 다음, 그것을 떼어 그들에게 나누어주십니다. 그러자 그들의 눈이 열려 그분을 알아봅니다. 그러나 동시에 그분께서는 그들의 시야에서 사라지십니다.

이 출현은 교회의 성찬례와 거기서 매번 말해지는 말씀을 가리키고 있습니다. 성찬례에서는 이 말씀을 이렇게 말합니다. "예수께서는 빵을 들고 감사를 드리신 다음 쪼개어 제자들에게 나누어주셨다." 엠마오라는 마을로 길을 가던 제자들처럼, 그렇게 교회는 역사를 통해 길을 가고 있습니다. 그리스도께서는 교회와 함께 계시지만, 대개 눈에 보이지 않으십니다. 그러나 그분께서 여기 계시며, 우리와 동행하시고, 목적지이실 뿐만 아니라, 또한 길이시며 길을 가는 도중에 먹을 양식이시라는 영적 체험을 자주 하게 됩니다.

우리 마음이 타오르지 않았던가?

교회의 위대한 스승인 아우구스티노는 대개 타오르는 심장을 상징하는 모습과 함께 그려집니다. 그의 신학은 진정한 "마음의 신학"입니다. 일반적으로 하느님을 향한 "마음"이란 말은 그의 대표작 『고백록』에서 다음과 같이 소개되고 있습니다. "당신께서는 저희를 당신을 향하여 창조하셨습니다. 그리하여 저희 마음은 당신 안에서 쉬기까지 늘 불안합니다."

타오르는 심장에 대해서 신약성경의 부활절 이야기들 가운데 하나에서도 말해주고 있습니다. 그것은 루카가 전해주는 엠마오로 가는 두 제자 이야기입니다(루카 24,13-35) 자신들과 동행한 부활하신 그리스도를 알아보는 동시에 그분께서 자신들의 눈앞에서 사라지시자, 그들은 그분과 함께 왔던 길을 돌이켜보며 서로 말합니다. "길에서 우리에게 말씀하실 때나 성경을 풀이해 주실 때 속에서 우리 마음이 타오르지 않았던가?"(루카 24,32)

부활하신 주님과의 만남은 인격의 중심과 내면 깊이 와 닿습니다. 성경에서는 이 중심을 일컬어 "마음"이라고 합니다. 제자의 마음은 근심과 무관심과 냉담으로부터 깨어나는데, 부활하신 분으로서 그리스도께서 그를 만나면 그렇게 됩니다. "찬 것을 데우소서." 라는 성령께 드리는 찬미가의 청원은 이루어집니다. 부활절에 그렇게 될 것입니다.

먹을 것이 좀 있느냐?

사도 베드로는 카이사리아에서 선교하며 행한 설교에서 부활의 기쁜 소식을 다음과 같이 요약하였습니다. "하느님께서는 그를 사흘 만에 일으키시어 사람들에게 나타나게 하셨습니다. 그러나 모든 백성에게 나타나신 것이 아니라, 하느님께서 미리 증인으로 선택하신 우리에게 나타나셨습니다. 그분께서 죽은 이들 가운데에서 다시 살아나신 뒤에 우리는 그분과 함께 먹기도 하고 마시기도 하였습니다."(사도 10,40-41)

식사는 인간적인 삶의 근원적인 상징들 중 하나에 속합니다. 순전히 연명만을 위해서는 혼자서 급하게 아무거나 먹으면 됩니다. 그러나 어떤 충만함을 지닌 삶에서는 특별히 관계를 맺고 있는 사람들과 함께 나누는 즐거운 공동식사가 포함되기 마련입니다.

최후 만찬에서 예수님께서는 제자들과 함께 긴 일련의 잔치를 마무리 하시고, 이러한 잔치들을 모두 능가하는 성찬례를 제정하셨습니다. 그분께서는 기본적인 식품인 빵과 포도주로 "이는 내 몸이다. 이는 내 피다."(마태 26,26-28) 라는 실제로 이루어지는 말씀과 함께 당신 자신을 내어 주셨습니다. 빵을 떼는 것은 수난에서 그분의 몸이 부서질 것을 미리 보여주는 표징이었습니다. 많은 포도송이에서 짜낸 포도주를 건네주는 것은 그분의 피가 흐를 것을 미리 보여주는 표징이었습니다. 그리고 그분께서는 교회의 제자들에게 "너희는 나를 기억하여 이를 행하여라."(루카 22,19) 하고 명하셨습니다.

루카와 요한 복음서에서 전하는 바에 따르면 부활하신 그리스도께서는 예루살렘과 엠마오에서 다시 제자들과 함께 식사를 나누신 분으로 나타납니다. 그분께서는 비록 돌아가시기 전과 다른 방식으로 현존하실지라도, 유령은 아니십니다. "여기에 먹을 것이 좀 있느냐?"(루카 24,41) 하고 그분께서는 그들에게 물으십니다. 겐네사렛 호숫가에서 그분께서는 손수 제자들에게 많이 잡은 물고기로 식사를 준비해 주십니다. "와서 아침을 먹어라."(요한 21,21) 하고 그분께서 그들에게 말씀하십니다. 예수님의 이 초대는 교회의 역사에 따라다닙니다. 교회의 한 성가에서 노래하듯이, 그분께서는 "우리가 걸어가는 순례 길에서 양식이십니다."

그분께서는 너희에 앞서 갈릴래아로 가실 것이다

마태오와 마르코 복음서에서는 열려 있는 예수님의 빈 무덤가에서 한 천사가 마리아 막달레나와 야고보의 어머니 마리아와 살로메에게 서둘러 그분의 제자들에게 가서 "그분께서는 죽은 이들 가운데에서 되살아나셨습니다. 이제 여러분보다 먼저 갈릴래아로 가실 터이니, 여러분은 그분을 거기에서 뵙게 될 것입니다."(마태 28,7) 하고 이르도록 지시하였다고 전합니다.

갈릴래아는 팔레스티나 북부 지역에 위치하는데, 거기에서 예수님께서는 유년기와 청년기를 보내셨고, 겐네사렛 호숫가에서 젊은 어부들을 사람 낚는 어부, 사도들로 부르셨던 곳입니다. 갈릴래아의 카나에서 있었던 한 혼인잔치에서 예수님께서는 첫 기적을 행하셨습니다(요한 2,1-12). 부활하신 분께서는 예루살렘에 나타나신 후에, 몇 년 전 제자들과 함께 길을 가기 시작했던 그곳에서 다시 한 번 그들에게 당신을 드러내십니다. 이 길의 끝에서 그분께서는 그 길이 시작되었던 갈릴래아로 그들을 다시 불러들이십니다. 그분께서는 겐네사렛 호숫가에서 아침이 될 무렵 그들에게 나타나셨고(요한 21,1-23), 그리고 갈릴래아를 떠나 산으로 가라고 분부하셨습니다. 거기에서 그분께서는 계속 가야 하는 길, 곧 교회의 길에서 그들이 해야 할 사명과 약속을 주어 보내십니다. "… 너희는 가서 모든 민족들을 제자로 삼아, 아버지와 아들과 성령의 이름으로 세례를 주고, 내가 너희에게 명령한 모든 것을 가르쳐 지키게 하여라. 보라, 내가 세상 끝 날까지 언제나 너희와 함께 있겠다."(마태 28,16-20)

예수님께서는 과거로 향해 있던 제자들의 얼굴을 앞으로 돌려 미래로 향하도록 하십니다. 그분께서는 그들과 그들을 따르는 사람들과 함께 역사를 통해 가시게 될 것입니다. 동시에 그분께서는 제자들 한 가운데에서 그들을 앞서 가시게 될 것입니다. 부활절 후에 제자들이 예루살렘을 떠나 갈릴래아로 갔던 길은 세상과 시간을 통해 교회가 가야 할 길을 상징합니다. 그 목적지에 대한 부활절 천사의 약속이 있습니다. "여러분은 그분을 거기에서 뵙게 될 것입니다."(마태 28,7)

몇몇 봉쇄 수도회는 그리스도를 따르는 자신들의 영적 여정을 갈릴래아로 가는 열한 제자의 길에 비교하였습니다. 카르투시안 수도승들도 그중 하나입니다. 관리가 잘 되어 한참 길게 뻗어 있는 카르투시안 수도원의 두 십자 회랑은 그래서 즐겨 "큰 갈릴래아"와 "작은 갈릴래아"로 불립니다. 여기서 수도승은 주님과 약속된 만남을 향해 길을 갑니다.

베드로야, 너는 나를 사랑하느냐?

"갈릴래아 바다"라고도 불리는 겐네사렛 큰 호숫가에서 예수님께서는 부활 사건이 있기 몇 년 전 베드로라 불리는 시몬과 안드레아 형제에게 그물을 버리고 "나를 따라오너라. 내가 너희를 사람 낚는 어부로 만들겠다."(마태 4,18-19)는 말씀과 함께 부르셨습니다. 요한 복음서의 마지막 장(요한 21,1-23)에서는 예수님께서는 부활하신 후 아침이 될 무렵 겐네사렛 호숫가에서 베드로와 다른 사도들에게 다시 나타나셔서, 아무 것도 잡지 못한 채 헛되이 예전의 어부 일을 하고 있는 그들에게 그물을 다시 던지라고 이르시자, 그들이 그물을 던졌더니 고기가 너무 많이 걸려 끌어올릴 수가 없었다는 이야기를 전해주고 있습니다.

예수님께서는 돌아가시기 전에 자주 그랬듯이, 다시 제자들과 함께 식사를 나누십니다. 그리고 그분께서는 베드로에게 특별히 물으십니다. "요한의 아들 시몬아, 너는 이들이 나를 사랑하는 것보다 더 나를 사랑하느냐?" 베드로가 대답합니다. "예, 주님! 제가 주님을 사랑하는 줄을 주님께서 아십니다." 예수님께서 세 번이나 당신을 사랑하는지 물으시므로, 슬퍼하며 세 번이나 대답하는 베드로에게 그 때마다 목자의 직무를 수행하라는 사명이 따릅니다. "내 어린 양들을 돌보아라, 내 양들을 돌보아라."

사람 낚는 어부 베드로는 사람들의 목자, 으뜸 목자로 임명됩니다. 그러기 위해 그가 도덕적 업적을 통해서 자격을 부여받은 것은 아닙니다. 예수님께서 수난을 당하시는 동안 그는 사람들이 무서워 세 번이나 그분 편에 속하지 않는다고 부인합니다(루카 22,54-62). 이제 그분께서 그에게 세 번이나 그가 그분을 사랑하는지 물으십니다. 그 중 한 번은 "더"라는 말을 통해 물음이 고조됩니다. "너는 이들이 나를 사랑하는 것보다 더 나를 사랑하느냐?"(요한 21,15-18) 베드로는 이 물음을 통해서 자신의 잘못을

뉘우치도록 재촉을 받게 됩니다. 예수님의 용서는 "내 양들을 돌보아라."라는 사명 속에 담겨 표명하고 있습니다.

"하느님께서는 비틀린 줄 위에서도 글을 쓰신다." 이 포르투칼 속담에 담겨 있는 진리는 특히 으뜸 사도 베드로와 바오로의 인생여정에서 잘 드러납니다. 바오로가 자기 자신에 대해 고백한 것은 베드로에게도 그대로 해당합니다. "하느님의 은총으로 지금의 내가 되었습니다."(1코린 15,10) 사도들에게 교회 안에서 봉사하도록 직무가 맡겨지기 전에, 그들은 이 직무가 하느님과 사람들을 향한 사랑으로 측정된다는 점을 염두에 두어야 될 것입니다.

참으로 부활하셨습니다

"주님께서 부활하셨습니다." 정교회 그리스도인들의 부활절 인사입니다. 이 인사에 대한 응답은 같은 인사에 "참으로"라는 말을 덧붙입니다. "그분께서 참으로 부활하셨습니다." 이러나 기쁜 인사의 반석 위에 그리스도교 신앙의 집이 세워집니다. 사도 바오로는 코린토 신자들에게 보낸 첫째 서간에서 이를 특별히 강조합니다. 그는 전해져 오는 그리스도교 신앙 정식을 다음과 같이 상기시킵니다. "나도 전해 받았고 여러분에게 무엇보다 먼저 전해 준 복음은 이렇습니다. 곧 그리스도께서는 성경 말씀대로 우리의 죄 때문에 돌아가시고 묻히셨으며, 성경 말씀대로 사흘날에 되살아나시어, 케파에게, 또 이어서 열두 사도에게 나타나셨습니다."(1코린 15,3-5) 바오로에게 있어서 예수님의 부활은 그리스도교 복음 선포의 핵심 진리입니다. 이 진리를 의심하는 코린토의 일부 그리스도인들에게 사도는 "그리스도께서 되살아나지 않으셨다면, 여러분의 믿음은 덧없고 여러분 자신은 아직도 여러분이 지은 죄 안에 있을 것입니다."(1코린 15,12-17)

"그러나 이제 그리스도께서는 죽은 이들 가운데에서 되살아나셨습니다. 죽은 이들의 맏물이 되셨습니다. 죽음이 한 사람을 통하여 왔으므로 부활도 한 사람을 통하여 온 것입니다. 아담 안에서 모든 사람이 죽은 것과 같이 그리스도 안에서 모든 사람이 살아날 것입니다."(1코린 15,20-22)

루카 복음에서는 "주님께서 참으로 되살아나시어 시몬에게 나타나셨다." 하고 열한 사도들이 엠마오로 가던 길에서 되돌아온 두 제자에게 말하고 있었다(루카 24,34)고 전해줍니다. 예수님께서 죽음에 머무르시지 않았다는 것과 그리고 그분께서 제자들의 환상 속에서 부활하신 것이 아니라는 진리를 위하여, 이 신앙 진리를 위하여 사도들은 지치고 발에 피가 나도록 돌아 다녔고, 마침내 목숨을 바쳤습니다.

신학자들은 "참으로 부활하셨습니다."라는 말에서 그 가시를 제거하려고 시도합니다. 그들은 혹시 있을지도 모를 아니면 실제는 있는 현대 그리스도인들의 신앙의 어려움에 대한 고려에서 그렇게 합니다. 그들은 부활절 복음의 사실성을 가능한 한 약화시키려 합니다. 일부 신학자들은 제자들이 그리스도께서 되살아나 나타나지 않았음에도 불구하고 "예수 사건"이 그들에 의해 계속되어야 한다는 내부 결속을 다졌을 거라고 믿고 있습니다. 그러나 신약성경의 증언들은 주님께서는 제자들의 의식 속에서만 부활하신 것이 아니라, 그들에게 "참으로" 손으로 만질 수 있을 만큼 다가오셨다는 것, 그분께서 문이 다 잠겨 있는데도 마치 유령처럼 오셨다는 것(요한 20,26), 그러나 그분께서 부활하신 후 그들과 함께 잡수시고 마시기도 하셨다는 것(루카 24,36-43)을 극적인 모습들 안에서 강하게 천명하고 있습니다.

우리를 위하여 부활하셨습니다

"나는 너를 위하고 싶은데, 나는 너희를 위해 여기 있고 싶은데" 하고 말하고자 할 때, 우리는 이 "위하여" 라는 평범한 말로 다른 사람들과의 다리를 놓습니다. 이렇게 약속하는 것은 안전하게 가려주는 지붕이나 몸을 보호해 주는 외투와 같습니다. 그렇게 사랑하는 부모는 자기 자녀를 위하여 있고, 행복한 부부는 서로를 위하여 있습니다. 다른 사람을 위하여 있음의 온갖 형태들에 사람은 자기 자신의 일부를 내어줍니다.

우리가 진정으로 위해 줄 수 있는 사람들의 수는 한정되어 있습니다. 사랑할 수 있는 우리의 힘 역시 금세 이러한 한계에 도달합니다. 하지만 교회의 신앙에서 고백하고 있듯이, 그리스도께서는 이러한 제한 없이 모든 이를 위하여 계십니다. "성자께서는 저희 인간을 위하여, 저희 구원을 위하여 하늘에서 내려오셨음을 믿나이다. 또한 성령으로 인하여 동정 마리아에게서 육신을 취하시어 사람이 되셨음을 믿나이다. 본시오 빌라도 통치 아래서 저희를 위하여 십자가에 못 박혀 수난하고 묻히셨으며 …."

하느님 아드님께서 가신 길은 우리를 위하여 계심이라는 틀 안에서 진행됩니다. 신앙고백문에서는 두 번에 걸쳐 분명하게 그리스도의 육화와 십자가처형의 연관성에 대하여 말하고 있습니다. 그러나 주님께서 우리를 위하여 계심은 그 길의 모든 단계는 물론 부활의 신비도 포함합니다. 예수 그리스도께서 "우리를 위하여" 행하신 일들의 충만함을 우리는 구원이라는 말로 부릅니다.

"대신"의 신비

1982년 시성된 폴란드의 작은 형제회 소속 막시밀리안 콜베Maximilian Kolbe 신부가 아우슈비츠의 강제수용소에서 어떻게 죽음을 맞이하였는지는 전 세계적으로 잘 알려져 있습니다. 수용소의 한 수감자가 탈출하자 그가 있던 막사에 속한 사람들이 점호 대형으로 모였고, 열 명 당 한 명이 아사 감방에 갇혀 죽도록 되었습니다. 죽음에 처해진 사람들 중 한 수감자가 자녀들을 돌보아 줄 수 없게 되었다며 살려달라고 울며 애원하자, 콜베 신부는 앞으로 나와서 이 수감자 대신 아사 감방으로 보내달라고 청하였습니다. 그의 희생은 수용소 사령관에게 받아들여졌습니다. 콜베 신부는 아사 감방에서 자기와 함께 죽음에 처해진 동반자들을 격려하면서 마침내 수용소 의사가 놓은 주사를 맞고 죽음을 맞이했습니다.

콜베 신부의 행동은 철저한 형태의 그리스도 추종입니다. 그는 다른 한 사람의 죽음을 대신 받아들였습니다. 그러나 예수 그리스도께서는 모든 사람의 죽음을 대신 받아들였습니다. 그러므로 교회의 성가에서는 "(그 분께서) 우리의 십자가를 지셨고, 우리의 죽음을 죽으셨네." 하고 노래합니다. 그분께서는 역사 속으로 들어오신 영원하신 하느님의 영원하신 아드님이십니다. 사도 바오로는 "만물이 그분 안에서 창조되었기 때문입니다. 하늘에 있는 것이든 땅에 있는 것이든 보이는 것이든 보이지 않는 것이든 … 만물이 그분을 통하여 또 그분을 향하여 창조되었습니다. 그분께서는 만물에 앞서 계시고 만물은 그분 안에서 존속합니다. … 그분은 시작이시며 죽은 이들 가운데에서 맏이이십니다. 그리하여 만물 가운데에서 으뜸이 되십니다. 과연 하느님께서는 기꺼이 그분 안에 온갖 충만함이 머무르게 하셨습니다. 그분 십자가의 피를 통하여 평화를 이룩하시어 땅에 있는 것이든 하늘에 있는 것이든 그분을 통하여 그분을 향하여 만물을 기꺼이 화해시키셨습니다."(콜로 1,15-20) 하고 말합니다.

따라서 예수 그리스도의 삶과 죽음과 부활은 본보기를 보여주고 깨우쳐 주는 어떤 힘에 불과한 것만이 아닙니다. 그보다는 사람들이 알든 모르든 하느님을 향한 모든 사람의 관계를 위하여 새로운 초석을 놓아줍니다. 당신 아드님 안에서 아버지 하느님께서는 모든 사람을 바라보십니다. 아드님 안에서 근원적으로 모든 사람은 하느님의 아들과 딸로 받아들여지고 있습니다.

세상을 구원하신 분

갇혀 있음, 무거운 짐에 짓눌려 있음, 이 모든 것은 그것들이 초래하는 소외로부터 벗어나게 해 줄 해방과 구원을 향한 갈망을 불러일으킵니다. "해방"과 "구원"이라는 말은 종교적인 내용과 상관없이 사용되기도 합니다. 그러나 그리스도교 신앙의 눈으로 볼 때 인간의 모든 부자유와 모든 소외의 가장 깊은 뿌리는 하느님과의 관계 단절에 있습니다. 그렇다면 구원이란 이 말의 완전한 의미에서 하느님과 친교의 회복을 의미합니다. 이 하느님과의 친교로부터 다른 사람들과 자기 자신을 받아들이는 힘 또한 자라납니다.

하느님의 아드님이신 그리스도께서는 하느님에게서 가장 먼 곳까지 사람들을 뒤쫓아 가셨습니다. 사람이 사람에게 늑대가 되는, 카인이 자기 동생 아벨을 죽인, 주님께서 홀로 외로이 하늘과 땅 사이에서 수난 당하고 돌아가신 십자가가 세워진, 그곳까지 뒤쫓아 가셨습니다.

그리스도께서는 극단적인 사람으로 하느님에게서 멀어진 사람들의 공간을 수난 당하고 돌아가심으로써 건너가셨습니다. 그리고 그분께서는 이 공간을 당신 부활로 부수어 열고, 하느님의 무적의 사랑에서 사람들을 떼어내어 가두고 있던 영역 안에서 돌파구를 만드셨습니다. 교회는 죄와 죽음의 "홍해"를 통해 천상의 "약속된 땅", 곧 아버지 하느님과의 완전한 관계 속으로 사람들을 구해내어 건너가신 이 그리스도를 "그분께서는 사로잡힘을 사로잡으셨다"Captivam duxit captivitatem는 라틴말 성가로 찬미합니다.

주님 수난 성금요일을 그리스도의 부활절 아침과 이어주는 부활 사건은 근원적으로 모든 사람에게 새 하늘과 새 땅에로의, 영원한 부활에로의 문을 열어 놓았습니다. 물론 거기로 가는 길은 평생 걸어야 할 순례의 길이기도 하지만, 이 길 위에서 우리가 하느님의 사랑을 택할 것인지 아니면 거부할 것인지 결단해야 하는 문턱들이 가로 놓여 있기도 합니다.

부활 성야 – 밤들의 밤

두 밤들이 전례주년의 절정을 이룹니다. 교회는 성탄 성야에 그리스도의 탄생을 기억하고, 부활 성야에 죽음으로부터 그분의 부활을 기념합니다.

부활 성야의 전례는 연중 가장 길고 장엄합니다. 전례문과 상징과 음악이 종교 예술의 웅장한 작품으로 서로 어우러집니다. 특히 그 아름다움은 대성당들과 대수도원의 성당들에서 펼쳐집니다. 이 아름다움은 그리스나 러시아 정교회의 성당들에서 거행되는 부활절 전례의 장엄함을 통해 훨씬 더 돋보입니다. 아토스 산에 살고 있는 수도승들의 부활절은 특별한 강렬함을 주는 영적 사건입니다.

가톨릭교회의 부활 성야 전례는 성당 바깥에서 "하느님, 성자를 통하여 신자들에게 사랑의 불을 놓아 주셨으니 새로 마련한 이 불을 거룩하게 하시어 저희가 이 부활의 축제를 지내며 천상의 삶을 갈망하게 하시고 마침내 깨끗한 마음으로 영원한 빛의 축제에 참여하게 하소서." 하고 하느님께 청원기도를 드리며 불을 축복하는 예식으로 시작합니다. 이어 축복된 불에서 부활초에 불을 댕기고, 그 빛으로만 밝혀진 성당 안으로 행렬해 들어갑니다. 부활초는 세상의 빛이신 그리스도를 상징합니다. 그리고 사제나 혹은 부제가 부르는 장엄한 부활절 노래인 부활 찬송Exultet이 이어집니다. 이 찬송 다음에 봉독 되는 아홉 독서는, 사목의 이유로 다섯 독서로 줄일 수도 있습니다만, 세상 창조에서 시작하여 이스라엘과 하느님의 계약 그리고 이집트 종살이에서 해방을 지나 그리스도의 재림, 곧 "영원히 지지 않을 샛별이 떠오를 때까지" 하느님께서 인류와 함께 하시는 역사의 중요한 과정을 밝혀줍니다.

복음이 봉독되기 전 부활절을 준비하는 속죄기간인 40일 동안의 사순절 이후 처음으로 다시 알렐루야가 가득 울려 퍼집니다. 그러고 나서 세례 예식이 시작되어 성인 호칭 기도와 세례수 축복이 거행됩니다. 그렇습니다, 부활 성야는 초대 교회 이래로 전례주년에서 세례의 밤입니다. 세례 받는 사람은 그리스도의 죽음 속에 드는 것이며, 그 표시로 물속에 잠그거나 물을 붓게 됩니다. 세례수에 담겼다가 나오는 것은 세례 받는 이가 예수님의 부활에 참여하고, 구원된 존재의 실존 양식으로 들어선다는 것을 상징합니다.

빛의 예식과 장엄한 말씀 전례 그리고 세례 예식 다음에 성야 전례의 네 번째 부분인 성찬 전례가 이어집니다. 이 전례를 시작하면서 부활 찬송에서 노래했듯이, "성덕에 뭉쳐준 밤, 이 밤은 죽음의 사슬 끊으신 그리스도 무덤의 승리자로 부활하신 밤"을 생생하게 묘사하는 예식은 성찬례로 끝이 납니다.

부활절, 새로운 파스카

구약에서 가장 큰 축제인 파스카의 기원을 완전히 밝혀낼 수는 없습니다. 아마도 떠돌아다니던 목동들의 봄 축제에서 유래한 것으로 짐작됩니다. 나중에 농부들이 지내던 누룩 없는 빵의 축제가 그것과 합쳐졌을 겁니다. 파스카가 이스라엘에서 가장 큰 축제가 된 것은 탈출Exodus, 곧 모세가 이끈 이스라엘 백성의 출애굽을 통해서입니다.

성경의 탈출기 12장에서는 출애굽 당시 거행되었던 파스카 의식이 어떠했는지를 묘사해 주고 있습니다. 그 의식에서 중심 상징은 일 년 된 흠 없는 수컷 어린양이었습니다. 이 어린양은 봄 닛산 달 열 나흗날 저녁 어스름에 잡아야 했습니다. 피의 일부는 잡은 어린양을 먹게 될 집 문설주에 바르도록 했습니다. 어린양의 피로 보호 받지 못한 이집트인들의 집안에서는 그날 밤에 모든 맏배가 죽게 될 예정이었습니다. 파스카 어린양은 불에 구워서 누룩 없는 빵과 쓴 나물을 곁들여 먹어야 했습니다. 이스라엘인들은 이 음식을 먹을 때 허리에 띠를 매고, 발에는 신을 신고, 손에는 지팡이를 쥐고, 서둘러 먹어야 했습니다(탈출 12,1-13). 이날을 기념일로, 주님의 영광을 위한 축제로 지내도록 한 하느님의 명은 모세에 의해 백성에게 내려졌습니다. "그날 너희는 너희 아들에게, '이것이 내가 이집트에서 나올 때, 주님께서 나를 위하여 하신 일 때문이란다.' 하고 설명해 주어라."(탈출 13,8) 오늘날 그 탈출 연대는 일반적으로 그리스도 이전 13세기로 확인하고 있습니다. 그 출애굽 이후 파스카 축제는 예수 그리스도의 시대까지 몇 가지 변화를 겪었습니다. 우선 예루살렘을 향한 순례가 결합되었습니다. 그 다음 어린양들은 더 이상 집이 아니라, 성전 앞뜰에서 닛산 달 열 나흗날 오후에 도살되었고, 그 피는 번제물 제단 주위에 뿌려졌습니다. 그리고 집안에서 친척이나 혹은 친척이 아닌 사람들 중에서 초대받은 사람들이 둘러앉아서 나누었으며, 이제 더 이상 선 채로 서

둘러 먹지 않았습니다.

마태오와 마르코와 루카 복음에서는 예수님께서 죽음의 수난 전에 사도들과 함께 파스카 음식을 드셨다고 전하고 증언하고 있습니다. 이와 달리 요한 복음에서는 예수님께서 그보다 이른 시점에 제자들과 함께 이별의 식사를 하셨고, 성전 앞뜰에서 파스카 어린양이 도살되는 바로 그 시간에 십자가에서 죽음의 고통을 당하셨다고 전합니다. 이 두 가지 전승에 따라 예수님께서는 새롭고 참된 파스카 어린양으로 소개되고 있습니다.

누룩 없는 빵과 포도주를 건네주는 것도 파스카 의식에 포함됩니다. 예수님께서는 이 빵과 포도주를 최후만찬에서 다음과 같은 말과 함께 죽음으로 부서질 당신 몸과 흘릴 피의 표징으로 삼으셨습니다. "받아먹어라, 이는 내 몸이다. … 모두 이 잔을 마셔라. … 이는 죄를 용서해 주려고 많은 사람을 위하여 흘리는 내 계약의 피다."(마태 26,26-28) 그러므로 사도 바오로는 코린토 신자들에게 보낸 첫째 서간에서 자신도 전해 받은 대로 "우리의 파스카 양이신 그리스도께서 희생되셨기 때문입니다." 하고 말합니다.

교회의 시각에서 그리스도교의 부활절은 새로운 파스카입니다. 그리스도께서는 세상의 죄를 없애시는 참된 파스카 어린양이십니다.

알렐루야, 가장 짧은 부활절 성가

교회의 시작부터 그리스도인들이 부활절 기쁨을 표현하기 위해 음악을 사용했다는 사실은 분명합니다. 말로써 뿐만 아니라, 즐겨 노래를 부르는 환호는 특히 교회가 거행하는 부활절 전례와 뚜렷하게 결합되어 있습니다. 이 환호는 교회보다 더 오래 전부터 있었고, 그리스도교나 유대교가 공유해 오는 영적 보화에 속합니다. 그 환호는 알렐루야Alleluja 혹은 히브리말로 할렐루야Hallelujah입니다. 알렐루야는 그 의미에 따라 우리말로 "하느님을 찬미하라!"로 번역할 수 있습니다.

청이 아니라, 절로 우러나오는 찬미와 감사는 하느님을 사랑한다는 최고의 표현입니다. 이 찬미는 하느님의 아름다우심과 선하심에 대한 체험에서 나오는 응답입니다.

부활절 찬미로서 알렐루야는 그리스도의 수난과 죽음과 부활에 대한 그리고 하느님의 아드님께서 사랑하기에 당신 자신을 비우심으로써 얻은 결실인 성령 파견에 대한 그리스도인들의 감사입니다. 부활 대축일뿐만 아니라 부활시기 동안에 교회는 전례에서 특별히 자주 알렐루야를 노래합니다. 부활 성야에 장엄하게 다시 시작하여 세 번에 걸쳐 반복적으로 사제가 선창하고 공동체가 따라 노래하기 위하여, 교회 전례에서는 부활절을 준비하는 40일 동안에 알렐루야를 부르지 않습니다.

중세 독일의 신학자 루퍼트 폰 도이츠Rupert von Deutz(1121-1129)는 알렐루야 환호를 "하늘의 기쁨에 의한 한 잔 술"이라 하였습니다. 그렇게 그는 하느님께 영원한 찬미가 바쳐지는 천상 전례를 가리켜 보이고자 하였습니다. 이 천상 전례에 관해 성경에서는 여러 차례 언급하고 있습니다. 이를테면 이사야가 예언자로 부름을 받는 대목(이사 6,1-13)이나 하늘나라에서 끝없이 흘러나오는 하느님 찬미에 대한 이야기를 전해주는 신약성경의 마지막 책인 요한 묵시록이 그렇습니다.

사는 것과 사랑하는 것과 찬미하는 것, 이 말들은 그 울림에서뿐만 아니라, 그 내용에서도 서로 통합니다. 성경에 담겨 있는 믿음의 관점에서 사는 것은 사랑하는 것으로 완성되고, 사랑하는 것은 찬미하는 것으로 완성됩니다. 알렐루야 노래는 이 찬미의 절정입니다.

일요일, 하나의 작은 부활절

초기 그리스도인들은 주간 첫날을 축일로 지냈습니다. 주님께서 이날 죽은 이들로부터 부활하셨기 때문입니다. 반면 유대교에서는 일곱째날인 안식일이 가장 중요한 날이었습니다. 신약성경 대부분에서 일요일은 아직 고유한 이름을 갖고 있지 않습니다. 그냥 "주간 첫날"이라 부르고 있습니다. 요한 복음의 증언에 따르면 예수님께서 "주간 첫날 저녁에" 부활하신 분으로 제자들 앞에 나타나셨다고 합니다(요한 20,19.26). "주간 첫날" 저녁에 사도 바오로는 트로아스의 신자 공동체와 작별을 고하면서 성찬례를 거행하였습니다(사도 20,7). 신약성경의 마지막 책인 요한 묵시록에 와서야 비로소 일요일이 처음으로 "주님의 날"로 불리고 있습니다. "주님의 날"에 파트모스의 예지자는 환시를 통해 하늘로 옮겨집니다(묵시 1,10). 그러다 점차 오늘날같이 잘 구분하도록 발전된 하나의 진정한 "신앙 작품"인 전례주년은 한 해 전체에 걸쳐 부활 축일로 확대시켰습니다. 그렇게 해서 모든 주일과 모든 축일은 우리의 구원을 기념하는 축일, 곧 작은 부활 축일들입니다. 특별하고 정말 중요한 주제나 이해들과 함께, 예를 들어 "선교 주일"과 같은 특정한 일요일의 명칭은 이 근본적인 사실들을 가리고 있는 셈입니다.

그리스도인들이 지내는 일요일이란 이름은 사실 행성인 태양을 두고 불렀던 고대 이교도들의 관습을 받아들인 것이긴 합니다. 그러나 그리스도인들은 자신들이 세상의 빛(요한 9,5)이라고, 그리고 말라키 예언자의 말을 빌어 "정의의 태양"(말라 3,20)이라고 부르는 그리스도를 기념합니다.

무엇보다도 일요일은 한 주간 중에 전례에서 그리스도의 부활 신비를 기념하여 생생하게 나타내 보이는 날입니다. 교회는 이미 오랜 전부터 이 기쁨의 날에 단식을 하지 않도록, 그리고 마지막 때에 다시 오실 그렇지만 지금 이미 현존하고 계시는 주님을 향해 선 채로 기도하도록 규정해 놓고 있습니다.

주님 승천 대축일 – 부활 신비의 연장

예수 부활 대축일 후 40일 째 되는 날 교회는 주님 승천 대축일을 지냅니다. 이날은 부활절과 시간적으로 분리된 사건이 아니라, 부활 사건 자체와 같은 정도로 기념하게 됩니다.

루카 복음서는 부활하신 그리스도께서 보는 앞에서 하늘로 오르시는 이야기로 끝을 맺고 있습니다(루카 24,50-53). 그리고 사도행전은 그와 같은 이야기로 시작하며(사도 1,9-11), 주님께서 사도들에게 "수난을 받으신 뒤, 당신이 살아 계신 분이심을 여러 가지 증거로 드러내셨고", "사십 일 동안 나타나셨다."(사도 1,3)고 전합니다. 그러나 그리스도께서는 부활하신 후에 미리 선택하신 증인들(사도 10,41)에게 언제나 하늘로부터 나타나십니다. 부활과 함께 그분께서는 이미 하늘에 계십니다. 제자들과 다른 증인들 앞에 부활하신 분께서 더 이상 나타나지 않으신다는 것은 그리스도께서 지상과 교회로부터 작별하셨다는 것이 아닙니다. 그분께서는 앞으로도 계속 "하늘과 땅"에 계십니다.

신앙의 시각에서 볼 때 하늘은 지리적 개념이 아니라, 하나의 관계입니다. 하늘은 하느님과 사람의 완성된 관계입니다. 그러므로 교부 아우구스티노는 약속된 영원한 생명에 대해 "하느님 친히 우리의 자리가 되실 것입니다." 하고 말하였습니다. 그리스도의 승천은 사람이 되신 하느님의 영원한 아드님께서 당신의 인간 본성을 사랑하는 아버지께 양도하여 영원한 관계로 들어 높여졌다는 것을 의미합니다. 이로써 그분께서는 믿고 사랑하면서 당신께 속한 모든 사람에게 열려 있는 하나의 "자리"를 만드셨습니다. 그렇게 그분께서는 우리에게 "하늘나라"를 열어 주셨습니다. 요한 복음의 고별사에서 예수님께서는 제자들에게 다음과 같은 말씀으로 하늘을 약속하셨습니다. "내 아버지 집에는 거처할 곳이 많다. … 내가 너희를 위하여 자리를 마련하러 간다."(요한 14,2)

예수님의 부활과 함께 그리고 이 부활의 한 측면으로 이해할 수 있는 그분의 승천 안에서, 하느님에게서 멀어졌지만 이제 하느님께로 돌아선 피조물의 귀향이 시작됩니다. 하느님께서 모든 것 안에서 모든 것이 되실 때, 그 목적지에 도달하게 될 것입니다.

성령 강림 대축일, 부활절의 완결

예수 부활 대축일이 지난 50일째 되는 날 교회는 성령 강림 대축일을 기념하며, 그와 함께 전례주년의 부활 시기는 끝이 납니다. 예수님 시대에 매년 예루살렘에서 거행되었던 세 차례의 순례 축제가 있었습니다. 첫 번째 축제는 봄철 만월 시기에 거행되었으며, 오래 전부터 누룩 없는 빵의 축제와 결합된 과월절이었습니다. 두 번째 축제는 곡식을 추수한 후 드리는 감사제로, 이스라엘 백성이 시나이 산에서 하느님과 맺은 계약에 대한 기억도 포함한 오순절이었습니다. 세 번째 순례 축제는 올리브와 포도 수확을 감사하는 "초막절"이었습니다. 그리스도교의 부활절은 이스라엘의 이 축제들의 첫 번째인 과월절에서, 그리스도교의 성령 강림절은 두 번째인 오순절에서 비롯된 것입니다. 두 축제는 예수 그리스도의 수난과 죽음과 부활로 이어지는 부활 사건을 통하여, 그리고 그 부활 사건의 결실인 성령 강림을 통하여 형언할 수 없이 깊은 의미로 충만하게 되었습니다.

신약성경의 사도행전 2장에서는 주님께서 돌아가시고 부활하신 후 50일째 유대인들의 오순절에 예루살렘 첫 공동체 위에 내린 성령 강림에 대하여 전해 주고 있습니다. 유다를 제외한 열한 사도들은 "여러 여자와 예수님의 어머니와 그분의 형제들과 함께 …" 예수님께서 최후만찬을 거행하셨던 "위층 방"에 모여 "모두 함께 한 마음으로 기도에 전념하였습니다."(사도 1,12-14)

거센 바람이 부는 듯한 소리가 나고, 불꽃 모양의 혀들이 나타나 갈라지면서, 성령께서 그들 위에 내렸습니다. "그들은 모두 성령으로 가득 차, 성령께서 표현의 능력을 주시는 대로 다른 언어들로 말하기 시작하였다." 그리고 다른 많은 나라에서 예루살렘으로 온 유다인 순례자들은 "저마다 자기 지방 말로 듣고 어리둥절해하였습니다."(사도 2,1-13)

하느님께서는 방자한 바벨탑 사건 이후 인간의 언어들을 뒤섞어 놓아, "서로 남의 말을 알아듣지 못하게 만들어 버리셨습니다." 그리고 그분께서는 그들을 거기에서 "온 땅으로 흩어 버리셨습니다."(창세 11,1-9) 하지만 성령께서는 교회의 첫 성령 강림 대축일에 예루살렘에서 이 혼란을 치유하셨고, 그리하여 잠시 동안이나마 마지막 때에 주어질 영원한 평화를 미리 앞당기셨습니다.

그러나 예수님의 부활과 관련하여 성령께서는 오순절에 처음 주어진 것이 아닙니다. 요한 복음에서는 예수님께서 수난하시고 돌아가신 주간 첫날 저녁에 잠겨 있는 문을 지나 제자들 가운데에 서시어, 그들에게 평화의 인사를 전하시고 숨을 불어 넣으시며 "성령을 받아라. 너희가 누구의 죄든지 용서해 주면 그가 용서를 받을 것이다."(요한 20,19-23) 하고 말씀하셨다고 전합니다. 따라서 성령 파견은 이미 부활절에 발생했고, 그러므로 그리스도의 부활과 성령 파견은 내적으로 깊이 연결되어 있습니다. 그러나 예루살렘에서의 오순절이 성령께서 최후만찬을 가졌던 방에 모여 있던 첫 교회의 폐쇄성을 부수고 제자들을 복음 선포자로 밖으로 내몰아, "땅 끝에 이르기까지"(사도 1,8) 그들이 가야 할 길을 가게 만드셨다는 점에서 부활 사건의 완결이었습니다.

죽음의 죽음

살아 있는 모든 것은 "사형 선고를 받고 있고", 결국 죽어야 합니다. 죽음은 모든 개체를 삼켜버리지만, 비록 영원히는 아니더라도 종족만은 남겨둡니다. 그러나 사람은 내면 깊이 불사의 꿈을 지니고 있습니다. 그것을 잊고 있거나 억누르고 있다 할지라도, 내면 깊은 곳에서는 자신의 죽음을 받아들이지 않습니다. 한 사람이 다른 사람에게 "나는 너를 사랑해."라고 말한다면, 그것을 명확히 알지 못한다할지라도, 그는 그 말과 함께 많은 것을 말하고 있습니다. 그는 "나는 네가 완전히 죽지 않고, 어떻게든 영원히 살아 있기를 바란다." 하고 말하는 것입니다. 약하거나 강하거나 죽음에 맞선 저항은 예수님에 이르기까지 하나의 문양처럼 정신사와 종교사 위에 새겨져 있습니다. 물론 이러한 저항에서 벗어난 특별한 예외들도 있습니다. 붓다는 생사의 무상함을 설파하였고, 그 자신의 죽음에서 이목을 끌만한 특이한 점은 아무 것도 없었습니다. 하지만 예수님께서는 라자로의 무덤가에서 친구의 죽음을 비통해 하셨고, 스스로도 죽음과 싸우시며 큰 소리로 외치시고 나서 숨을 거두셨습니다(마태 27,50). 죽음은 여기서 사람이 받아들일 필요가 없고 받아들여서도 안 되는 커다란 적대자로 드러납니다.

죽음을 마주 대하는 사람이 안타까워하는 것은 어린이의 죽음과 암으로 인한 젊은이의 죽음만이 아닙니다. 아흔에 임종을 맞이하는 이도 영원히 남아 있기를 바랍니다. 자녀들과 손자들의 희미해져 가는 기억 속에 남아 있기를 바랄뿐만 아니라, 죽음 다음에 하느님의 품 안에 남아 있게 된다는 것을 그들이 알아주기를 바랍니다. 많은 경우 애써 떨쳐버리려는 이 희망은 헛되이 끝나고 마는 걸까요? 사람이란 이쪽 언덕에서 아름다운 곡선으로 솟아올랐다가 저편 언덕에 닿지 못한 채 저 밖 어딘가에서 그만 툭 끊어져버리는 다리에 지나지 않을까요? 만약 죽은 이들 가운데 아무도 유령으로서가 아니라, 역사 한 가운데에 자리하면서 동시에 역사를 넘어서는 방식으로 죽음 저편에 살아 있음이 입증되지 않는다면, 죽음에 맞선 모든 희망은 아마 한갓 아름다운 꿈에 불과할 것입니다.

러시아의 사상가 블라디미르 솔로호프Wladimir Solowjow는 10월 혁명 몇 년 전 부활절 편지에서 죽음과의 타협에 맞서 다음과 같이 썼습니다. "그리스도의 부활이 지니고 있는 진실은 단지 신앙의 진리만이 아니라, 이성의 진리이기도 합니다. 만일 그리스도께서 부활하시지 않았다면, 카야파가 옳았을 것이고, 헤로데와 빌라도가 현명한 자로 입증되어, 이 세상은 아무런 의미도 없는 것이 되었을 것이고, 악과 기만과 죽음의 나라가 되었을 것입니다. 문제는 어떤 한 생명이 끝나버리는 것이 아니라, 완전히 의로운 이의 삶이 끝나버리게 되는지 아닌지에 있습니다. 그러한 삶이 적을 이길 수 없었다면, 무엇이 미래의 희망으로 남아 있을 수 있겠습니까? 그리스도께서 부활하지 않으셨다면, 누가 부활할 수 있겠습니까? 그러나 그리스도께서는 부활하셨습니다."

밀알의 힘

이집트의 파라오 무덤 안에서 수천 년 된 밀알들이 발견되었는데, 땅에 심었더니 마치 작년에 추수한 밀알처럼 싹을 틔었다고 합니다. 발아와 결실을 가져다주는 어떤 힘이 보이지 않는 자연을 구성하고 있는 물질 속에 감추어져 있는 것일까요!

예수님께서는 돌아가시기 전 당신을 한 알의 밀알에 비유하여 말씀하셨습니다. "사람의 아들이 영광스럽게 될 때가 왔다. 내가 진실로 진실로 너희에게 말한다. 밀알 하나가 땅에 떨어져 죽지 않으면 한 알 그대로 남고, 죽으면 많은 열매를 맺는다."(요한 12,23-24)

예수님께서는 또 말씀하셨습니다. "나는 땅에서 들어 올려지면 모든 사람을 나에게 이끌어 들일 것이다."(요한 12,32) 이 말씀은 먼저 예수님께서 세 시간 동안 하늘과 땅 사이에서 팔을 벌린 채 고통을 당하고 돌아가셨던 십자가에 들어 높여져야 한다는 것을 의미합니다. 그분을 처형한 자들은 못을 박기 위해 억지로 그분의 팔을 벌렸습니다. 그렇게 그들은 미처 자신도 알지 못한 채 예언대로 행동하였습니다. 왜냐하면 십자가에 못 박히신 분께서 모든 이를 자신에게로 이끌어 들이고 한데 모아 가슴에 품고자 하는 초대의 자세로 두 팔을 벌리시기 때문입니다.

주님께서 들어 높여지신 분으로서 모든 이를 당신께로 이끌어 들이신다는 요한 복음에서 전하는 약속은 단지 십자가에 들어 높여지는 것만이 아니라, 그것을 넘어 아버지의 영광에로 향하는 부활 안으로 들어 높여진다는 것까지도 의미합니다. 부활하신 분으로서 그리스도께서는 당시의 수난과 죽음의 풍성한 결실을 한 알의 밀알처럼 드러내 보이십니다. 그분께서는 돌아가심으로써 풍성한 결실을 가져다주십니다. 이 결실이 바로 교회 공동체입니다. 예수님께서는 홀로 계시지 않으십니다. 그분께서는 당신의 백성과 그리고 그것을 넘어서 자신의 공동체를 "그리스도의 몸"으로도 부를 수 있는 백성과 밀접하게 결합하여, 사람들을 역사의 끝까지 당신에게로 끌어들이셨고 끌어들이십니다.

로나 제네티Lothar Zenetti는 성경에 나오는 밀알의 신비를 1971년 작사한 한 노래 가사에서 이렇게 표현하였습니다.

"밀알은 죽어야 한다,
그렇지 않으면 한 알 그대로일 뿐.
한 사람은 다른 사람에 의해 살고,
아무도 홀로 존재할 수 없다.
신앙의 신비여,
죽음 속에 생명이 있나니."

무덤 속에 있는 이들

"죽은 이들이 하느님 아들의 목소리를 듣고 또 그렇게 들은 이들이 살아날 때가 온다."(요한 5,25) 하고 예수님께서는 요한 복음에서 말씀하십니다. 그리고 그분께서는 "이 말에 놀라지 마라. 무덤 속에 있는 모든 사람이 그의 목소리를 듣는 때가 온다. 그들이 무덤에서 나와, 선을 행한 이들은 부활하여 생명을 얻고 악을 저지른 자들은 부활하여 심판을 받을 것이다." 하고 덧붙여 말씀하십니다.

예수님께서는 여기서 한편으로 역사의 종말에 있을 최후 심판에 대해 말씀하십니다. 다른 한편으로 그분께서는 심판의 때가 이미 와 있다고 말쓿하십니다. "사말", 곧 죽음, 심판, 천당과 지옥은 아득히 멀리 있는 것이 아닙니다. 그것들은 미래에 비로소 완성될 것이지만, 처음처럼 이미 여기 와 있습니다. 그것들은 지금 인류와 개인의 역사에 마치 누룩처럼 작용하고 있습니다.

신약성경의 시각에서 볼 때 사람은 신체적 수명을 다하고 난 후가 아니라, 그전에 구원에 대한 전망을 상실한 채 죄와 고통의 사슬에 묶여 있을 때 이미 죽어 있습니다. 무덤 속에는 사망한 자의 죽은 육신만이 들어가지 않고, 상징적으로 표현해서 자기 자신에게서 철저히 소외된 인간들도 들어갑니다. 그러므로 동방 교회에서는 서른여덟 해나 앓으며 예루살렘의 벳자타 못에서 헛되이 치유를 기다리다 예수님에게서 마침내 치유를 받았던 사람을 그들의 전례에서 "묻히지 않고 죽은 자"라 부르고 있습니다. 예수님께서는 그를 치유하신 후 "더 나쁜 일이 너에게 일어나지 않도록 다시는 죄를 짓지 마라."하고 그에게 이르십니다(요한 5,1-18).

어느 시대나 이렇게 "살아 있지만 죽어 있는" 수많은 이들이 죽음 이후만이 아니라, 신체적 죽음 이전에도 새로운 삶에로의 소생, 곧 새로운 삶에로의 부활을 기다립니다. 이처럼 영적 신앙적으로 이해하자면 살아 있지만 죽어 있는 이들은 "무덤 속에 있는 이들"과 다를 바 없습니다. 부활의 기쁜 소식은 그들을 새로운 삶, 새로운 실존 양식, 충만한 삶, 예수님의 부활을 통해 선사된 힘인 성령과 함께 하는 삶에로 불러냅니다.

요나의 표징

구약성경의 요나서에서는 하느님의 구원하시는 권능을 감명 깊게 알려주려는 의도에서 상징적인 언어로, 예언자 요나가 큰 물고기에 먹힌 이야기를 들려줍니다. "요나는 사흘 낮과 사흘 밤을 그 물고기 배 속에 있었다. 물고기 배 속에서 요나는 주 그의 하느님께 기도를 드리며, 이렇게 아뢰었다. … '저승의 배 속에서 제가 부르짖었더니, 당신께서 저의 소리를 들어 주셨습니다. … 주 저의 하느님, 당신께서는 구렁에서 제 생명을 건져 올리셨습니다.' … 주님께서는 그 물고기에게 분부하시어 요나를 육지에 뱉어 내게 하셨다."(요나 2,1-11)

마태오 복음의 시각에서 요나의 운명에 대한 이야기는 예수님께서 무덤에 묻히심과 부활에 대한 예표가 됩니다. "요나가 사흘 밤낮을 큰 물고기 배 속에 있었던 것처럼, 사람의 아들도 사흘 밤낮을 땅 속에 있을 것이다."(마태 12,40) 물고기의 아가리는 예수님께서 겉으로 보기에 결정적으로 넘어지셨던 죽음의 심연에 대한 상징이 됩니다. "사흗날에 죽은 이들로부터 부활하셨다." 하고 교회가 고백하는 그분께서는 첫째 날에 묻히신 바로 그분이시기도 합니다. "죽음은 빼앗아 간 것을 도로 내어놓아야만 했으니, 생명이 승리하여 죽음을 지배하는 주인이 되었도다. 이제 죽음의 모든 권세는 파괴되었고, 그리스도께서 생명을 도로 가져오셨도다." 라고 1560년에 지은 니콜라우스 헤르만Nikolaus Hermann의 부활절 성가에서는 노래합니다.

로마네스크 시대에는 승리를 표시하는 십자가 깃발을 들고 무덤에서 올라오시는 그리스도의 모습에 죽음의 장소인 물고기의 아가리에서 나오는 요나의 모습이 즐겨 대비되었습니다. 오스트리아 케른턴의 구르크 대성당 출입문에도 이 두 가지 모티브가 함께 그려져 있습니다.

생명의 축제

오스트리아 텔레비전 방송에서 "나는 살고 싶다."는 제목의 장애아를 다룬 영화가 여러 차례 방영된 바 있었습니다. 이 영화는 아이가 사고를 당해 살아남기는 했으나 중증 장애를 안게 되어, 부모가 이제 자기들의 생활을 모두 내 놓고 아이를 보살펴주어야 하는 부담을 안고서, 새롭고 답답한 한계 안에서 자신들의 삶을 펼쳐가는 어느 부부에 관한 이야기를 줄거리로 하고 있습니다.

"나는 살고 싶다.", 이 말은 살아 있는 모든 것의 근본적인 공언입니다. 곤충들은 물론 그보다 훨씬 고도로 조직된 동물들도 죽임을 당할 위험에 직면하면 온 힘을 다해 저항합니다. 사람 역시 살려고 합니다. 자살로 삶을 마감하는 그런 사람도 충만한 삶에 대한 꿈을, 물론 철저히 환멸을 느꼈던 꿈이지만, 마음에 품었을 것입니다.

부활은 생명의 축제입니다. 이미 4세기에 교회는 춘분 후 첫 만월이 지난 첫 번째 주일을 주님 부활 대축일로 정했습니다. 그리스도의 부활을 기념하는 축제는 시간적으로 자연이 다시 깨어나는 때와 일치해야 했습니다. 오늘날 많은 사람들에게 부활절은 단지 봄의 축제, 그저 자연의 영원한 순환처럼 생성과 소멸의 과정에서 다시 한 번 생성이 승리하여 봄이 되는 것을 기뻐하는 기회일 뿐입니다. 새롭게 깨어난 자연은 부활절 나들이를 나서도록, 옷과 영혼에 바람을 쏘이도록 초대합니다. 물론 이때 기념하는 것은 생명의 결정적인 승리가 아닙니다. 오늘 태어난 것이 어제 죽었던 것과 같지 않기 때문입니다. "죽어서 생성되어라." 라는 이 리듬에 결국 사람도 겸손하고 소박하게 순응해야 할까요? 아니면 그것을 넘어 무언가 희망할 것이 더 있을까요? 영원한 생명에 대한 꿈, 아마도 모든 사람의 마음 속에 들어 있는 그 꿈은 하나의 환상일까요? 이것들은 사람들이 청년일 때나 또는 중년이 되어갈수록 더욱 더 애써 떨쳐 버리려는 물음들입니다. 그러나 삶을 마감할 무렵이 되면 "우리는 단지 어느 날 땅에 넘어져 다시 일으켜 세워지지 않는 나무와 같은가? 하고 자주 묻게 됩니다.

인류는 전체적으로 죽음을 어쩔 수 없는 최종적인 것으로 받아들인 적이 없습니다. 오늘날 우리를 놀라게 하는 고대 이집트인들이 남긴 문화유산들에서 피라미드나 다른 묘비들은 죽음을 넘어선 희망을 비할 나위 없이 표현하였습니다. 그리고 아테네에 있는 거대한 박물관을 한번 둘러본 사람은 거기에 보관되어 있는 고대 묘비석에 새겨진 상들을 쉽게 잊지 못할 것입니다. 묘비석에 새겨진 상들은 하나같이 서로 작별하는 두 사람을 보여주고 있습니다. 한 사람은 죽음 속으로 떠나갑니다. 다른 사람은 삶 속에 남아 있습니다. 두 사람은 서로의 눈을 바라보는데, 마치 '우리 서로 다시 만나게 될까?' 하고 묻는 듯합니다. 이것은 사람이 안고 있는 커다란 물음 중의 하나입니다. 내가 죽어서 마치 과일이 생명의 나무에서 떨어지듯이 분리되면, 바닥이 없는 허무한 나락으로 떨어지는 것일까요? 아니면 누가 나를 받아줄까요? 그렇다면 과연 누굴까요? 십자가에 매달려 돌아가시면서 예수님께서는 "아버지, 제 영을 아버지 손에 맡깁니다."(루카 23,46) 하고 큰 소리로 외치셨습니다. 복음서들은 이 외침이 허무하게 사라지지 않고, 그 외침을 듣고, 그 청을 들어주시는 한 분, 십자가에 못 박혀 숨을 거두시는 분이 아버지라고 부르셨던 하느님께서 계시다고 증언하고 있습니다.

중력에 맞선 축제

체코의 많은 이들, 특히 정치적 상황의 중력에 저항하는 날개를 달아주려 했던 많은 예술가들이 공산주의 정권에 맞선 자유 운동, 소위 "프

"라하의 봄"이 폭력적으로 진압된 이후 체코의 작가 파벨 코후트Pavel Kohout(1928-)는 새로운 상황을 풍자하는 시를 썼습니다. 이 풍자시의 주인공은 어느 날 갑자기 중력을 완전히 상실하여 정치 권력자들 모두를 놀라게 하고 불쾌하게 만든 나머지, 마치 박쥐처럼 어쩔 수 없이 집안의 천정에 매달려 살아야 하는 평범한 한 국민입니다. 이 시민을 "정상화"하기 위해 국가는 그 새로운 상황들에 대처하여 무거운 짐을 매달아 다시 현실의 바닥을 딛고 서게 하려고 가능한 모든 조취를 취합니다.

이 이야기는 그리스도인들의 중심 축제인 부활절과 무관하지 않습니다. 부활절이 중력을 거스르는 축제, 곧 많은 이들을 짓누르고 있는 세상의 무게에 맞서는 날개를 달아줄 수 있는 축제라는 점에서 그렇습니다. 가을의 분위기를 비감어린 정서로 표현한 시에서 라이너 마리아 릴케는 "나뭇잎이 떨어진다. 이 손도 떨어진다. 그리고 다른 이들을 보라. 다른 이들이 모든 이들 안에 들어있다." 하고 읊었습니다. 나뭇잎과 손들이 떨어지는 것은 죽음을 상징하고 있습니다. 죽음에 맞선 희망은 있기나 할까요? 봄날에 다시 오는 것은 가을에 죽어 있던 그 개체가 아닙니다. 죽음은 모든 개체를 가져가 버립니다. 종족만 남아 있을 뿐입니다.

그리스도교의 부활 축제가 전해주는 기쁜 소식은 어떤 한 사람이 외관상 허무하게 죽어 없어지지 않는다는 것, 그 사람은 새로운 방식으로 살아 있음이 입증된다는 것, 그리고 그는 자기에게 의지하는 이들에게 이 기쁜 소식의 의미를 진지하게 받아들일 수 있는 힘을 준다는 것입니다. 바닥으로 끌어내리는 죄들이나 질병들과 같은 그 모든 것이 그렇다고 해서 없어지지는 않지만, 부활 신앙은 적어도 영적으로 바닥에서 끌어올려 날개를 달아주는 저항력입니다. 이를 두고 구약성경의 이사야서에서는 다음과 같이 말하고 있습니다. "젊은이들도 피곤하여 지치고, 청년들도 비틀거리기 마련이지만, 주님께 바라는 이들은 새 힘을 얻고, 독수리처럼 날개 치며 올라간다. 그들은 뛰어도 지칠 줄 모르고, 걸어도 피곤한 줄 모른다."(이사 40,30-31)

사자이며 어린양이신 그리스도

겉으로 보기에 서로 상반되는 듯 한 사자와 어린양의 상징은 그리스도와 관련하여 신약성경의 마지막 책인 요한 묵시록에서 하나로 결합하고 있습니다. 파트모스의 예지자는 하늘에 놓여 있는 하느님의 어좌 앞으로 들어 올려져, 천상 전례를 듣고 바라볼 수 있게 됩니다(묵시 5,1-5) 그는 하느님 손에 들려 있는 일곱 번 봉인된 두루마리 하나를 봅니다. 그것을 펼 수 있는 사람은 아무도 없습니다. 그 두루마리에는 하느님께서 앞으로 세상에서 이루실 역사가 감추어져 있습니다. 예지자는 도저히 풀 수 없을 것 같은 수수께끼를 두고 웁니다. 하느님의 어좌 주위에 있던 스물 네 원로들 중 하나가 그를 향해 몸을 돌려 "울지 마라. 보라, 유다 지파에서 난 사자, 곧 다윗의 뿌리가 승리하여 일곱 봉인을 뜯고 두루마리를 펼 수 있게 되었다."(묵시 5,5) 하고 말합니다.

그러고 나서 요한은 어린양을 봅니다. "살해된 것처럼 보이는 어린양이 서 계신 것을 보았습니다. 그 어린양은 뿔이 일곱이고 눈이 일곱이셨습니다. 그 일곱 눈은 온 땅에 파견된 하느님의 일곱 영이십니다. 그 어린양이 나오시어, 어좌에 앉아 계신 분의 오른손에서 두루마리를 받으셨습니다." (묵시 5,6-7) 천상 전례에 참여한 이들은 향을 피우고 노래하며 엎드려 어린양을 경배합니다. "주님께서는 두루마리를 받아 봉인을 뜯기에 합당하십니다. 주님의 피로 모든 종족과 언어와 백성과 민족 가운데에서 사람들을 속량하시어 하느님께 바치셨기 때문입니다."(묵시 5,9) 그리스도께서는 여기서 성경의 다른 곳에서처럼 무력한 어린양이 아니라, 숫양처럼 강하고 그리고 일곱 뿔과 일곱 눈이 달린 권능의 상징을 갖추신 분으로 나타나십니다. 어린양이신 그리스도를 요한에게 가리켜 보인 원로는 이 어린양을 "유다 지파에서 난 사자"라고 부릅니다. 사자는 강함을 상징합니다. 성경에 나오는 선조 야곱의 일곱 아들들 가운데 하나인 유다는 창세기에서 사자에 비유되고 있습니다. 그리고 이사야서에서는 하느님 친히 사자의 형상으로 나타나십니다(이사 31,4).

하느님의 어린양이신 예수님께서는 당신을 죽인 인간 늑대들보다 분명 더 강하셨습니다. 그러므로 요한 묵시록에서는 그분을 일컬어 유다의 사자라고도 부르고 있습니다.

그리스도, 하느님의 어린양

"하느님의 어린양, 세상의 죄를 없애시는 분" 하고 사제는 미사성제에서 성체, 곧 빵의 형상 속에 계신 그리스도를 영성체 전에 공동체에 보여주면서 큰소리로 말합니다. 그런데 이 말이 요한 복음에서 전하는 세례자 요한의 외침(요한 1,29)을 반복하고 있다는 사실을 아는 이는 그리 많지 않습니다. 복음서들에서 세례자 요한의 실존 전체는 예수 그리스도를 가리켜 보여주고 있습니다. 그는 구약에서 신약으로 넘어오는 문턱에 서 있는 인물입니다. 그가 예수님을 가리켜 하느님의 어린양이라 불렀을 때, 자기 제자들에게 말하고자 했던 바를 우리는 파스카의 어린양과 하느님의 종에 대한 구약성경의 텍스트들에서 읽을 수 있습니다.

이사야서에 "하느님의 종의 노래"라고 불리는 네 개의 텍스트들이 나옵니다. 하느님의 종이 본래 누구를 두고 한 말이었는지, 이스라엘 백성 전체인지, 이스라엘의 살아남은 거룩한 이들인지, 한 예언자 혹은 한 임금인지는 분명치 않습니다. 그는 하느님에게서 선택되고, 하느님의 영으로 충만한 사람입니다. 그는 외치지도 않고 목소리를 높이지도 않으며, 부러진 갈대를 꺾지 않고, 보지 못하는 눈을 뜨게 하고(이사 42,1-7), 주님께서 백성을 위한 계약으로 삼았으며(이사 49,1-9), 매질하는 자들에게 등을 내맡기는(이사 50,4-9) 사람입니다. 주님께서는 우리 모두의 죄악이 그에게 떨어지게 하셨습니다. "도살장에 끌려가는 어린양처럼, 털 깎는 사람 앞에 잠자코 서 있는 어미 양처럼, 그는 자기 입을 열지 않았다."(이사 53,5-7)

신약성경의 시각에서 볼 때, 이사야서에 나오는 하느님의 종이 지닌 다의적 형상의 윤곽 속에 예수님의 모습도 드러나고 있습니다. 세례자 요한은 첫 교회를 대신하여 예수님을 하느님의 종에 대한 예언의 성취로 간주할 수도 있다고 표명합니다. 왜냐하면 예수님께서는 당신의 고난 중에 어린양처럼 입을 열지 않으셨기 때문이고, "우리의 구원을 위하여 그에게 죄가 지워졌고, 그의 상처를 통해 우리가 치유되었다."(이사 53,5)는 말씀이 완전히 당신에게 해당되고 있기 때문입니다. 신약성경의 시각에서 보면, 예수님께서는 참된 파스카 어린양이신 것처럼, 또한 진정한 하느님의 종이시기도 하십니다.

어린양이 양떼들을 구하셨네

예수 부활 대축일 전례에서 거의 천 년이 넘은 부활절 부속가 「파스카 희생제물 우리 모두 찬미하세Victimae paschali laudes」가 울려 퍼집니다. 이 부속가의 가사와 멜로디는 부르군드의 빌페르트Wilpert von Burgund 신부에게서 유래하는 것으로 추정됩니다. 이 노래의 중심을 이루는 가사는 "어린양이 양떼들을 구하셨네."입니다. 그리스도께서는 여기서 당신의 연약함 속에 역설적으로 자기와 같은 혈통인 강한 양들보다 더 큰 능력을 지닌, 무력한 과월절 어린양의 모습으로 나타나십니다.

구약성경의 과월절 의식에서 어린양은 도살되고, 그 피는 뿌려집니다. 이스라엘 백성이 이집트의 노예살이에서 탈출하기 전 거행했던 파스카 축제에서 어린양의 피는 집 문설주에 발라져 죽음의 천사 앞에서 이스라엘인들을 구했습니다(탈출 12,1-13). 예수님께서는 당신의 수난과 죽음 안에서 부활절 어린양의 운명으로 내어주셨습니다. 교회의 전례에서 노래하듯이, 그분께서는 "세상의 죄를 없애시는 어린양"이 되셨습니다.

아무런 저항 없이 고난과 죽음을 받아들이시는 그리스도의 무저항은 그분 사랑의 표현입니다. 그분께서는 세상의 죄의 형상인 십자가를 지십니다. 사랑은 유약한 것처럼 보여 질 수 있습니다. 하지만 사실 사랑은 그 어떤 다른 힘들보다도 강합니다. 그것이 예수님에게서 드러나게 됩니다. "사랑은 죽음보다 강하다."고 성경의 아가에서는 노래합니다(아가 8,6). 사랑은 죽음보다 강하다고 복음서들의 부활절 기쁜 소식은 증언하고 있습니다. 무력하게 보이는 무저항의 예수님께서는 죽은 이들로부터 부활하셨습니다. 어린양은 결국 자신을 죽인 인간 늑대들보다 더 강하셨습니다. 빌라도의 포로는 영원한 자유의 천상 차원으로 들어가셨습니다.

부활절 사람인 그리스도인

몇몇 교황들은 선출된 후 파스칼리스Paschalis라는 이름을 택했습니다. 이 이름은 "부활절 사람"을 의미합니다. 그러나 근원적으로 파스칼리스는 모든 그리스도인의 본질을 나타내는 이름입니다. 그리스도인이라는 것은 세례를 통해 예수 그리스도의 죽음과 부활의 신비 안에 담겨 있다는 것을 의미합니다. 사도 바오로는 자기 자신의 실존에 관련하여 옥중에서 필리피 신자들에게 보낸 서간에서 이 사실을 의미심장하게 쓰고 있습니다. "나는 죽음을 겪으시는 그분을 닮아, 그분과 그분 부활의 힘을 알고 그분 고난에 동참하는 법을 알고 싶습니다. 그리하여 어떻게든 죽은 이들 가운데에서 살아나는 부활에 이를 수 있기를 바랍니다."(필리 3,10-11) 감옥에 갇혀 있던 사도는 무엇보다 그리스도의 고난에 참여하고 있습니다. 그럼에도 불구하고 그는 성금요일이 아니라 부활에 대해 먼저 말합니다. 그의 전망은 현재의 모든 고난을 넘어서서, 다시 일으켜 세워지신 그리스도의 부활절 영광 속에 닿아 있습니다. 그리스도 때문에 감옥에 갇힌 사람은 이미 이 영광에 참여하고 있습니다.

바오로는 특별한 열정 속에 있는 부활절 사람입니다. 그는 주님 안에서 부활절의 기쁨을 얻었고, 그 기쁨을 필리비의 그리스도인들에게 옮겨주고자 합니다. "주님 안에서 늘 기뻐하십시오. 거듭 말합니다. 기뻐하십시오. 여러분의 너그러운 마음을 모든 사람이 알 수 있게 하십시오. 주님께서 가까이 오셨습니다. 아무 것도 걱정하지 마십시오. 어떠한 경우에든 감사하는 마음으로 기도하고 간구하며 여러분의 소원을 하느님께 아뢰십시오. 그러면 사람의 모든 이해를 뛰어넘는 하느님의 평화가 여러분의 마음과 생각을 그리스도 예수님 안에서 지켜 줄 것입니다."(필리 4,4-7) 사도의 부활절 기쁨은 평화를 낳습니다. 부활절 사람은 기뻐하고, 친절하며, 평화롭습니다.

부활절 나들이

요한 볼프강 폰 괴테는 그의 대표작 『파우스트』에서 어느 도시에 거주하는 시민들이 아직 겨울 냉기로 가득 차 있는 그들의 방과 협소한 집을 떠나, 봄날 깨어난 자연으로 나서는 부활절 나들이에 대해 썼습니다. "봄날의 다정하고 생기를 주는 눈길을 통해 얼어 있던 강과 냇물이 풀리고 있다."

괴테는 옷과 영혼에 바람을 쏘이고자 나선 부활절 나들이객에 대해 그저 간단하게 "그들은 주님의 부활을 기념한다."라고 말하며, 그리스도교의 부활절 축제의 내용에 대해서는 별다른 언급을 하지 않습니다. 그러나 그는 "답답하게 짓누르는 거리로부터, 거룩한 밤의 교회들로부터 그들 모두는 빛을 옮겨 왔다." 하고 덧붙입니다. 여기서 말하는 빛은 세상의 빛인 그리스도를 상징하는 부활초의 빛이 아니라, 지난 겨울의 끝자락에서 이제 더 밝고 따뜻하게 비치는 우주의 태양 빛을 의미합니다. 괴테에게 그러했듯이, 오늘날 많은 이들에게 있어서 부활절은 신앙의 축제라기보다 자연의 축제에 지나지 않습니다. 신앙이 확고한 그리스도인들 역시 봄날에 깨어난 자연이 가져다주는 기쁨을 누립니다. 그들은 신앙의 눈을 가지고 이 자연을 아씨시의 프란치스코가 그렇게 하였듯이, 감사해야 하는 그리고 하느님에 의해 사람들에게 돌보라고 맡겨진 하느님의 피조물이라고 여기고 있습니다. 그러나 그리스도인들에게 있어서 부활절은 자연이 가져다주는 기쁨 이상으로 구원의 역사를 기리는 축제입니다. 그들은 부활절에 하느님께서 세상과 함께 이루신 역사의 정점을 기념합니다. 그들은 예수 그리스도 안에서 인류와 영원한 계약을 맺으신 하느님의 사랑의 신비를 기념합니다. 예수님께서는 이 사랑의 표지로 십자가에서 당신 심장의 피를 쏟으셨습니다. 그들은 이 사랑이 죽음보다 더 강하였고 그리고 지금도 강하다는 진리를 기념합니다.

그리스도인들도 부활절 나들이를 갑니다. 그들은 혼자이든, 비신자나 친척이나 친구들과 함께이든, 이 나들이를 갑니다. 그러나 그와 더불어 그들은 화려하게 피어나는 자연만을 기대하며 바라보지 않습니다. 그들은 이천 년 전 엠마오로 가던 제자들의 발걸음과 예수님의 무덤을 찾아갔던 여자들의 발걸음과 그리고 그들과 그리스도와의 만남을 떠올립니다. 그리스도인들의 부활절 나들이는 이러한 기억들 속에서 그 길의 끝에 부활하신 분께서 우리를 기다리는 인생여정의 상징으로 자리 잡고 있습니다.

그분께서는 살아 계십니다

프랑코 제피넬리Franco Zeffinelli 감독이 『자매 태양, 형제 달』이라는 제목으로 제작한 아씨시의 성 프란치스코에 대한 영화에서 전승을 통해 확인되지는 않지만, 프란치스코에 대해 우리가 알고 있는 범주에 넣을 수 있는 한 장면이 나옵니다.

이 장면은 아직 그리스도를 따르기로 결심하지 않은 상인의 젊은 아들이 어느 주일 아씨시 대성당에서 거행되는 장엄미사에 어떻게 참여하는지를 보여줍니다. 화려하게 차려 입은 주민들 무리 위에 거대한 로마네스크 양식의 십자가가 걸려 있습니다. 거기에 매달린 그리스도께서는 왕으로서 왕관과 군주의 망토를 입은 모습으로 표현되고 있습니다. 그분께서는 더 이상 고난을 당하지 않고, 그분의 눈은 마치 죽은 듯이 감겨 있습니다.

그런데 갑자기 프란치스코는 십자가에 못 박히신 그리스도께서 눈을 떠 자기를 바라보고 있는 것을 봅니다. 그리스도께서는 오직 프란치스코만을 바라보시는데, 교회 안에 모인 다른 그리스도인들은 전혀 눈치 채지 못하고 있습니다. 이 체험이 방황하던 젊은이를 변화시킵니다. 그리스도께서는 그에게 있어서 오랫동안 사람들이 기억하고 있는 그런 분만이 아니십니다. 그분께서는 살아 계신, 지금 여기 살아 계시는 분이십니다. 그분께서는 지금 한 사람을 바라볼 수 있고 부를 수 있으십니다. "잠자는 사람아, 깨어나라. 죽은 이들 가운데에서 일어나라. 그리스도께서 너를 비추어주시리라."(에페 5,15) 하고 사도 바오로는 에페소 신자들에게 편지를 써 보냈습니다. 프란치스코는 깨어났습니다. 그리스도께서 그를 바라보셨고, 부르셨기 때문입니다.

제피넬리 감독의 영화가 보여주는 가상의 장면 속의 프란치스코처럼, 언제가 그리스도께서 많은 이들의 마음을 움직이셨지만, 그들은 이내 그것을 잊어버렸습니다. 이 기억이 온전한 강렬함으로 되살아난다면, 그 그리스도인은 진정 부활절 사람으로 변화될 것입니다.

그리스도의 미소

오스트리아 케른턴 출신으로 비인에서 유명해진 화가 헤르베르트 뵈클 Herbert Boeckl은 1960년 스타이어마크의 세카우 수도원 경당에 요한 묵시록을 프레스코화로 꾸미는 작업을 끝냈습니다. 남쪽 벽 출입문 위에는 그리스도께서 세상의 심판자로 그려져 있습니다. 그분께서는 오른손에 당신 직분을 드러내는 권위의 표지로 추수하는 도구인 낫을 들고 계십니다. 그렇습니다. 세상의 심판은 큰 추수의 때입니다.

세카우 수도원 경당에 그려진 묵시록에 등장하는 그리스도께서는 미소 띤 얼굴을 하고 계십니다. 바로 이 점이 최후의 심판을 그린 다른 작품들과 구분되는 것 같습니다. 한 수도자가 그리스도께서 미소를 짓고 있는 까닭을 묻자, 화가는 케른턴-비인 방언으로 "그분께서 이기셨기 때문입니다." 하고 대답했다 합니다.

이 대답은 가장 좋은 의미로, 말하자면 하느님의 어린양은 괴롭히고 결국 죽게 한 인간 늑대들보다 더 강하셨고 여전히 강하시다. 죄 없이 희생당하신 분께서 불의한 심판자보다 더 강하셨다. "그리스도께서는 모든 고문의 고통을 이겨내고 부활하셨다." 라는 평신도 신학이었고, 가장 짧은 형태의 부활절 강론이었습니다.

8세기 그리스 교부 다마스커스의 요한은 시적 표현력으로 부활절 성가를 작곡하였습니다. 그 성가의 가사는 다음과 같습니다. "죽음의 죽임을, 지옥의 파멸을 우리는 성대하게 거행하네. 그리스도께서 부활하셨네. 사람들아, 기뻐하라! 그러니 우리 서로 포옹하고, 우리를 미워하는 이들에게도 '형제'라 부르세. 부활로 인하여 우리는 모든 것을 용서하세."

물론 부활절에도 울어야 할 까닭은 많습니다. 이는 오늘날 에티오피아에서 수백 만 명이 아사의 위협을 받고 있고, 체첸에서 한 세계가 사라져버리고, 아프리카에서 모든 민족이 에이즈로 인하여 무수히 죽어가는, 이른바 "현대판 묵시록"에 대해 누구나 알 수 있는 세계화된 정보사회에서 더욱 더 그러합니다.

그럼에도 불구하고 세카우의 그리스도께서는 미소 짓고 계십니다. 이 미소에서는 오만이나 통절함이 아니라, 다만 빛이 어둠보다 더 강하리라는 확신을 볼 수 있습니다. 그것은 어두운 곳들과 어두운 시대들에도 언제나 있었던 많은 빛의 자취들을 바라보라는 초대이자, 스스로 그런 빛의 자취가 되라는 초대입니다.

거짓 없는 미소는 억지로 지을 수 없습니다. 그것은 실제로 어떤 것에 대해 웃을 수 있는 사람에게만 가능합니다. 눈물을 흘리는 중에서도 짓는 미소는 구원의 열매입니다. 사람들은 "해방"과 "구원"이라는 말을 종교적 내용과 무관하게 표명할 수 있습니다. 그러나 그리스도교 신앙의 관점에서 모든 부자유와 인간 소외의 가장 깊은 뿌리는 사람이 하느님과 맺은 관계가 뒤틀리는 데에 있습니다. 그러므로 구원은 이 말의 완전한 의미에서 하느님과의 친교를 회복하는 데에 있습니다. 하느님과의 친교에서 또한 다른 사람들을 받아들이고 자기 자신을 받아들일 힘은 물론, 세상을 긍정하고 고통과 죽음에도 불구하고 생명을 긍정할 수 있는 근본적인 힘이 자라납니다.

죄 없는 무수한 사람들의 고통과 "침묵하는 피조물"이 당하는 고통에 직면하여 신앙에 깊이 뿌리를 내리고 살아가는 그리스도인들 역시 많은 물음에 휩싸여 여전히 해답을 찾지 못하고, 수많은 의문들은 풀리지 않고 있습니다. 하지만 진정으로 무죄하고, 가장 순수하며, 가장 선하면서도 동시에 가장 아픈 고통을 당한 사람의 아들, 예수 그리스도께서는 당신의 부활 사건으로 고난 받는 종일 뿐 아니라, 불사불멸하는 하느님의 아드님이심이 입증되었습니다. 그 결과 사람들을 가두어놓고 있던 죄와 비극의 담이 허물어지고 희망의 틈새가 열리게 되었습니다.

이 사건을 무미건조한 산문으로 합당하게 표현하기에는 역부족입니다. 거기에는 시와 노래가 필요합니다. 특히 시와 노래는 동방 교회의 전례 안에 받아들여져 자리를 잡았습니다. "서둘러 등불을 들고 신랑처럼 무덤에서 솟아오르는 그리스도를 마중 나가세. 기뻐하며, 손을 잡고 둘러서서 춤을 추어라, 예루살렘아." 하며 정교회는 부활 대축일에 노래합니다.

부활절을 아토스 산이나 러시아 혹은 베네딕토 대수도원에서 지내 본 이는 부활절이 날개, 모든 중력을 거스르는 날개를 달아준다는 것을 압니다.

저 위에 있는 것을 추구하십시오

사람 마음의 심연에 대한 탁월한 전문가였던 아우구스티노는 사람의 마음속에 뒤틀려 있는 유혹에 대하여 강한 어조로 말한 바 있습니다. 그는 하느님을 상실한 사람들의 길은 제자리를 맴돌 뿐이라고 말했습니다. 부활절을 이해한다는 것은 자기 안에 맴돌고 있는 크고 작은 세상에서 벗어난다는 것을 말합니다. 부활절을 산다는 것은 자기 자신과 세상을 넘어 예수 그리스도께서 우리를 앞서 가신 성삼위 하느님의 높이와 깊이로 건너가는 것입니다. 진정한 부활절의 사람으로 살아가는 그리스도인은 하느님의 태양을 자주 가리는 땅에 깔린 안개 속에 갇혀 있지 않습니다. 그는 병으로 무거운 짐이 되어버린 육신과, 때때로 세상이 가져다주는 무거운 짐에 의해서 마냥 의기소침해 있지 않습니다. 그는 악이 야기하는 기만적인 광채에 현혹되지도 않습니다. 사도 바오로는 이를 두고 콜로새 신자들에게 보낸 서간에서 다음과 같이 말하였습니다. "그러므로 여러분은 그리스도와 함께 다시 살아났으니, 저 위에 있는 것을 추구하십시오. 거기에는 그리스도께서 하느님의 오른쪽에 앉아 계십니다. 위에 있는 것을 생각하고 땅에 있는 것은 생각하지 마십시오. 여러분은 이미 죽었고, 여러분의 생명은 그리스도와 함께 하느님 안에 숨겨져 있기 때문입니다." (콜로 3,1-3) 이 말씀은 오늘날에도 그리스도교 신앙의 부활절 차원을 열어줄 수 있습니다.

"저 위에 있는 것을 추구하십시오."라는 말은 육신과 세상으로부터 벗어나고자 하는 것이 아니라, 부활하신 그리스도에게서 나오는 부활을 빛을 향해 자신의 한 부분인 이 육신과 세상을 개방하는 것을 의미합니다. "저 위에 있는 것을 추구하십시오."라는 말은 구원의 은총을 향한 자기 개방을 의미합니다. 그 은총은 무겁게 내리누르는 세상의 무게를 자신의 날개로 막아섭니다.

활짝 피어나라, 얼어붙은 그리스도인아

30년 전쟁이 가져다 준 폐허 직후 슐레지엔 출신의 개종자이며, 안겔루스 실레시우스 라는 필명으로 더 잘 알려진 신비가 요한네스 셰플러Johannes Scheffler(1624-1677) 신부는 수백 편의 2행시 속에 독일과 스페인의 신비주의를 표현했습니다. 이 작품들 가운데에서 "활짝 피어나라, 얼어붙은 그리스도인아. 오월이 문 앞에 있다. 그대는 영원히 죽어 있으리라, 지금 여기서 피어나지 않는다면." 라는 시구가 가장 잘 알려져 있습니다.

이 시는 단지 봄을 전하는 낭만적인 서정시일 뿐만 아니라, 영적인 노래이기도 합니다. 이 시를 통해 말을 건네는 사람은 단순히 종파에 관계없이 자연을 사랑하는 사람이 아니라, 바로 그리스도인입니다. 얼어붙은 겨울로부터 깨어나는 자연은 영적 상태에 대한 비유입니다. 그 영적 상태는 그리스의 한 교부가 성삼위 하느님을 지칭했던 "세 겹 햇살의 태양"빛을 받아 깨어나고, 싹을 틔우며, 꽃을 피워야 합니다. 그 영적 상태는 "장미처럼 피어나야" 한다고 안겔루스 실레시우스는 다른 작품에서 말하면서, "너의 마음이 하느님을 향하여 한 송이 장미처럼 피어나면, 너의 마음은 그분의 모든 선과 함께 하느님을 받아들이게 되리라."고 덧붙입니다.

"활짝 피어나라, 얼어붙은 그리스도인아." 이것은 부활절의 외침입니다. "오월이 문 앞에 있다."는 이어지는 약속이 "그리스도께서 문 앞에 계시다." 라는 약속으로 심화될 때 그러합니다. 공적 활동 중에 죽은 소녀에게 "탈리타 쿰! 소녀야 일어나라!"(마르 5,41) 하고 말씀하셨고, 친구 라자로의 무덤 앞에서 "라자로야, 이리 나와라."(요한 11,43) 하고 큰 소리로 외치셨던 바로 그 그리스도이십니다. 복음서들은 소녀가 일어났고, 라자로가 무덤에서 나왔다고 증언하고 있습니다. 이것은 곧 다가올 그리스도의 큰 부활절을 가리키는 작은 부활절 축제였습니다.

많은 이들의 삶에서 그들 속에 주어져 있는 것들의 아주 작은 일부만이 꽃으로 피어납니다. 다른 것도 꽃을 피우기는 하지만, 열매를 맺기 전에 죽어 사라집니다. 예수님 부활의 힘으로 충만해 있는 부활절의 사람으로서의 그리스도인은 단지 꽃을 피울 뿐만 아니라, 많은 열매도 맺습니다.

때때로 우리는 부활한다

고인이 된 마리아 루이제 카슈니츠가 남긴 작품 가운데 「부활」이라는 제목의 시가 있습니다. 이 여류시인은 자신을 종교적으로 정처 없는 방랑자로 여겼습니다. 그래서 그의 시는 그리스도교 신앙을 표명하고 있지 않습니다. 그렇지만 이 시의 제목과 마지막 행은 그리스도의 부활과 장차 있을 죽은 이들의 부활에 관한 그리스도교의 복음과 관련을 맺고 있습니다.

마리아 루이제 카슈니츠는 때대로 일상 중에 예기치 않게 일어나는 신비 체험에 주의를 불러일으킵니다. 주변의 모든 것이 익숙한 길을 가고 있는 사이에, 딴 세상으로의 전이가 일어납니다. 마리아 루이제 카슈니츠는 이 전이를 그리스도교가 선포하는 부활 소식에 빗대어 「부활」이라 하고 다음과 같이 읊었습니다.

때때로 우리는 부활한다
부활로 부활한다
한 낮에
우리의 살아 있는 머리카락과 함께
우리의 숨 쉬는 피부와 함께.
익숙한 것은 우리 주변에 있는 것뿐.

자명종은 째깍거림을 멈추지 않고
그 야광 시침은 꺼지지 않고
그럼에도 쉽게
그럼에도 다치지 않게
비밀에 가득 찬 질서 안에 정돈되어
빛에 의해 집안에 미리 받아들여진다.

"빛에 의해 집안에 미리 받아들여진다."는 시인이 신비로운 순간을 체험하고, 그래서 사람들이 더 이상 내쫓길 수 없는 영원한 본향에 대한 희망을 표현하고 있습니다.

우주의 부활

그리스도의 수난과 죽음에 관한 마태오 복음의 증언에서, 이 죽음에 대한 제자들과 여자들뿐만 아니라, 자연과 우주의 당혹함을 극적으로 말해주고 있습니다. "예수님께서는 다시 큰 소리로 외치시고 나서 숨을 거두셨다. 그러자 성전 휘장이 위에서 아래까지 두 갈래로 찢어졌다."(마태 27,50-51) 주님의 죽음만이 아니라, 부활 또한 우주적 차원을 가집니다. 그것은 구원 역사의 무대에서 일어난 개별적인 사건이 아니라, 하느님께서 "모든 것 안에서 모든 것이 되실"(1코린 15,28) 때에 비로소 완성될 운동의 시작입니다. 코린토 신자들에게 보낸 첫째 서간에서 사도 바오로는 "죽은 이들의 맏물이 되신"그리스도의 부활로부터 모든 죽은 이들의 부활(1코린 15,20-58)에 이르기까지를 포함하는 다가올 미래에 대한 윤곽을 그려 보이고 있습니다. 로마 신자들에게 보낸 서간에서 그는 "모든 피조물이 지금까지 다 함께 탄식하며 진통을 겪고 있음을 알고 있습니다."(로마 8,22) 하고 말합니다. 모든 피조물이 거룩한 변모와 우주적 부활을 기다리고 있다는 것을 전례, 특히 동방 교회의 전례는 말씀과 상징과 음악으로 앞서 보여주고 그리고 앞서 들려주고자 합니다. 바오로는 "이 썩는 몸이 썩지 않는 것을 입고 이 죽는 몸이 죽지 않는 것을 입으면, 그때에 성경에 기록된 말씀이 이루어질 것입니다. 승리가 죽음을 삼켜버렸다. '죽음아, 너의 승리가 어디 있느냐? 죽음아, 너의 독침이 어디 있느냐?'"(1코린 15,54-55) 하고 말합니다.

아침 해를 마주보며

독일 낭만주의에 속하는 유명한 화가 카스파 다비드 프리드리히Caspar David Friedrich(1774-1804)의 그림에서 감상하는 사람에게 등을 돌린 채 아직 앙상하지만 신록으로 물들어가는 가로수 길을 통해 아침 해를 마주보고 걸어가는 세 여자를 보게 됩니다. 이 그림은 그 표현 방식에 있어서 옛날 부활절에 사용했던 기도서와 아무런 공통점이 없긴 하지만, 어느 정도 성경 지식을 가진 감상자가 그림을 보면 금방 복음서들이 전하는 부활절 이야기를 떠올리게 됩니다. 교회 역사에서 첫 번째 맞이하는 주일인 이날, 부활절 이른 아침 막 해가 떠오를 무렵, "세 명의 마리아"가 십자가에 못 박혀 돌아가신 예수님의 시신에 향유를 발라드리려고 무덤으로 갔다고 합니다. 무덤은 비어 있었습니다. 무덤을 지키고 있던 천사가 여자들에게 어찌하여 살아 계신 분을 죽은 이들 가운데에서 찾느냐고 묻습니다. 천사는 뒤쪽으로 과거를 향해 있던 그들의 머리를 앞쪽으로 돌려 미래를 바라보게 합니다. 십자가에 못 박히신 분께서 새로운, 전혀 다른 삶으로 부활하셨다고 말하면서, "그분께서는 너희들에 앞서 갈릴래아로 가실 터이니, 너희는 거기서 그분을 뵙게 될 것이다." 하고 덧붙여 말해 줍니다.

해

열려서 비어 있는 예수님의 무덤 앞에 선 세 여자는 그리스도인 전체를 대표하는 형상입니다. 그들은 과거를 되돌아볼 수 있고, 아니 되돌아보아야 하지만, 그것으로 만족해서는 안 됩니다. 그들의 길은 카스파 다비드 프리드리히의 그림에서처럼 "역사의 가로수 길"을 통해 앞을 향해, 해를 마주보며 이어지고 있습니다. 하지만 여기서 언급하는 해는 우주의 행성이 아니라, 하나의 인격입니다. 그것은 철저하게 비워지고 낮아지신 하느님이며, 인간 존재의 최고 정점에로 들어 높여진 사람입니다. 그 둘은 그리스도가 되신 나자렛 사람 예수님의 인격 안에서 하나로 합쳐집니다.

교회와 신자 개인과 공동체들이 가야 하는 길은 해이신 그리스도를 마주보며 이어집니다. 그분께 대한 믿음이 그리스도교 신앙고백의 핵심입니다. 그러나 이 길은 언제나 그리스도에 의해 극복된 지대를 통해 가는, 말하자면 하느님 상실의, 외견상 하느님 부재의, 의심과 냉담의, 피를 흘리거나 아니면 교묘한 박해로부터의, 밤과 광야 속을 통해 가는 굽은 길입니다. 수년 혹은 수십 년 동안 지속되기도 하는 주님 수난 성금요일의 시간들은 타볼 산의 거룩한 변모와 부활절 체험들 그리고 성령 강림의 새로운 출발의 때들과 교대로 나타납니다.

새로운 출발

부활로 인한, 바로 성령 강림으로 인한 새로운 출발은 제2차 바티칸공의회 동안 그리고 그 이후에 있었습니다. 소위 서방 세계에서 부활과 성령 강림이 불러일으키는 분위기는 그 이전에 겨울처럼 느껴지는 상황으로 도처를 뒤덮고 있었습니다. 그러나 대중 매체들이 개별적이나 전반적으로 매우 중요하게 보고 있는 영역으로부터 수많은 본당 공동체들이나 수도 공동체나 사도직 단체들의 삶의 영역으로 "내려오면", 봄철의 신록과 여름철의 무르익어감과 추수가 임박한 가을철의 풍성한 결실들을 발견하게 됩니다.

부활절은 고난의 풍성한 수확에 대한 기쁜 소식입니다. 그것은 세상의 눈에 허사처럼 보이기도 합니다. 십자가의 가시가 꽃을 피우고, 하느님의 온순한 어린양이 사자 같은 강한 힘을 가지고 죄와 죽음을 이긴 승리자로 나타납니다. 십자가의 어리석음에서 하느님의 지혜가 드러납니다. 새로운 성령 강림을 교황 요한 23세는 제2차 바티칸공의회를 통하여 희망하였습니다. 이 희망은 그 사이 많은 위기에도 불구하고 헛되지 않았음이 입증되었습니다. 새로운 부활절을 적지 않은 그리스도인들은 그들에게 지난 몇 년 동안 부과되었던 긴 성금요일에도 불구하고 뿐만 아니라, 또한 바로 그 성금요일 때문에도 교회를 위하여 열망하고 있습니다. 교회 내에서 같은 모임이나 같은 "편"에 속하거나 속하지 않거나 상관없이 모두가 마찬가지로 고통을 당했기 때문입니다.

이 고난으로부터 나온 힘이 헛되이 사라져서는 안 될 것입니다. 하느님 백성 안에서 주교들, 신학자들, 가톨릭 언론인들 그리고 책임의식이 있는 모든 이들이 다른 이들의 입장을 존중하는 가운데 조건 없는 공정함을 위한 의지로 그리고 무엇보다 하느님과 사람들을 위한 강한 사랑으로 새롭게 제휴할 필요가 있습니다. 그와 더불어 각자는 다른 이들과 자기 자신에게 좋은 일을 많이 할 수 있다고 믿어야 하지만, 어느 누구도 다른 이들에게 지나치게 요구해서도 안 될 것입니다. 역겨운 간소화들은 쿠사의 니콜라우스Nikolaus von Cusa(1401-1464) 추기경이 말한 의미에서 "대립의 조합complexio oppositorium"을 정당화 하는 복음의 아름다운 단순성을 통하여 극복되어야 하지만, 교회의 일치를 상징하는 그리스도의 통으로 짠 속옷Tunika을 찢어버리는 이단들은 그렇지 않습니다.

풍요로움

스페인의 신비가이며 교회 학자인 십자가의 요한은 교회가 입은 상처와 관련하여, 그 상처가 치유되었을 경우, "상처가 깊을수록 거기에 더 큰 풍요로움이 있다." 하고 말하였습니다. 이 영적 풍요로움이 우리에게서도 체험될 수 있기를 바랍니다. 많은 사람들, 그리스도교 신앙을 받아들이기를 거부하는 많은 이들 또한, 교회가 다시 뜻을 세우고, 사회에서 발을 씻겨주는 봉사를 하고, 마침내 이 사회에서 감수하지 못하는 것을 비판하는 "머리를 씻겨주는" 예언적 봉사도 하는, 자신에게 맡겨진 사명을 분명하게 행할 수 있기를 절실히 바라고 있습니다. 물론 이러한 비판은 무차별적으로 울부짖고 떠드는 소란으로 퇴화되어서는 안 되고, 납득할 만한 논거로 뒷받침되어야만 할 것입니다.

자유의 축제

"철학하는 공직자"로 인정받았던 비엔나의 전임 의회의장 체르니Czerny는 몇 년 전 시대를 비판하면서, 오늘날 많은 사람들이 마치 수족관 속의 한 마리 물고기처럼 결코 강제하지 않는 한계에 갇힌 채 순응하며 살아간다고 논평한 적이 있었습니다. 그 물고기는 벽에 부딪힐 만하면 재빨리 돌아서서, 자신의 수족관이 마치 큰 바다라는 환상을 갖습니다.

그러나 사람은 수족관이 아니라, "큰 바다"를 위해서 창조되었습니다. 여기서 큰 바다는 정신적 공간을 말합니다. 그 공간은 보고 잴 수 있는 있는 한계, 그리고 또한 이 세상에서의 모든 한계 중의 한계인 죽음마저 넘어섭니다. 큰 바다는 초월을 의미합니다.

그리스도교 부활 축제는 뿌리에까지 닿아 있는 고통스러운 한계와 짐들로부터의 해방을 바라는 사람의 갈망을 불러일으킵니다. 그러한 한계와 짐들 중 많은 것들은 자신이 어떻게 해 볼 수 없이 운명적으로 감수해야 하고, 또 다른 것들은 인간의 죄로부터 생겨납니다. 그리스도교 부활 축제를 떠받쳐주는 하나의 뿌리는 구약성경에 있습니다. 모든 민족을 구원하기 위한 계획을 실현하시려고 하느님께서 선택하여 계약을 맺었던 이스라엘 백성은 이집트 땅에서 종살이를 했습니다. 하느님께서는 억눌린 자들의 부르짖음을 들으시고, 모세로 하여금 그들을 기적적인 상황들이 전개되는 가운데 이집트의 종살이 집으로부터 벗어나, 홍해 바다를 건너 약속한 새 고향으로 들어가는 길로 이끌도록 하셨습니다.

해방

교회는 이 구원을 위한 출애굽과 홍해를 건너감을 그리스도교의 부활절에 대한 시각으로 바라봅니다. 거기에서 모세는 이집트 종살이에서뿐만 아니라, 죄와 죽음의 종살이로부터 해방시켜 주시는 그리스도를 가리켜 보입니다. 모세를 통한 사회적 해방은 그리스도 안에서 영적 해방을 통하여, 곧 구원을 통하여 뛰어넘게 됩니다. 홍해 바다는 초대 교회에서 부활 성야에 베풀어졌던 세례의 전형이 됩니다. 해방과 구원의 값진 열매는 기쁨입니다. 이 기쁨은 단순히 말로써 뿐만 아니라, 그것을 뛰어넘어 노래를 부르지 않을 수 없도록 재촉합니다. 가장 짧은 부활절 노래는 할렐루야입니다. 그것은 유대교 회당의 전례와 교회의 전례를 이어줍니다. 중세 신학자 도이츠의 루퍼트Rupert von Deutz는 이 노래를 "하늘나라 기쁨의 포도주"라 하였습니다.

부활의 기쁨은 우리 사회의 모든 이에게 봄에 찬란하게 피어나는 자연으로부터 생겨납니다. 그러나 그리스도인들에게는 그것을 넘어서 부활절 기쁨의 다른 원천이 주어지고 있습니다. 그것은 돌아가셨으나 부활하시어 살아계신 그리스도의 이야기에서 솟아나는 기쁨입니다. 그분께서는 하느님 곁에 살아계십니다. 또한 그분께서는 당신을 믿는 이들의 마음속에 살기를 원하십니다. 그들은 그분 사랑이 증오보다 더 강하시다는 것을 믿습니다. 그들은 부당하게 붙잡히신 분께서 그분을 처형한 형리들보다 더 자유로우시다는 것을 믿습니다. 그들은 하느님의 어린양께서 인간 늑대보다 더 강하시다는 것을 믿습니다. 그리고 그들은 이것이 단지 단 한번 있었던 일일뿐만 아니라, 종말에 완전하게 분명히 드러나게 될 역사의 내적 법칙이라는 것을 믿습니다.

부활하시고 …

그리스도인들은 그리스도께서 모든 시대를 통틀어 가장 위대한 사람이라고 믿습니다. 왜냐하면 그분께서는 또한 세상과 인간의 역사 속에 내려오신 하느님이시기 때문입니다. 그리고 그리스도인들은 인간의 위대함은 지성이나 권력이 아니라, 먼저 사람의 힘에 의해 평가되어야 한다는 것을 믿습니다. 가장 위대한 사람은 가장 큰 사랑을 실천한 사람입니다. 우리에게 잘 알려진 세상사의 범주에서 자신의 적들을 사랑해야 하며 할 수 있다고 절실하게 가르쳤고, 이 기쁜 소식을 철저하게 살았던 사람은 예수님 말고 그 누구에게서도 찾아보지 못합니다. 이 사실은 특히 그분의 수난과 죽음에 대한 전승 안에서 분명하게 나타납니다.

귀향길

그리스도교 신앙의 중심에는 그분에 관하여 증언해 주는 신약성경이라는 책뿐만 아니라, 그분께서 가르쳐주신 길을 따르고자 애를 쓰는 공동체도 있다는 확신이 지금까지 자리 잡고 있습니다. 그 중심에는 예수 그리스도께서 죽은 이들 가운데에서 부활하셨고, 죽음의 장벽을 허물어 돌파구를 여셨으며, 그것을 통해 자신의 근원에로의 집을 향한 인류의 길이, 곧 하느님에게로의 귀향길이 이어진다는 확신이 자리 잡고 있습니다. 당신의 죽음을 건너가는 예수님의 길은 당신의 유일하고 개인적인 운명이 아니라, 인류에게 죽음과 심판의 길을 통해 가도록 정해져 있는 것을 앞당긴 것입니다.

1900년에 사망한 러시아의 사상가이며 신비가인 블라디미르 솔로호프Wladimir Solowjow는 한 부활절 편지에서 예수님의 부활은 하나의 기적이며, 그것은 인생이 부조리하다고 믿지 않으려면 인간 이성에 의해 꼭 요청되어야 할 것이라고 말했습니다. 모든 사람 중에 가장 사랑했기에 또한 가장 좋은 사람이 죽음 속에 머물러 있어야만 했었다면, 빌라도나 헤로데나 카야파가 옳았어야 했을 것입니다. 그래서 무죄한 희생자는 언제나 부당한 심판자보다 약했을 것이고, 인간 늑대들은 언제나 하느님의 어린양을 누르고 개선가를 불렀었을 것입니다. "그러나 이제", "그리스도께서 부활하셨습니다." 하고 솔로호프는 쓰고 있습니다. 이 철학자의 성찰은 부활절 기쁜 소식의 가장 짧은 형태로, 러시아 사람들의 부활절 인사로 무리 없이 넘어갑니다.

그리스도께서는 단 한 번 영원히 부활하셨습니다. 그러나 그분께서는 당신을 믿는 이들의 삶 속에서 늘 다시 부활하고자 하십니다. 그분께서는 부활 시기뿐만 아니라, 또한 주님 수난 성금요일의 분위기를 체험하고 있는 당신의 교회 안에서 언제나 다시 부활하고자 하십니다. 그리스도는 죽었다고 설명하면서 그분의 교회 역시 이내 죽고 말 것이라고 선전하는 수많은 시도들이 있어 왔고, 지금도 있습니다. 그러나 그 모든 영적 전투에서 그리스도께서는 언제나 다시 살아계신 분으로 나타나셨고, 그분의 영이 겪는 고통은 교회 안에서의 불꽃을 덮어 꺼버릴 기세였던 재를 늘 새롭게 날려버렸습니다. 부활절은 죽음에 맞선 축제입니다.

작은 소녀의 희망

어떤 사람이 다른 사람에게 "나는 너를 사랑해." 하고 말한다면, 그리고 이 말을 진정 진심으로 건넨다면, 그는 또한 "나는 우리가 더 이상 헤어지지 않고, 우리의 사랑이 영원히 사라지지 않기를 바래. 그래서 나는 정말 우리 둘이 결코 잊지 말았으면 해." 라고 말하는 것이기도 합니다. 그러나 그렇게 사랑하는 이들에게 그런 사랑은 너무 아름답기에 이루어질 수 없을 거라고 말하는 것이 일반적입니다. 하지만 비록 아득히 깊은 곳에 가라앉아 있기는 해도 이런 사랑이 영원하기를 기대하는 바람은 늘 사람들의 마음속에 남아 있습니다. 이런 바람에, 이런 갈망에 부활 축제의 기쁜 소식은 닿아 있고, 그리고 그것은 결코 환상이 아니라고 말합니다.

약 2000년 전 첫 번째 부활절 이른 아침에 세 명의 여자가 예수님의 시신에 향유를 발라드리기 위해 무덤으로 갔다고 복음서는 전하고 있습니다. 주님 수난 성금요일 늦은 오후에는 향유를 바를 시간이 없었습니다. 저녁 무렵 안식일은 이미 시작되었고, 그러면 더 이상 죽은 이를 무덤에 매장하는 것이 허락되지 않았습니다. 그리하여 예수님의 시신은 향유도 바르지 않은 채 서둘러 무덤에 묻혔습니다. 이제 여자들은 그때 소홀히 했던 일을 만회하려 했습니다.

예수님의 무덤은 당시 관습에 따라 무거운 돌로 막혀 있었습니다. 그 돌은 세 여자가 힘을 합쳐도 밀어낼 수 없었습니다. 그래서 그들은 길을 가며, 누가 그들을 위해 돌을 굴려 내 줄 수 있을까 하고 서로 물었습니다.

예수님의 무덤을 막고 있는 돌은 사람에게, 전 인류에게 놓여 있는 무거운 모든 짐을 상징합니다. 돌은 세상의 무게, 실패와 사랑 받지 못함, 죄와 죽음, 은총을 거스르는 중력을 상징합니다.

누가 우리에게서 그 무거운 돌을 굴려 내 주게 될까요? 누가 우리에게서 그 짐을 내려주게 될까요? 그것은 사람과 온 인류가 안고 있는 커다란 물음입니다. 여자들이 무덤에 도착했을 때, 그들은 그 돌이 이미 굴려져 있는 것을 보았습니다. 무덤은 비어 있습니다. 부활절의 천사가 "어찌하여 너희는 살아 계신 분을 죽은 이들 가운데에서 찾고 있느냐?" 하고 묻습니다. 그 천사는 '뒤를 돌아보지 마라. 예수님께서는 너희에게 과거일 뿐만 아니라, 미래이시기도 하다. 그분께서는 부활하셔서 당신의 근원인 아버지께로 되돌아가셨다.'는 말을 전해주고 싶어 합니다. 그리고 천사는 부활하신 분께서 첫 그리스도인들에 앞서 갈릴래아로 가실 것이며, 그들은 거기서 그분을 뵙게 될 것이라고 말해 줍니다. 이것이 교회 역사의 시작이며, 그리스도를 따르라는 지시의 시초입니다.

부활절 복음은 또한 예수님께서 일곱 마귀로부터 해방시켜 주셨던 마리아 막달레나가 빈 무덤에 갔으며, 거기에서 울었다고 전합니다. 자신의 희망이 좌절된 무덤가에서 울고 있던 이 여자는 거의 심장이 터져버릴 것만 같은 이별의 아픔을 겪는 무수한 사람들을 위해 거기에 서 있습니다. 부활하신 그리스도께서는 여기에서 그에게 낯선 모습으로 나타나십니다. 그래서 그는 그분을 동산지기로 생각하고, 주님의 시신을 어디에 옮겨 모셨는지 묻습니다. 그의 이름을 부르는 것으로 대답을 대신하는 목소리에서 그는 그분을 알아 뵙고, 붙들려고 합니다. 그분께서는 "나를 만지지 마라." 혹은 달리 번역하면 "나를 붙들지 마라." 하고 말씀하십니다. 천사가 무덤가에서 세 여자에게 그랬듯이, 여기서도 예수님께서는 친히 회개한 죄인의 얼굴을 과거로부터 미래로 돌려놓으십니다. 그는 계속 앞을 향해 가야합니다. 그의 삶과 그리고 그의 믿음도 예수님 안에서 이미 시작된 미래를 향한 여정입니다. 이 미래란 온전한 한 사람이 한 평생 동안 세상과 하느님에 의해 성장해 온 관계와 함께 예수님께서 지금 계신 그곳, 아버지 곁에 거처함을 뜻합니다.

그 여자들과 흡사하게 일어난 사건이 엠마오라는 마을로 가고 있던 두 제자에게서도 일어났습니다. 그들에게는 과거의 기억만 있을 뿐 미래는 없는 듯이 보였습니다. 그들은 예수님께서 실패하셨고, 그래서 자기들도 실패했다고 여겼습니다. 길을 가는 도중에 예수님께서 낯선 나그네의 모습으로 그들에게 다가오십니다. 그분께서는 그들의 슬픈 대화를 희망으로 돌려놓습니다. 그들이 마을에 다다르자, 그분께서는 그들과 헤어지려고 하십니다. 그러나 그들은 "주님 저희와 함께 묵으십시오. 저녁때가 되어 가고 날도 이미 저물었습니다." 하고 그분을 붙들고, 집에 들어가기를 청합니다.

신약성경의 복음서들에서 전하고 있는 이 세 가지 이야기를 진지하게 경청하는 많은 사람들은 새삼 깨달을 수 있습니다. 그런 사람들 가운데 신앙의 은총이 선물로 주어지지 않았거나, 또는 아직 주어지지 않은 사람들도 있습니다. 그들 가운데 한 사람이 바로 여류시인 마리아 루이제 카슈니츠입니다. 그는 믿지 않는 이들의 용기를 두고 그것이 진정 용기일까 물으며 말합니다. "용기 있는 사람들은 그들이 부활하지 않는 다는 것을 … 아무 것도 그들을 기다리지 않는다는 것을 안다. … 나는 용기가 없다." 그는 모든 한계의 한계인 죽음의 선 바깥 너머에 닿아 있는 희망을 놓지 않으려고 애를 씁니다. 그는 나지막이 그러나 분명하게 이 희망에 대해 말합니다. 누가 희망이란 이 작은 소녀를 자신의 문 앞에서 내칠 수 있겠습니까?

십자가와 부활 사이

십자가에 못 박히신 그리스도의 증인으로서 옥에 갇힌 사도 바오로는 감옥으로부터 필립비의 그리스도 공동체에 편지를 한 통 써 보냈습니다. 대단한 언어의 힘을 지닌 이 편지는 고독과 고난 가운데에서 농익은 글입니다. 감옥에 갇힌 사도는 긴장감 넘치는 자신의 영적 힘을 전혀 잃지 않았습니다. 그리스도께서 이 힘의 원천이시기 때문입니다.

"나는 그분(그리스도)과 그분 부활의 힘을 알고 싶습니다."(필리 3,10) 하고 바오로는 말합니다. 하지만 그는 부활보다도 성금요일을 더 떠올리게 하는 자신의 처지를 생각하면서, "나는 죽음을 겪으시는 그분을 닮아, 그분 고난에 동참하는 법을 알고 싶습니다." 하고 덧붙입니다.

승리한 싸움

성금요일과 부활절은 사도의 삶을 특징짓습니다. 그리고 참된 그리스도인 각자의 삶과 또한 교회 전체의 삶을 특징짓습니다.

부활절 아침의 화합은 먼저 그리스도께서 세상의 부조리와 악에 맞서 승리한 싸움으로부터 생겨납니다. 그것은 그분께서 못 박히신 십자가에서 가장 철저하게 표현됩니다. "죽음과 삶이 전례 없이 서로 모든 것을 걸고 싸웠고, 삶의 통치자가 죽음에 굴복하셨네." 하고 거의 천 년이나 오래된 서방 교회의 부활절 찬미가에서는 노래하며, 곧바로 이어서 두 번째 위로의 부분에서 "돌아가셨던 그분께서 다시 살아나셔서 다스리시네." 하며 기쁜 소식을 덧붙입니다.

이 삶은 예수님의 이 세상에서의 삶의 원상회복이 아닙니다. 그것은 길

잃은 시간 속에서 영원의 출현이고, 잉태와 출생과 죽음의 역사 속에서 신적 생명의 출현입니다. 그것은 우리 주변에, 그리고 또한 우리 안에 내재하는 다양한 형태의 악에 맞서는 새로운 자유의 시작입니다. 성금요일은 그리스도인의 삶 속에 그리고 교회의 삶 속에 언제나 계속되고 있습니다.

예전 공산주의가 지배하던 국가들 안에서 교회는 40년간 지속된 성금요일에 극심하게 시달려야 했고, 이제야 부활의 조짐들이 보이기 시작하고 있습니다. 물론 이러한 조짐들은 새로운 다른 위험들로 다양하게 위협을 받을 것입니다.

그에 비해 오스트리아와 독일의 교회는 이 40년 동안 많은 발전 가능성들을 가졌습니다. 이 교회는 오늘날 다양한 변화를 겪고 있는 사회의 한가운데에서 자신들이 전하는 복음이 사람들의 이해를 받을 수 있고 빛을 발할 수 있도록 분투하고 있습니다. 하지만 여러 곳에서 적극적으로 종사하고 있는 많은 가톨릭 신자들이 이러한 싸움에서 비록 최선을 다하고자 하지만, 서로 다투며 분파를 형성하는 것은 슬픈 일입니다.

이들 모두가 제2차 바티칸공의회 문헌을 자신들이 선호하는 부분뿐만 아니라, 전체를 읽어보고, 그렇게 해서 교회 제도가 마치 교회의 시민운동에 있어 근거 있는 목표라도 되는 것처럼 공격하는 일을 멈추고, 모두가 하느님 앞에서 깊은 기도 중에 그들이 올바른 길을 가고 있는지 물어야 할 때가 아닌가 싶습니다.

교회 안에서 이 집단들이 시도하고 있는 역겨운 간소화들은 아무런 문제도 해결하지 못합니다. 모든 저속한 것을 태워 정화시킬 수 있는 그리스도의 사랑의 불에 끊임없이 자신을 내맡기는 사람만이 신뢰를 받을 수 있을 겁니다.

전환기

부활절은 또한 언제나 그리스도인의 삶과 교회의 삶 속에 살아 있습니다. "이미 새것이 돋아난다. 너희는 아직도 그것을 알아차리지 못하느냐?" 하고 성경에서 한 예언자가 말하였습니다.

사회와 교회가 직면한 상황을 두고 탁월한 식견과 힘찬 말로 해석한 오토 슐마이스터Otto Schulmeister는 얼마 전 이렇게 말했습니다. "전체적으로 보아 새로운 종교적 진정성을 위한, 그리고 어떤 전환기의 영적 싸움에 있는 공동체로서 - 기도 모임 안에서든 또는 영성적 투쟁 안에서든 - 자신을 체험하고 있는 교회를 위한, 새로운 시도를 간과해서는 안 될 것이다." 여기에 다른 무수한 긍정적인 요소들이 당연히 추가될 수 있을 것입니다.

치유하는 힘

오스트리아에 살고 있는 대부분의 사람들은 교회의 신비에 대해 잘 알지 못하고, 교회를 그리스도의 신비체가 아니라 다소 쓸모 있는 "단체" 정도로 여기고 있습니다. 그러나 십자가에서 돌아가시고 부활하신 그리스도께서는 세례성사를 통해 그들에게도 손을 얹어 주셨습니다. 그것은 취소될 수 없습니다. 그 손에서 치유하는 힘이 흘러나옵니다.

다른 한편 오스트리아에는 세례성사를 받은 많은 사람들이 살고 있습니다. 그들은 주님 수난 성금요일이 무엇을 의미하는지 부활절이 무엇을 의미하는지 잘 알고 있습니다. 이 부활절의 그리스도인들은 오늘도 내일도 더 힘차고, 더 환하게 빛을 발하는 증언을 해주도록 요청받고 있습니다. 그래서 다른 이들이 그들의 옷자락을 붙잡고 "우리도 당신들 곁에 머무르도록 해 주세요. 우리는 하느님께서 당신들과 함께 계시다는 것을 느꼈기 때문입니다." 하고 말할 수 있도록 말입니다.

무력한 희망을 거부할 수 있는가?

"크리스토스 보스크레스Christos woskres", 그리스도께서 부활하셨습니다. 이것은 수백 년 전부터 오늘날까지 이어오는 러시아 그리스도인들의 부활절 인사입니다. 이 인사에 대한 응답은 "그분께서 진실로, 참으로 부활하셨습니다."로, 신앙을 통해 이해한 죽음을 이긴 생명의 놀라운 승리를 다시 한 번 더 강조합니다. 부활절은 오늘날 이 축제의 그리스도교적 의미가 별로 남아 있지 않은 곳에서도 생명의 축제로 기념되고 있습니다. 사람들은 어떤 형태로든 부활절 나들이를 가며, 소멸과 생성이 영원히 지속될 것처럼 보이는 자연의 순환 가운데 다시 봄을 맞이하면서 다시 한 번 생명이 우위를 점하게 된 것을 기뻐합니다. 그러나 이때 기뻐하는 이유의 핵심은 생명의 결정적인 승리가 아닙니다. 오늘 태어나게 된 것이 어제 죽은 바로 그것이 아니기 때문입니다. 죽음은 모든 개체를 삼켜버립니다. 남아 있는 것은 오직 종족뿐입니다.

그럼에도 불구하고 전체로서의 인류는 죽음을 결코 그냥 감내하지 않습니다. 주요한 종교들과 문화들, 예를 들어 고대 이집트의 종교와 문화를 생각해 보면, 죽음에 맞서거나 죽음을 초월하고자 하는 희망의 형태를 드러내고 있습니다. 이 희망은 오스트리아의 경우 말이나 형태에서 매우 약화되어 있으며, 그리고 그에 비례하여 고통과 죽음 또한 가능한 한 의식하려 하지 않습니다.

슬퍼할 수 있는 능력

우리 사회에서 죽음에 대한 말이 배제되어 있다는 사실은 이미 오래된 상식에 속합니다. 슬퍼할 수 있는 능력의 상실(A. Mitscherlich, 1908-1982, 독일 심리학자)에 대한, 그리고 기대와 꿈이 별로 없는 존재로서 오늘날의 평범한 사람들에 대한 뛰어난 글이 많이 있습니다. 이 문제는 학문적으로 모두 다루어질 수 없습니다. 누구나 언젠가는 병석에 눕게 마련이지만, 고통을 겪다 죽음을 맞이하는 요령은 거의 배우지 못했습니다. 누구나 사랑하는 이가 임종을 맞이하는 침상 곁을 지키게 마련이지만, 슬퍼하는 법을 배우지 못했습니다. 이루 말할 수 없는 고통, 탄식, 위안이 마개처럼 목을 꽉 틀어막습니다.

그러나 죽음이 최후의, 절대로 통과시키지 않는 한계라면, 죽음과 함께 "모든 것이 끝장나는" 것이라면, 의식에서 의도적으로 배제하고 있는 죽음(자기 자신의 그리고 타인의 죽음)과 함께 산다는 것이 도대체 감당할 수 있는 일일까요? 그렇게 죽음이 끝장이라고 믿는 사람이나, 소수의 이교도 특권층에 속하지 않는 나머지 사람은 아마도 삶에서 허겁지겁 가능한 한 모든 향락을 쥐어짜내어야만 할 것입니다. 그들은 고대 향락주의자Epikureer에 대해 말한 대로 "먹고 마시자, 내일이면 우리는 죽을 테니."라는 태도를 취하지 않을 수 없을 것입니다.

죽음을 믿지 않고 …

신경 성경에 의존하지 않는다면, 진정한 그리스도인은 누구인가 라는 물음에 책들을 모두 합쳐도 답으로는 부족할 것입니다. 그러나 사도들로부터 현재에 이르기까지 참으로 끝없이 이어지는 피의 증인들을 바라볼 때 그 대답은 아마도 '그리스도인은 죽음을 마지막으로 그리고 모든 것이 상

대화되는 것으로 믿지 않는 사람이다.'라고 하지 않을까 싶습니다. 이 대답은 교회 안팎에서 오해를 불러일으킬 수 있습니다. 칼 마르크스Karl Marx는 신학자들을 씨앗을 무덤 위에 뿌리고, 그렇게 죽음을 가지고 장사를 하려는 사람들이라고 비난합니다. 하느님을 단지 삶의 끝자리에서 임시방편으로 삼고, 그리스도교를 일종의 고통과 죽음의 요령으로 제한하고 있는 그리스도인들에게 그러한 비난은 솔깃하게 들릴 것입니다. 하지만 제대로 이해하자면, 죽음과 그것의 극복에 대한 물음은 사람에 대한 물음이고, 역으로 삶에 대한 물음은 죽음과 그것의 극복에 대한 물음입니다.

늑대들과 어린양

아주 오래된 전승에 따르면 성주간에 등장하는 교회의 어린양은 죄인들의 손에 넘겨져, 조롱 받고, 채찍질 당하고, 침 뱉음 받고, 죽음에 내몰린, 사람의 아들의 용모를 보여줍니다. 오, 피와 상처로 가득한 머리여! 이 분께서 소크라테스의 부드러운 역설조차 없이 돌아가셨던 그리고 그를 둘러싼 인간 늑대들의 악의를 원수 사랑을 통하여 극한까지 뒤흔드셨던 예수님이신가요? 비록 가장 위대하신 분이라 할지라도 우리 가운데 한 사람이 아닌가요? 아니면 동시에 그분께서는 "우리와 함께 계신 하느님"이신가요? 그분 안에서 하느님께서는 친히 우리와 함께 고통을 겪고, 그렇게 함으로써 처음부터 아파하고 의문을 가지며 반항하는 인간의 물음에 답을 주시는 건가요? 의인은 "죽음에 머물지 않는다."는 것과 그분께서 세상에 오시기 이전과 이후의 모든 사람의 운명을 선취하는 것이 그분의 숙명인가요?

신앙은 늘 모험이다

신약성경의 마지막 책인 묵시록에서 요한은 하느님의 손에 들려 있는 안팎으로 글이 적힌 그리고 동시에 일곱 번, 말하자면 완전히 봉인된 두루

마리 하나를 봅니다. 이 두루마리는 역사의 의미에 대한 정보를 담고 있습니다. 그러나 어느 누구도 그 봉인을 뜯어내어 실존의 의미를 풀어낼 힘이 없습니다. 그래서 "나는 슬피 울었습니다." 하며, 예지자는 자기 자신의 처지에 대해 말해주고 있습니다. 울지 않을 수 없도록 하는 이 불분명함의 상황에서 거룩하게 변모한 죽음의 상처와 함께 어린양께서, 곧 부활하신 그리스도께서 나타나 봉인을 뜯고 실존을 환히 밝혀주십니다. 부활절은 사랑이 끝내 미움보다 더 강하다는 것을, 하느님의 어린양이 인간 늑대들보다 더 강하다는 것을 믿도록 권하는 제안입니다.

예수님께서 십자가에 돌아가신 후 체념에 빠졌던 제자들은 그분께서 새로운 방식으로 살아 계심을 체험하였습니다. 잠가놓은 문을 통해 들어오시고, 유령이 아니므로 제자들과 함께 음식을 잡수시고, 의심하는 토마스에게 상처를 만질 수 있게 하신 부활하신 분에 대한 증언들, 그 모든 것은 신학자들에게 그 해석이 맡겨졌습니다. 그러나 서로 모순되기도 하는 해석들의 모든 다양성은 그 중심에 가능성들에서 하나를 택하는 방식이 사라지는 곳, 부활을 그래서 생명을 믿기를 바라는 곳이나 아니면 죽음을 믿기를 바라는 곳을 가리켜 보입니다. 죽음을 믿지 않는 사람들이 있는 곳, 바로 거기에서 낙원은 일부 회복되거나 미리 맛보게 됩니다. 그 사람들은 현실 전체를 바라보는 눈을 가진 사람들이고, 사람의 업적일 뿐 아니라 하느님의 선물이기도 한 새로운 것에 대해 웃고 울고 위로하며 구상할 수 있는 능력을 가진 사람들입니다.

부활 신앙은 이성으로 다 풀어 설명할 수 없습니다. 그것은 이성에 대립하지 않는 모험입니다. 그것이 경건한 자기기만에 불과할 뿐일 거라는 의심은 언제든지 가능합니다. 하지만 삶의 아름다움과 비극을 알면 알수록, 신앙과 그리고 신뢰가 가지 않는 신앙의 대변자들과 부딪히던 젊은 날의 반항은 점차 수그러져 침착함으로 바뀌게 될 것입니다. 그래서 막스 호르크하이머Max Horkheimer(1895-1973)는 1970년에 실제로 세상이 자신의 잔혹함과 함께 끝장나지 않을 것이라는 간절한 갈망에 대하여 말했습니다.

간교한 헤로데와 회의주의자 빌라도가 아니라, 무력하게 고난을 당하고 돌아가신 예수님께서 옳았다는 희망이 주어졌을 때, 그러한 무력한 희망을 외면해야 하거나 또는 외면할 수 있겠습니까? 언제나 가능한 이 물음은 특히 부활절에 강하게 제기됩니다.

부활 사상

이러한 물음에서 복음서들의 부활 이야기들은 아름답고 감동적인 동화에 불과한지 아닌지, 또는 그 이야기들은 그 핵심에 실제로 일어났던 어떤 일에 근거하고 있는지 아닌지, 하느님께서는 부활하신 그리스도의 발현들 속에서 제자들에게 그리고 그들을 통하여 온 세상과 인류의 전 역사를 향해, 최후의 승리자는 불의한 심판자가 아니라 무죄한 희생자라는 것을, 하느님의 어린양께서는 늑대들이 되어버린 당신의 적들보다 더 강하시다는 것을 보여주시려고 하는지 아닌지, 부활절 그 자체가 문제되고 있습니다.

저는 약 2000년 전 부활절에 예루살렘에서 제자들과 마리아 막달레나의 환상 속에서가 아니라 실제로 무슨 일이 일어났다는 것을, 예수님께서는 죽은 이들과 더불어 머물러 계시지 않는다는 것을, 그분께서는 당신 전체를, 곧 온 몸과 마음과 함께, 제자들에게 죽음의 경계 저 편으로부터 당신 아버지이신 하느님 곁에 그리고 우리 곁에 살아 계시는 유일한 분으로 나타나셨다는 것을 단순히 믿습니다. 그분께서는 한편으로 예전과 같은 분이셨습니다. 그분께서는 볼 수 있고, 만질 수 있고, 이해할 수 있는 분이셨습니다. 그리고 다른 한편으로 그분께서는 전혀 다른 분이셨습니다. 그분께서는 잠겨 있는 문을 통해 오셨습니다.

러시아인 솔로호프는 1900년 직후 한 부활절 편지에서 그리스도의 부활에 대하여, 결국 가장 중요한 것은 모든 사람 가운데 가장 사랑스럽고 가장 하느님다우셨기에, 가장 고귀한 분이셨던 예수 그리스도께서도 영원한 죽음에 떨어지셨는지 아닌지 라는 것이라고 말했습니다. 만약 그렇게 되었다면, 이 세상은 영원히 죽음과 부조리의 나라가 되고 말았을 것입니다. "그러나 이제 그리스도께서 부활하셨습니다."고 솔로호프는 말하였습니다. 그리고 그는 "그분께서는 참으로 부활하셨습니다. 알렐루야." 라는 러시아 그리스도인들의 부활절 인사를 덧붙였습니다.

순전히 자신들의 세상 안에서 통용되는 상식에 의존하는 사람들이 가령 예수님께서 단지 가사 상태에 빠졌다가 다시 깨어나 갈릴래아나 인도 혹은 다른 곳에 숨어서 계속 사셨을 것이라고 생각하는 것은 이해할 수 있습니다. 이런 이야기는 많은 잡지들의 소재가 되기도 합니다. 그러나 복음서들을 전부 읽어보고, 그리고 부활하신 분의 증인들인 제자들이 그리스도 부활의 진실을 증언하기 위하여 박해를 받고 십자가에 못 박혀 죽었으며, 거기에서 오늘날 세례를 받은 약 20억 명의 그리스도 신자들을 품은 세계 종교가 자라나왔다는 사실을 안다면, 부활 신앙을 받아들이는 것은 너무나 당연할 것입니다. 부활 신앙을 받아들이는 것은 물론 결단에 근거해야 하고, 용기를 필요로 합니다. 부활절은 보다 선한 의미에서, 그 말의 배경을 이루는 의미에서 하나의 과도한 요청입니다. 그것은 사람에게 가장 대담한 것을, 말하자면 죽음과 함께 모든 것이 끝나는 것이 아니라는 것을, 사람과 세상은 자신의 아름다움에도 불구하고 결코 부조리하지 않다는 것을 믿도록 요구합니다. 부활 신앙은 우리 세상의 꽉 막힌 영역을 열어젖히고, 땅위에 하늘을 가져다줍니다.

마리 루이제 카슈니츠는 한 편의 시에서 이렇게 읊었습니다.

용기 있는 이들은 안다
그들이 부활하지 않는다는 것을
그들에게 살이 차오르지 않는다는 것을
마지막 날 아침에.
거기에 덧붙여진 고백으로,
나는
용기가 없다.

이것은 소심하지만 부활 신앙을 선포하는 분명한 형태입니다, 오늘날에도.

동방교회의 부활 송가

우리 모두 빛이 되세, 모든 민족들이여!
파스카, 주님의 파스카로세,
그리스도, 우리 하느님께서
우리를 죽음에서 생명으로 이끄시어,
승리의 노래를 부르게 하시네.
모든 것이, 하늘과 땅과 그리고 저승이
이제 빛으로 충만하도다.
어제가 오늘이라네.
우리 모두 빛이 되세, 모든 민족들이여!
파스카, 주님의 파스카로세,
그리스도, 우리 하느님께서
우리를 죽음에서 생명으로 이끄시어,

승리의 노래를 부르게 하시네.
모든 것이, 하늘과 땅 그리고 저승이
이제 빛으로 충만하도다.

나의 그리스도여, 어제 저는
당신과 함께 묻혔으나, 오늘 저는
부활하신 분, 당신과 함께 깨어나리라.
어제 저는 당신과 함께 십자가에 못 박혔으나,
당신 손수 저를 이제 당신과 함께 영광스럽게 해 주시리라,
오, 나의 구원자시여, 당신의 나라에서.

일 년 된 어린양처럼 그리스도,
우리의 복된 승리자, 스스로 모든 이를 위해
속죄를 이루는 부활절 어린양으로 도살되셨도다.
그러나 그분께서는 무덤에서 나와
우리를 다시 환히 비추셨도다
정의의 빛나는 태양으로서.

등불을 손에 들고 우리
그리스도를 서둘러 마중가세.
그분께서 무덤에서 나오신다
신랑처럼.
땅 밑 세상으로 내려가신 당신께서
오 그리스도여, 거기서
묶인 이들을 가두고 있던
영원한 빗장을 부수시나이다.
하지만 사흘날에 당신께서

고래 뱃속에서 나온 요나처럼
당신 무덤으로부터 솟아오르시나이다.

죽음의 죽임, 지옥의 파기를
우리 이제 성대하게 기념하세.
지금 새로운 것이, 영원한 생명이 시작되네.
그리스도께서 부활하셨네. 그분께서는
죽음을 짓밟으시고 사람들을
일으켜 세우셨으니, 사람들아 기뻐하라!
기뻐하소서, 동정녀여, 기뻐하소서
당신 아드님께서 사흗날에 무덤에서 부활하셨으니.

부활의 날이 오늘이로다!
우리를 비추는 축제일이로다!
그러니 우리 서로 얼싸안고,
우리 "형제"라 부르세,
우리를 미워하는 이들에게도 또한.
부활로 인해 우리는
모든 것을 용서하려 하네.
그리고 외쳐 부르세,
그리스도께서 죽은 이들 가운데에서 부활하셨다고,
죽음 속에서 죽음을 제압하시고
무덤 안에 있는 모든 이에게 생명을 가져다 주셨다고!

(750년 경 선종한 교부 다마스커스의 성 요한의 부활절 교송기도에서 따온 동방교회의 부활절 찬미 환호송)

5
성령 강림 대축일
쏟아져 내리는 영

성령 송가

오소서, 성령님,
주님의 빛, 그 빛살을 하늘에서 내리소서.
가난한 이 아버지, 오소서,
은총 주님, 오소서,
마음의 빛.

가장 좋은 위로자,
영혼의 기쁜 손님,
저희 생기 돋우소서.
일할 때에 휴식을,
무더위에 시원함을,
슬플 때에 위로를.

영원하신 행복의 빛,
저희 마음 깊은 곳을 가득하게 채우소서.
주님 도움 없으시면,
저희 삶의 그 모든 것,
해로운 것뿐이리라.

허물들은 씻어 주고,
메마른 땅 물주시고,
병든 것을 고치소서.
굳은 마음 풀어 주고,
차디찬 맘 데우시고,
빗나간 길 바루소서.

성령님을 굳게 믿고,
의지하는 이들에게,
성령 칠은 베푸소서.
덕행 공로 쌓게 하고,
구원의 문 활짝 열어,
영원 복락 주옵소서.

(「오소서 성령이여」Veni Sancte Spiritus, 1200년 경 켄터버리 대주교 스테판 랭톤Stephan Langton이 지은 성령 송가)

바람에 맞서 씨뿌리기?

주교는 전례주년의 흐름 속에 수많은 견진성사를 집전하면서 해맑은 젊은 얼굴들과 빛나는 눈들을 바랍니다. 한 얼굴에서 다른 얼굴로 바뀌어 가는 가운데 주교는 견진성사를 받는 이 젊은이들에게 기도와 안수와 도유 속에서 선물로 주어지는 성령과 자주 내적 대화를 나눕니다.

하느님의 영이신 당신께서는 지금 제 앞에 서 있는 이 젊은이와 함께 다가올 몇 년 몇 십 년 동안 무엇을 하시렵니까? 그리고 그는 자신의 자유로 어느 누구도 강요하지 않으시는 당신과 함께 무엇을 하게 될까요? 그가 당신의 빛을 삶과 신앙의 커다란 위기 안에서 꺼버리게 될까요? 아니면 그가 이 빛을 우유부단한 삶을 통해 초라하게 어두침침한 빛을 내는 양초나 깜박이는 심지로 만들어 버리게 될까요? 성령의 빛이 언제나 그의 마음속에 타오르고 있기에, 견진성사를 받는 이 젊은이의 눈이 20년, 50년이 지난 다음에도 어쩌면 주름진 얼굴에서 여전히 빛나게 될까요? 아니면 이 눈이 무디어지고, 깊은 실망과 탐욕과 냉담의 흔적들이 이 얼굴에 새겨지게 될까요? 라는 물음들이 마음에 떠오릅니다.

많은 젊은이들은 좋은 얼굴과 빛나는 눈들로 견진성사를 받지만, 그럼에도 불구하고 이내 교회 생활로부터 긴 휴식을 시작한다는 것을, 그들은 더 이상 규칙적으로 기도하지 않고, 주일 미사에 참여하지 않고, 고해성사를 보지 않으며, 교회를 위해 공동 책임감을 가지지 않는다는 것을 누구나 압니다. 견진성사는 그들에게 있어서 기이하게도 성숙한 그리스도인으로서의 삶을 사는 시작이 아니라, 교회와 함께 하는 삶과의 작별이 되고 있습니다.

견진성사를 집전할 때 주교는 예수님께서 비유에서 말씀하신 씨 뿌리는 사람과 흡사합니다. 그는 씨앗을 바람결을 따라서도 그리고 바람에 맞서서도 뿌립니다. 그는 몇몇 씨앗이 열매를 맺지 못한다는 것을 알아챕니다. 그것들이 돌밭이나 가시덤불 속에 떨어졌기 때문입니다. 하지만 그는 거기 뿌려진 씨앗 중 많은 것들이 싹을 틔어 서른 배, 예순 배, 심지어 백 배의 열매를 맺게 될 것이라고 바라기도 합니다(마태 13,1-9).

매번 견진성사를 집전하면서 적어도 이번만큼은 견진성사를 받는 이들이 아무도 자기 앞에 닥칠 위기들 안에서 하느님의 영을 마음에서 완전히 꺼버리지 말기를 바랍니다. 이 바람은 세례와 견진을 받은 많은 이들이 수년, 아니 수십 년 동안 교회로부터 멀어져 있다가도 어느 날 마치 겨울잠에서 깨어나듯이 새롭게 신앙으로 깨어나는 것을 본 경험에 근거합니다. 흔히 이런 일은 그들이 부모가 되어 스스로 잃어버린 것처럼 보이던 신앙을 그들의 자녀들에게 전해 주고자 할 때 일어납니다. 그러나 이런 일은 나이가 들거나 병이 들었을 때 더 자주 일어납니다. 병원들과 양로원들은 일종의 영성수련을 하는 피정 집들과 같습니다. 많은 사람들이 거기에서 교회의 도움 없이 살아가야 함에도 불구하고 그렇습니다. 이

집들에서 오랜 시간 잊고 있었거나 외면했던 다음과 같은 물음들이 자주 다시 떠오릅니다. 나는 도대체 무엇을 위해 살고 있는가? 나는 어디에서 와서 어디로 가는가? 내가 죽어 허무 속에 빠지는 것을 두려워 할 때, 나를 받아줄 누군가가 있을까? 그리스도교의 관점에서 이 물음들은 하느님의 영께서 불러일으키고, 오직 그분께서만이 더할 나위 없이 완전하게 답해주실 수 있는 물음들입니다. 세례와 견진을 새롭게 갱신할 수 있도록 이끌어주는 물음입니다.

예루살렘에서의 성령 강림절

모든 견진성사는 작은 성령 강림 축제이고, 거의 2000년 전 예루살렘에서 교회가 시작할 때의 큰 성령 강림 축제를 상기시켜 줍니다. "예루살렘의 성령 강림절, 그때에 무슨 일이 일어났다네." 하고 새로 발간된 어린이 성가에서는 노래합니다. 거기서 말하는 사건은 폭풍 같고 불과 같았습니다. 사도들과 다른 수십 명의 그리스도인들은 그들 가운데 계신 그리스도의 어머니 마리아와 함께 최후 만찬이 거행되었던 방에 모여 있었습니다. 그들은 예수님께서 십자가의 죽음으로 실패하지 않으셨다는 것을 이미 체험하였습니다. 그들은 비록 예전과 다른 방식이지만, 죽음의 경계 저편으로부터 살아 계신 분으로서 그들에게 다가오시는 부활하신 그리스도를 만났습니다. 하느님의 어린양이신 그리스도께서는 당신을 살해했던 인간 늑대들보다도 더 강하시다는 것을 입증하셨습니다. 이러한 체험으로 예루살렘의 최후 만찬 방에 모인 첫 그리스도교 공동체는 커다란 평화로 가득 차 있었습니다. 그러나 이 감추어진 격정을 활활 타오르는 불길로 변화시킬 수 있었던 힘이 아직 없었습니다. 아직 그들에게 예수님께서 돌아가시기 전에 작별하는 자리에서 약속하셨던 성령이 주어지지 않았습니다. 요한 복음서에서 우리는 예수님께서 작별하는 자리에서 슬퍼하는 제자들에게 하신 말씀을 읽습니다. "내가 떠나는 것이 너희에게 이롭다. 내가 떠나지 않으면 보호자께서 너희에게 오지 않으신다. 그러나 내가 가면 그분을 너희에게 보내겠다."(요한 16,7) "내가 아버지에게서 너희에게로 보낼 보호자, 곧 아버지에게서 나오시는 진리의 영이 오시면, 그분께서 나를 증언하실 것이다."(요한 15,26)

사도행전은 예수님께서 돌아가신 후 유다인들의 첫 번째 오순절이 되었을 때 그분께서 약속하셨던 성령께서 마치 거센 바람과 불꽃 모양으로 아직도 겁을 먹고 최후 만찬 방에 모여 있던 그리스도교 첫 공동체 위에 내려와 그들 안으로 들어가셨다고 증언합니다. 불꽃 모양의 혀들이 그들 각 사람 위에 내려앉았습니다. 그러자 그들은 모두 성령으로 가득 차, 성령께서 그들에게 주신 능력대로 다른 언어들로 말하기 시작하였습니다.

유대인들의 오순절은 예루살렘을 향한 순례의 축제였습니다. 매년 그랬던 것처럼, 이번에도 수많은 유다인들과 유다교로 개종한 이방인들이 로마 제국 전역에서 순례자로 이 도성으로 모여들어와 있었습니다. 이 순례자들이 하늘로부터의 표징을 통한 말소리를 듣고, 최후 만찬 방 앞으로 무리를 지어 몰려왔습니다. 성령을 통해 거센 바람과 불꽃 속에 잠긴 그리스도교 첫 공동체의 남자와 여자들이 하는 말을 그들은 저마다 자기 지방 말로 알아들었습니다(사도 2,1-11).

혀들을 말하게 하시는 당신

성경은 그 첫 번째 책에서 바빌론에 쌓아올린 탑에 대한 이야기를 전하고 있습니다(창세 11,1-9). 그 탑은 인간의 교만이 빚어낸 결과물이었습니다. 사람들은 하느님과 같아지기 위해 하늘까지 닿는 탑을 세우기로 작정하였습니다. 그러나 하느님께서는 탑을 세우던 사람들의 말을 뒤섞어 놓으셨습니다. 그래서 그들은 서로 남의 말을 알아듣지 못하였고, 공사를 그만두지 않을 수 없었습니다.

초기 그리스도인들은 일찍부터 바벨탑을 세울 때 말의 뒤섞임과 예루살렘에서의 오순절 때 기적 사이를 서로 연결 지었습니다. 바벨에서 잃어버렸던 것, 말하자면 서로 알아듣는 능력, 그것이 예루살렘에서 다시 선물로 주어졌습니다. 교만이 사람들을 마음에서 마음으로 소통하고, 서로를 진정으로 이해하는 능력을 잃어버리게 만들었습니다. 그러나 사랑의 영이신 성령께서 그 마음들을 열어 놓고, 언어의 경계를 넘어서게 만드셨습니다. 그분께서는 혀의 굴레를 풀어, 그만 두지 않고 세우는 그 무엇을, 계속 자리 잡고 망각의 바람에 흩어지지 않을 그 무엇을, 말할 수 있는 능력을 만들어주십니다.

그러므로 오래 된 성령 찬미가에서는 "혀들을 말하게 해 주시는 당신" 하고 노래합니다. 그리고 다른 노래에서는 같은 내용으로 "당신께서는 저희의 닫힌 입을 여시어 세상에 진리를 선포하게 하십니다." 하고 아름다운 말로 표현합니다.

세례를 받고, 견진을 받은 그리스도인은 입을 열 수 있고 그리고 열어야 합니다. 그는 하느님과 그분의 진리를 위해 말해야 합니다. 그래서 사도 베드로는 오순절에 예루살렘에서 입을 열어 처음으로 설교를 하였습니다(사도 2,14-36). 성령의 도움에 힘입어 그는 자신의 말을 받아들인 사람들이 입과 마음을 움직여 열도록 확신에 가득 차 증언할 수 있었습니다. 그들 가운데 대략 3000명이 그리스도교로 개종하여 세례를 받았습니다. 그들은 그리스도인이 되어 자신들의 고향으로 되돌아갔으며, 그리하여 거대한 로마 제국 곳곳에서 새로운 신앙의 빛을 전했습니다. 마치 타오르는 불길처럼, 덤불숲이 탈 때처럼, 복음은 사방으로 퍼져나가 이내 우리의 고향으로도 전해졌습니다. 지금도 여전히 그 빛은, 복음의 불길은 이곳에서 저곳으로, 사람에게서 사람에게로 번지고 있습니다. 견진성사를 집전할 때에 그리스도인에게 이 빛의 새로운 불꽃이 마음속에 주어집니다.

피와 불

프랑스 중부지방 부르쥬Bourges 시에 있는 고딕 양식 대성당의 거대한 유리 창문은 비록 예루살렘에서의 오순절 기적에 대해 표현하지는 않으나, 세례와 견진과 관련이 있습니다. 700년이나 된 그 창문은 대성당의 남동쪽에 자리하며 아침 햇살을 향해 열려 있습니다.

늦은 오후 해가 서쪽으로 질 때, 이 창문은 다채로우면서도 안온한 양탄자처럼 보여 집니다. 그리고 늦은 저녁 빛이 완전히 사라지면 어두운 판자처럼 보입니다. 그러나 아침에 떠오르는 태양이 유리창을 통해 서서히 움직이다 마침내 가장자리에까지 다다르면, 감동적인 형상이 나타납니다. 반짝이는 빛 속에 부활하신 그리스도께서 붉고 푸른 옥좌 위에 왕의 모습으로 앉아 계신 형상이 드러납니다. 네 잎 클로버를 떠올리게 하는 붉은 가장자리의 건축물이 그분을 둘러싸고 있습니다. 어두운 배경으로부터 붉은 별들이 반짝이고, 그리고 그리스도의 손에서는 붉은 핏빛 불길의 강이 흘러나옵니다. 이 불길이 옥좌의 발치에 서 있는 사도들 위로 쏟아져 내립니다.

아마도 모든 고딕 양식 중에서 가장 아름다운 이 유리창에서 빛나는 붉은 핏빛 불길은 아버지 하느님과 그리스도께서 영원으로부터 끊임없이 교회에 보내주시는 성령을 상징하고 있습니다. 십자가에서 돌아가시기 전 예수님께서는 "나는 세상에 불을 지르러 왔다. 그 불이 이미 타올랐으면 얼마나 좋으랴?"(루카 12,49) 하고 말씀하셨습니다.

그러나 그리스도께서 성령의 불길을 교회와 세상에 억수같이 쏟아 부으시기 전에 먼저 십자가에서 당신의 피를 쏟으셨습니다. 그분께서는 이 세상의 갈라져 있는 모든 것과 적대하고 있는 모든 것을 당신에게로 끌어들이시고, 당신의 마음에 받아들이시기 위하여, 이 세상에 오셨습니다. 그러나 이것이 문자 그대로 그분의 심장을 부수어버렸습니다. 그분께서는 사람과 사람 사이, 하느님과 사람 사이 한 복판에 서 계셨습니다. 바로 거기에서 마침내 그분의 십자가 또한 세워졌고, 팔을 벌리고 매달렸으며, 로마 군인이 당신의 심장을 창으로 찌르게 하셨습니다. "군사 하나가 창으로 그분의 옆구리를 찔렀다. 그러자 곧 피와 물이 흘러나왔다."(요한 19,34) 하고 요한 복음에서는 증언합니다. 아버지 하느님과 아드님 하느님에게서 나와 성령의 마르지 않는 샘이 되시기 전에, 그리스도께서는 구원하는 사랑의 표지로 당신의 피를 쏟으셨습니다. 부르쥬 시의 성당 유리창에서 그리스도의 축복하는 손에서 나오는 것으로 보이는 붉은 핏빛 불길에서의 한 작은 불꽃이 견진성사에서 그리스도인의 마음에 주어집니다. 견진을 받은 그리스도인은 이 불꽃을 잘 간수해야 합니다.

영과 물

세상에 존재하는 많은 것이 우리에게 성령을 떠올릴 수 있게 합니다. 우리는 이미 성령께서 교회의 첫 성령 강림 대축일에 거센 바람과 불꽃의 형상을 취하셨다는 것에 대해 말했습니다. 물 또한 성령을 나타나는 형상이기도 합니다. 예수님께서 친히 우리에게 그 형상을 주셨는데, 바로 예루살렘의 초막절에서였습니다.

하느님께서 당신 백성을 위하여 행하신 큰일을 기억해야 했던 유다인의 이 축제 이레째 날에 도시의 생명줄인 실로암 샘물에서 황금 그릇으로 물을 길어다가 제단을 일곱 번 돈 다음 성전에 쏟아 부었습니다. 그 물은 하느님께서 지난날 선사하셨고, 그리고 장차 주시리라 희망하는 선물을 상징하였습니다. "너희는 기뻐하며 구원의 샘에서 물을 길으리라."(이사 12,3) 하고 예언자 이사야는 말하였습니다.

요한 복음의 증언에 따르면 그러한 초막절 이레째 날에 예수님께서는 물을 길어다 쏟아 붓는 이 아름다운 의식을 배경으로 생명을 주는 물에 대해 큰 소리로 말씀하셨습니다. "목마른 사람은 다 나에게 와서 마셔라. 나를 믿는 사람은 성경 말씀대로 '그 속에서부터 생수의 강들이 흘러나올 것이다.'" 그리고 복음은 이 흘러나오는 물이 무엇을 뜻하는지 설명합니다. "이는 당신을 믿는 이들이 받게 될 성령을 가리켜 하신 말씀이었다. 예수님께서 영광스럽게 되지 않으셨기 때문에, 성령께서 아직 와 계시지 않았던 것이다."(요한 7,37-39) 물은 생명을 줍니다. 광야에서 살아본 적이 있었던 사람은 이 사실을 가장 잘 압니다. 그렇게 거칠고, 아무런 생명도 없는 듯이 보이는 땅에 비가 한번 내리면, 죽은 듯이 땅 속에 묻혀 있던 씨앗들이 순식간에 싹을 틔웁니다. 광야에 꽃이 핍니다. 숨어 있던 짐승들이 모습을 드러냅니다.

저는 제 집에 갈색과 회색과 초록색이 섞인 눈에 잘 띄지 않는 이끼를 조금 키우는데, 그것의 고향은 거룩한 땅, 팔레스티나의 광야입니다. 이 식물은 사람들의 입에서 전혀 어울리지 않게 "예리코의 장미"라는 이름으로 불립니다. 그런데 이 이끼를 물이 든 통에 넣으면, 몇 분 후에 부풀어 올라 진초록 색깔을 띱니다. 시인 베르너 베르겐그륀Werner Bergengruen (1892-1964)은 바싹 말랐던 식물이 갑자기 이렇게 터질 듯 한 생명으로 부풀어 오르는 변화를 두고 「롬바르디아 비가」라는 제목의 시에서 다음과 같이 감동적으로 묘사하였습니다. "단 몇 방울의 물이면, 그것이 눈물일지라도, 예리코의 새싹은 다시 피어난다."

약간의 물일지라도 생명력을 주거나 늘립니다. 약간의 영, 성령일지라도 사람을 자기 인격의 중심, 마음으로부터 살아나게끔 해 주십니다. 예수님께서는 당신을 예루살렘 성전에서 흘러나오는 이 성령의 샘물로 드러내 보이셨습니다. 그분, 그리스도를 믿는 사람 역시도 그러한 샘물이 됩니다.

우리는 우리 자신을 샘물이 아니라, 구멍이 나 비어있는 빗물 통처럼 느끼곤 합니다. 바로 이때가 성령을 청할 때입니다. 교회의 한 오랜 된 찬미가에서는 성령께 "마른 것 적시소서!" 하고 청합니다.

거센 바람과 산들 바람

성령께서는 부는 바람이자, 움직이는 그 무엇이십니다. 성령께서는 우리가 가지고 붙들려는 그 어떤 것이라기보다, 우리를 사로잡아 당신의 움직임 속에서 데리고 가는 그 어떤 분이십니다. 그러므로 영께서는 성경의 증언에 따르면 바람의 형상으로 나타나곤 하십니다.

바람, 그것은 지붕들을 벗기고, 나무들의 뿌리를 뽑아버리고, 삭은 가지들을 부러뜨리고, 시든 잎들을 날려버리고, 물을 밀어 올려 높은 파도를 일으키는 폭풍일 수 있습니다. 바람은 그러나 더위를 식혀주는 산들 바람이기도 하고, 차분하게 달래주는 부드러운 미풍이기도 합니다.
성령께서는 그러니까 폭풍 같은 열정을 불러일으키는 힘입니다. 성령께서는 마찬가지로 긴 호흡이며, 인내하도록 하는 힘입니다. 젊은이들은 열정과 창조적 동요로서의 성령을 더 바랍니다. 나이든 사람들은 인내를 즐겨 청합니다. 그들은 삶에 있어서 많은 것이 인내 없이 성숙해지지 못한다는 것을 잘 알고 있기 때문입니다. 교회의 첫 성령 강림절에 하느님의 영께서는 거센 바람의 형상으로 예루살렘 첫 공동체 위에 내려오셨습니다. 그 영께서는 시편 29편에서 말하는 그런 힘으로 오셨습니다. "주님의 소리는 장엄도 하여라. 주님의 소리가 향백나무들을 부러뜨리네. … 주님의 소리가 불꽃을 내뿜으며, 주님의 소리가 사막을 뒤흔드네. … 숲들을 벌거숭이로 만드네."

그런데 구약의 위대한 예언자 엘리야는 시나이 산에서 전혀 다른 방식으로 하느님의 현현을 체험하였습니다. 그는 동굴 속에 숨었다가, 하느님의 부르심을 듣고, 하느님을 만나기 위해 동굴 밖으로 나오게 되었습니다. 성경은 이 사건을 열왕기 상권 19장에서 전해주고 있습니다. "바로 그때에 주님께서 지나가시는데, 크고 강한 바람이 산을 할퀴고 주님 앞에 있는 바위를 부수었다. 그러나 주님께서는 바람 가운데에 계시지 않았다. 바람이 지나간 뒤에 지진이 일어났다. 그러나 주님께서는 지진 가운데에도 계시지 않았다. 지진이 지나간 뒤에 불이 일어났다. 그러나 주님께서는 불 속에도 계시지 않았다. 불이 지나간 뒤에 조용하고 부드러운 소리가 들려왔다."(1열왕 19,11-12) 하느님께서는 예언자에게 이처럼 조용하고 부드러운 바람 소리 가운데에서 당신을 드러내셨습니다.

하느님께서는 바로 그런 분이십니다. 가장 강한 폭풍보다 더 강하시고, 조용하고 부드러운 바람 소리보다 더 조용하고 부드러우십니다. 하느님의 성령 또한 그러하십니다. 그분께서는 격정적인 선물도 주시고, 조용한 선물도 주십니다. 성령께서는 썩은 것을 치우실 때에, 인내하지 않는 힘이십니다. 그러나 그분께서는 무언가를 펼치고 치유하실 때에, 인내하는 힘이기도 하십니다.

"임하소서, 성령님, 창조주시여, 돌 같은 우리 맘을 부수어주소서. …" 한편으로 이런 표현과 함께 시인 프란츠 베르펠Franz Werfel(1890-1945)은 자신의 시「임하소서, 창조주 성령님Veni, creator spiritus」에서 창조적으로 활동하시는 성령께 기도하였습니다. 다른 한편으로 중세의 한 찬미가에서는 "당신께서는 불안 속에 안식을 주시고, 더위 속에 서늘함을 불어넣어주시나이다." 하고 부드러운 바람으로서의 하느님의 영을 청합니다. 우리는 긴 삶의 여정에서 둘 다 필요로 합니다. 그리고 둘 다 각기 자신의 때를 가집니다.

정신없는 상황에 맞선 정신

우리가 평온한 날 아침에 신문을 펼치거나 또는 저녁에 텔레비전에서 전하는 국내외 뉴스를 접하게 되면, 대부분의 경우 나쁜 소식들을 특히 전해 듣습니다. 이런 소식들은 저 멀리 큰 세상은 물론 우리 가까이의 작은 세상에서도 정신이 없는 지대가 곳곳에 널려 있고, 점차 확산되는 위험에 처해 있다는 것을 의식하게 합니다. 이런 생각을 하다보면 우리의 지구가 점차 사막화되어간다는 생태학적 진단이 우리 행성의 정신적 환경에도 그대로 적용되는 것이 아닌가 하는 의문이 들게 됩니다.

정신이 없다는 것은 여기서 지성이 모자란다는 것이 아니라, 영성이 부족하다는 것을 말합니다. 이 영성이란 말은 정신, 그리고 또한 성령을 뜻하는 라틴어에서 파생된 개념입니다. 라틴어로는 "스피리투스Spiritus"라 합니다. 가톨릭교회는 수백 년 전부터 역사의 중요한 고비마다 "임하소서, 창조주 성령이시여Veni, Creator Spiritus." 하고 노래해 오고 있습니다. 공의회가 개최될 때에 그러했습니다. 이 말은 "임하소서, 성령님, 저희에게 오소서.""로 번역됩니다. 그러나 그리스도인들은 정신이 없는 절박한 상황에 직면할 때, 특히 성령을 청하는 기도를 드립니다.

그리스도교뿐 아니라 모든 종교를 극단적으로 배격한 사람들 가운데 하나인 칼 마르크스는 종교를 "정신없는 상황의 정신"으로 규정하였으며, 그리하여 종교를 철저하게 평가절하 하려고 하였습니다. 종교는 혹독한 삶을 보다 쉽게 참아 내기 위해 힘없는 사람들이 필요로 하는 아편과 같다고 말하였습니다. 철학자 마르크스의 별은 얼마 전에야 비로소 자신의 빛을 완전히 상실하였습니다. 그러나 그리스도교는 많은 나라들에서 마르크스주의에 의해 박해를 받는 와중에 정화되고 강화되었습니다. 어제까지만 하더라도 박해로 고통 받았지만, 그것에 굴복하지 않았던 그리스도인들은 마르크스가 위에서 한 말을 뒤바꾸어 "종교는 정신이 없는 상황에 맞선 정신이다." 라고 말해도 좋을 것입니다. 그리고 이 정신이 더 강하다는 것을 다시 한 번 입증하였습니다.

우리는 자주 "내가 정신이 없다." 하고 말합니다. 우리는 우리 자신을 돌같이 무겁게 아니면 말라버린 빗물 통같이 텅 빈 것처럼 느낄 때, 이렇게 말합니다. 그렇게 말하는 사람은 동시에 다음과 같이 묻게 됩니다. "정신이 어디에 있는가?" 그리고 그가 만일 신심이 강한 그리스도인이라면, 중력에 맞서는 날개를 달아주며, 굽은 것을 곧게 만들어 줄 수 있고, 죽은 이를 깨워 일으키며 그리고 우리 모두를 순식간에 변화시킬 수 있는 영, 곧 성령을 청하기 시작할 것입니다.

아버지의 영 – 아드님의 영

성령에 관한 말 모두는 곧 바로 또한 아버지이신 하느님과 하느님의 아드님이신 예수 그리스도에 관한 말이 됩니다. 이스라엘의 신앙을 나타내는 가장 짧은 양식은 "주 우리 하느님은 한 분이신 주님이시다."(신명 6,4)입니다. 그들 주변의 모든 다신교에 맞서 구약의 백성들은 확고하게 이 기본 진리를 간직하였습니다. 이 진리는 신약에 와서도 유효합니다. 그리스도교의 신앙고백문은 그러므로 "한 분이신 하느님을 저는 믿나이다."로 시작합니다. 그러나 동시에 그리스도교 신앙은 이 한 분이신 하느님께서 삼위일체이신 하느님, 곧 세 위격 안에 한 분 하느님이시라는 것을 고백합니다. 하느님께서는 홀로 존재하는 분이 아니십니다. 그분께서는 아버지, 아드님, 성령으로서 친교를 나누는 일치이십니다. 비유적으로 표현하면, 하느님께서는 이 세 위격들 사이에서 끊임없이 나누는 사랑의 대화, 곧 영원으로부터 시간을 초월하여 나누는 대화이십니다. 이 신앙 진리는 하느님의 영원하신 아드님께서 나자렛 예수님 안에서 사람이 되시기 전까지 감추어져 있었습니다. 믿음 가운데 사람이 되신 하느님으로 모습을 드러내신 이 사람 예수님께서는 당신을 철저하게 이스라엘이 주님이라 불렀고, 당신께서 "아버지, 사랑하는 아버지"라 부르신 분의 아드님으로 계시하셨습니다.

예수님께서는 사람들에게 하느님을 아버지라 부르도록 하셨을 뿐만 아니라, 그들에게 주님의 기도에 담긴 일곱 가지 청원으로 그분께 말을 건네도록 가르치셨습니다. 그분께서는 하느님의 영에 관해서도 새로운 것을 계시하셨습니다. 구약성경은 영에 대해 많은 것을 말하고 있습니다. 그 영께서는 창조의 한처음에 아직 어둠이 심연을 덮고 있을 때 그 물 위를 감돌고, 예언자들을 강하게 해 주십니다. 그리고 환시 중에 예언자 에제키엘은 그를 불러내신 주님의 영의 힘을 통하여 마른 뼈들로 넓은 계곡을 덮고 있던 이스라엘의 수많은 죽은 이들이 어떻게 새롭게 살아나게 되는지 봅니다.

신약에서 이 영께서는 예수 그리스도의 수난과 죽음과 부활의 열매로서 교회 안에 부어진 힘으로 드러나게 됩니다. 아버지 하느님께서는 먼저 당신 아드님을 세상에 보내시어, 자기 스스로 담을 쌓고 사는 세상을 사랑에서 우러난 그분의 수난으로 부수어 여십니다. 예수님께서는 아버지가 계신 곳으로 돌아가십니다. 이것이 그리스도의 부활이고 승천입니다. 그다음 아버지께서는 영을 세상에 보내십니다. 이것이 성령 강림입니다. 요한 복음이 전하는 고별사에서 예수님께서는 슬퍼하는 제자들에게 말씀하십니다. "내가 떠나는 것이 너희에게 이롭다. 내가 떠나지 않으면 보호자께서 너희에게 오지 않으신다. 그러나 내가 가면 그분을 너희에게 보내겠다. 보호자께서 오시면 죄와 의로움과 심판에 관한 세상의 그릇된 생각을 밝히실 것이다. 그들이 죄에 관하여 잘못 생각하는 것은 나를 믿지 않기 때문이고, 그들이 의로움에 관하여 잘못 생각하는 것은 내가 아버지께 가고 너희가 더 이상 나를 보지 못하게 될 것이기 때문이며, 그들이 심판에 관하여 잘못 생각하는 것은 이 세상의 우두머리가 이미 심판을 받았기 때문이다."(요한 16,7-11)

초대 교회의 교부들 중 한 분은 하느님의 아드님과 성령을 아버지 하느님의 양 손이라 하였습니다. 이 "양손"으로 아버지 하느님께서는 세상들과 그들의 세상을 당신 안의 신적 삶으로 이끌어 들이고자 하십니다. 교회는 그 일을 위한 하느님의 도구입니다.

마리아, 영이 가득한 이

저는 아테네에서 온 한 노신사가 제게 자신의 딸을 잘 돌봐 줄 것을 청하면서, 자기 딸에 대해 들려준 말을 쉽게 잊을 수 없습니다. 당시 저는 대학생 사목을 담당했던 신부였습니다. 그 노인은 자기 딸은 "하느님의 예술품"이고, 자기 딸이 자기 아이라는 사실에 상관없이 그녀의 삶이 제대로 펼쳐질 수 있도록 최선을 다할 거라고 말했습니다.

우리가 믿음 안에서 하느님의 어머니로 고백하는 예수 그리스도의 어머니 역시 하느님의 작품입니다. 칼케돈 공의회에서 교의로 확정한 대로, 예수님께서는 참 사람인 동시에 참 하느님이시기 때문입니다. 사람이 창조의 정점으로 구상되었기 때문에 그리고 그래서 하느님께서 가장 철저한 자기 전달로 한 사람과 함께 하신 창조에서 하느님이시며 사람으로 결합하셨기 때문에, 하느님께서 사람이 되셨다면, 이 사람되심의 뿌리, 말하자면 하느님이시며 사람이신 분의 어머니께서는 이미 온전히 흠 없고 거룩한 분이 되셔야 한다는 것이 이 구원 계획의 귀결 속에 놓여 있습니다. 마리아를 바라보면서 교회는 이 구원 계획이 그렇게 이루어졌다고 고백합니다. 마리아께서는 하느님의 아드님의 사람되심과 함께 시작되었으며 그리고 그분의 수난과 죽음과 부활 안에서 완성된 새 창조의 시작이십니다. 그분께서는 원죄 이래 세대에서 세대로 이어지며 인류에게 파괴적으로 작용하고 있는 죄의 대물림에서 제외되었습니다. 마리아께서는 하느님께서 생각하고 마침내 실현하셨던 인류의 모범이십니다. 동시에 그분께서는 교회의 모범이십니다.

예술품은 이 말의 통상적인 의미로 그 형상에 있어서 오직 그것을 빚는 사람, 곧 예술가에게 달려 있습니다. 비록 소재가 이 장인에게 어떤 한계를 지우기는 해도 그렇습니다. 그러나 마리아께서는 당신의 자유를 상실하지 않은, 그러한 하느님의 "예술품"입니다. 그분께서는 당신과 인류에게 행하시려는 하느님의 계획에 자유로이 당신의 예라는 말씀으로, 말하자면 우리의 모든 언어에서 가장 소박하면서도 동시에 가장 중요한 말씀으로 응답하셨습니다.

"은총이 가득한 이여, 기뻐하여라. 주님께서 너와 함께 계시다." 하고 루카 복음에서 천사 가브리엘이 마리아에게 말합니다. 교회는 이 인사말을 한 기도문에 담았고, 묵주기도를 드리면서 수없이 반복함으로써, 그리스도와 그분의 어머니의 신비 주변을 맴도는 기도하는 이가 언제나 더 깊숙이 이 신비 속으로 빠져들 수 있게 하였습니다. 은총이 가득하다는 것은 온통 성령에 사로잡혀 있다는 것을 의미합니다. 마리아께서는 성령 강림절의 사람이었습니다. 교회의 첫 성령 강림절에 성령께서 사도들 위에 그리고 다시금 그분 위에 내리시기 전부터 그러하셨습니다. 견진성사를 받고 살아간다는 것은 자기 자신의 삶을 위한 하느님의 계획에 예하고 응답하는 것을 마리아에게서 배운다는 것을 뜻합니다. 예라는 응답, 그 응답은 해를 거듭하면서 성숙해 질 것입니다.

영과 교회

교회의 시작에 성령 강림절이 있었습니다. 성령께서는 예루살렘에서 예수 그리스도의 부활을 증언하는 작은 무리를 열정의 둥지로 그리고 마침내 땅 위에 급속히 번져가며 그 이후 결코 꺼진 적이 없는 불길로 변화시키셨습니다.

성령께서는 영혼이 몸을 하나로 결속시키듯, 교회를 하나로 결속시키십니다. 그렇습니다. 성령께서는 교회의 영혼이라고 말할 수 있을 것입니다. 교회가 결코 전적으로 이 영에게서 버림을 받게 되지 않는다는, 그리고 교회에서 결코 "영이 떠나지 않는다."는 확신을 교회는 예수 그리스도에게서 얻습니다. 교회 또한 많은 부분에서 빈번히 지치게 되고, 하느님의 영이 흘러나오는 원천을 외면하는 위험에 빠지게 되기도 합니다. 성경에서 하나의 몸에 비교 되기도 하는 교회 안에서 일어나는 그러한 혈액순환

장애들에는 언제나 변화된 모습으로 새롭게 살아가도록 밀어붙이는 강한 힘이 뒤따릅니다. 교회는 늙었습니다. 교회는 유럽 내의 거의 모든 다른 공동체보다 더 늙었습니다. 그러나 교회는 젊습니다. 성령께서 교회를 늘 젊게 만들어 주시기 때문입니다.

시골 본당들을 방문하면서 저는 자주 마을의 아주 오래된 보리수나무 아래에서 영접을 받았는데, 그러면 미사 강론 중에 이렇게 말하곤 하였습니다. 우리나라의 교회는 이런 보리수나무에 비교될 수도 있습니다. 깊이 내린 뿌리와 넓게 펼친 가지와 여기저기 골이 패인 둥치로 늙은 나무입니다. 겨울철에 이 나무 곁을 지나치는 사람은 나무에 깊이 패인 골만을 볼뿐, 이 나무에서 생명의 기미를 전혀 느끼지 못할 것입니다. 하지만 봄철에 다시 온 사람은 그 보리수에 수천의 잎이 나 있는 것을 봅니다. 그 사람은 비록 많은 가지들이 말라 죽었지만, 뿌리가 여전히 든든하게 받치고 서서 나무를 자라게 한다는 것을 알게 됩니다.

성령께서는 교회의 생명 원리입니다. 그분께서는 그리스도인들에게 세상을 밝히고 따뜻하게 해 주는 폭풍 같은 그리고 또한 부드러운 은사들을 가득 내려주십니다. 그러므로 "어디에 영이 있는가?"라는 물음에 언제나 어느 시대나 다음과 같이 대답할 수 있게 됩니다. 성령께서는 교회의 전유물이 아니라할지라도, 예수 그리스도의 신비체인 교회 안에서 집약적으로 현존하며 활동하신다는 것입니다. 견진성사를 받은 그리스도인 모두는 이러한 말씀의 진리를 자신의 삶을 통하여 증언하도록 부르심을 받고 있습니다.

무지개처럼 다채로움 – 성령의 은사들

우리가 알면서도 종종 전혀 의식하지 않는 낮의 순수한 밝은 빛은 프리즘을 통과하면서 다채로운 무지개로 변화될 때, 우리를 놀라게 합니다. 이것은 하느님의 영과 그분의 선물에 대한 비유입니다. 한분이신 영께서는 한 눈에 알아볼 수 없을 만큼 다양하고 수많은 영의 은사들로 옮겨집니다.

이 수많은 은사들로부터 일곱 가지가 특별히 강조됩니다. 견진성사를 집전하면서 주교는 견진을 받는 이들 위에 두 손을 펴들고, 다음과 같이 기도합니다. "이 교우들에게 빠라끌리또 성령을 보내 주시고, 지혜와 깨달음의 성령과, 의견과 굳셈의 성령과, 지식과 효성의 성령을 보내주시며, 주님을 두려워하는 경외심의 성령을 보내 주소서."

여기서 청하는 일곱 가지 은사 중 여섯 가지는 맨 처음 장차 주어질 이스라엘의 왕에 대한 이사야 예언에서 약속되었습니다(이사 11,2). 나중에 이 은사들은 그것을 충만하게 지니게 될 메시아와 연결되었습니다. 교회는 이 약속이 예수 그리스도 안에서 실현되었다고 봅니다. 그분께서는 예전의 모든 갈망을 마치 하나의 초점에 모아들이는 메시아이십니다.
히브리어 이사야 본문을 그리스어로 옮기면서 하느님을 두려워하는 은사는 주님에 대한 경외심과 두려움으로 나뉘어졌습니다. 그렇게 해서 견진성사가 집전되는 동안 일곱 가지 은사들을 청원하게 되었습니다. 일곱이란 수는 성경의 시각에서 그리고 그것을 넘어 완전함과 충만함 그리고 완성을 의미하는 표지입니다. 몇 가지 사례들이 이러한 사실을 분명히 해 주는데, 태양과 달을 포함한 행성들의 수이고, 창조를 끝낸 다음의 안식일을 포함한 창조의 날들의 수이고, 예수님께서 굶주린 백성의 한 무리를 먹이셨던 빵들의 수이고, 주님의 기도 속에 담긴 청원들의 수이고,

덕들과 자비로운 행위들과 죽을 죄들의 수이고, 성사들의 수이며 그리고 성령께서 베풀어주시는 은사들의 수이기도 합니다.

견진성사에서 모든 그리스도인을 위하여 청원되는 그리고 소위 "통상적인" 이 일곱 가지 은사들 외에 우리가 카리스마라고 부르는 영께서 베풀어주시는 비통상적인 은사들도 넘칩니다. 이 은사들에 대해서는 다음에 언급해야 할 것입니다. 일곱이란 수는 그러니까 교회 안에 그리고 교회를 둘러싸고 있는 세상 안에 성령께서 파견되실 때 다채로운 광채로 쏟아지는 다양성을 상징적으로 나타내는 괄호입니다. 그러긴 해도 이제 이 일곱 가지 은사들 각각에 대해 간략하게 성찰해 보아야 되겠습니다.

의견의 은사

어찌할 바를 모른다는 것은 길이 없다는 말입니다. 우리의 삶은 하나의 길입니다. 그 길은 원래부터 잘 아는 길이 아니라, 막다른 골목이나 땅에 깔린 안개 속에서 잃어버릴 위험이 있는 길입니다. 조언자는 길 안내자입니다. 그러한 조언자들은 지금 살고 있으면서 우리에게 물리적으로 가까이 있는 사람들일 수 있습니다. 또한 그들은 그들의 지혜를 우리에게 그들이 쓴 책들을 통하여 전해주는 죽은 이들일 수도 있습니다.

그러나 그 모두를 넘어서 우리를 밖에서보다 안에서 깨우쳐주시는 신적 조언자 한 분이 계십니다. 그분께서는 성령이십니다. 사람들은 그분을 내적 스승, 영혼의 손님, 조력자 그리고 위로자라 부릅니다. 일상의 많은 소음들 속에서 그분의 음성은 너무나 조용하여 쉽게 흘려들을 수 있습니다. 영께서 우리 영혼의 깊은 곳에서 우리에게 말씀하시는 것을 듣기 위하여, 규칙적으로 이러한 소음에서 벗어나 침묵 속으로 들어가는데 익숙해져야 합니다. 이른 아침 혹은 늦은 저녁은 그러한 침묵 가운데 성령께서 들려주시는 말씀에 귀를 기울이는데 좋은 시간일 수 있습니다. 그분께서는 우리에게 진리와 거짓을 구별하는 법을 가르쳐주십니다. 그분께서는 우리가 주님의 기도에서 하늘에서와 같이 땅에서도 이루어지기를 청하는 하느님의 뜻을 깨닫도록 우리를 도와주십니다.

그분께서는 눈먼 신탁의 소리가 아니라, 우리가 그분과 마주하며 함께 대화를 나눌 수 있는 친구이십니다.

굳셈의 은사

로마의 베드로 광장에서 개최되었던 세계청년대회에 모였던 수십만 명의 청년들 앞에서 교황은 자기 옆에 앉아 있던 마더 데레사를 가리키며, "이분을 보십시오! 이분은 모든 이들보다 젊습니다." 하고 말했습니다. 그것은 농담 이상의 말씀이었습니다. 주름진 얼굴을 한 늙은 여인은 영적으로 정말 아주 젊었고, 많은 젊은이들에게서 찾아볼 수 없는 영과 의지의 굳셈을 지니고 있었습니다. 이 힘이 바로 성령의 은사입니다.

견진이란 말은 라틴어에서 유래하는데 굳세게 하다는 의미를 담고 있습니다. 견진성사에서 중요하게 여기는 굳셈은 육상선수의 힘도 근육의 힘도 아니고, 심장에서 흘러나오는 힘입니다. 여기서 심장은 신체기관이 아니라, 인격의 중심이요 깊이를 말합니다.

신체적으로 허약한 사람들이 정신적으로 영적으로 특별히 강한 경우가 가끔 있습니다. 사도 바오로가 그러했습니다. 자주 신체적으로 거의 탈진되었을 때, 그는 그로 하여금 놀랍게도 "내가 약할 때에 오히려 강하기 때문입니다."(2코린 12,10) 하고 뒤집어 말하도록 하는 내적 힘을 감지하였습니다.

오늘날에도 교회 안에는 허약한 신체조건에도 불구하고 믿을 수 없으리만치 많은 일을 하는 사람들이 있습니다. 그들이 보여주는 굳셈은 세상을 창조하시고 그리고 그것이 현존하도록 보존하시는 하느님의 힘에 참여하는 것입니다. 또한 하느님의 아드님께서 사람이 되시고, 겉으로 보기에 무력하게 십자가에 못 박혀 돌아가셨지만, 세상을 자기 폐쇄로부터 스스로 부수고 나와 구원받도록 작용하는 그 힘에 참여하는 것입니다. 이 힘이 바로 사랑입니다. 사랑은 죽음보다 강합니다.

지혜의 은사

지혜는 종종 인생의 오후나 저녁 무렵에 무르익는 영의 은사입니다. 그러나 지혜를 소유하기 위해 반드시 백발노인이어야 하지는 않습니다.

그렇기 때문에 많은 것을 알고 그리고 많은 일을 할 수 있는 사람이라고 해서 반드시 지혜로울 필요는 없습니다. 많은 지성인들이 세상과 삶 전체에 대하여 그리고 그 의미에 대하여 놀랄 정도로 눈이 멀어 있고, 그래서 지혜로운 것과는 정반대로 처신하기도 합니다.

지혜로운 사람은 맑은 시선으로 표면적인 것들을 뚫고 들어가 사물과 사람의 "마음"을 볼 수 있는 사람입니다. 그런데 이러한 시선은 순수한 마음을 가진 사람에게만 주어집니다. 지혜롭다는 것은 세상을 이른바 하느님의 눈으로, 거짓된 자기애와 이기심을 통해 흐려지지 않은 시선으로 바라보는 능력을 가지고 있다는 것을 의미합니다. 따라서 지혜는 사랑과 더불어 자라납니다. 우리는 가장 위대한 사랑이 있는 곳에서, 그리스도께서 사랑으로 당신 생명을 쏟아내시고, 그렇게 해서 사람들이 충만한 생명을 누리도록 하신 곳인 바로 십자가에서 가장 위대한 지혜를 찾을 수 있습니다.

지혜는 보다 큰 것, 보다 포괄적인 것을 위해 항상 열려 있는 태도입니다. 그것은 영원한 목적지를 향해 길을 떠나는 순례자의 태도입니다. 그것은 탐욕과 조급함에서 해방시키며, 평정심을 선사합니다. 지혜로운 사람은 자신 안에 평화를 간직하고, 주위를 평화롭게 만듭니다. 그는 평화의 섬입니다. 그에게 많은 이들이 몰려들어 그의 곁에 머물고자 합니다. 그들이 여기에서 다른 어떤 곳보다 편히 숨을 쉴 수 있기 때문입니다.

지혜는 솔로몬 왕에게 있어서 금보다 더 중요했습니다. 대개의 가톨릭 신자들이 견진성사를 받는 젊은 나이부터 지혜를 청하기 위해 기도하는 것은 바람직합니다.

깨달음의 은사

깨달음과 지식과 지혜, 이 세 가지 성령의 은사는 쉽게 서로 구분이 안 됩니다. 역사적으로도 이 은사들의 이름은 여러 차례 의미의 변화를 겪었습니다.

성령의 은사로서 깨달음은 칼날같이 날카로운 사고가 아닙니다. 그 사고는 예를 들어 과학과 기술의 진보에 없어서는 안 되지만, 그 달성된 결과 우리로 하여금 보다 인간적이 되도록 도움을 준다고 보장할 수 없습니다. 여기서 말하는 깨달음은 이해와 관련이 있습니다. 여기에 덧붙여 중요한 것은 "너는 이것과 저것을 이해하느냐?"는 사물과 관련된 물음이 아니라, "너는 나를 이해하느냐?"는 사람에게서 나와 사람을 향한 물음입니다. 다른 사람을 이해하는 것은 인정과 분명한 호의를 전제로 합니다. 안다는 것은 인정한다는 것을 요구합니다. 이러한 인정과 이해는 사랑 안에서 완성됩니다. 사랑은 알기에 더 이상 물을 필요가 없습니다.

요한 복음의 증언에 따르면 "그날에는 너희가 나에게 아무 것도 묻지 않을 것이다."(요한 16,23) 하고 예수님께서는 돌아가시기 직전에 제자들에게 말씀하셨습니다. 그분께서는 그렇게 사람과 하느님 사이에서의, 사람과 사람 사이에서의, 하느님의 피조물인 사람과 세상 사이에서의 최종적인 이해관계를 생각하셨습니다. 그것을 우리는 주님의 기도 두 번째 청원 "아버지의 나라가 오시며"에서 엿볼 수 있습니다.

지식의 은사

사람들은 지식이라는 성령의 은사를 오랫동안 "과학"이라고 불러왔습니다. 그러나 이 은사는 우리가 오늘날 과학이라는 개념으로 이해하는 것과는 거의 관계가 없습니다. 성령께서 견진을 받는 사람에게 주고자 하시는 "지식"에서 중요한 것은 특히 선과 악에 대한 앎, 그리고 이 둘을 분별하는 힘이 되는 밝은 통찰력입니다.

분별의 원리와 그리고 거기에 따르는 결단의 원리는 인생의 양념에 속합니다. 이 원리들이 없는 그리고 거기에 따르는 귀결들이 없는 삶이 참 무미건조할 겁니다. 선택한다는 것은 상품을 진열해 놓은 대형 마트나, 온갖 음식을 장만해 놓은 먹거리 시장에서 신중하게 물건을 고르는 것에 있지 않습니다. 선택한다는 것은 인간임을 향상시키는 것과 이 인간임을 감소시키는 것 사이에서, 선과 악 사이에서 진지하게 결단을 내리는 것입니다.

그리스도교 신앙은 이러한 분별들과 선택들을 하느님과 악 사이에서 진지하게 결단을 내리도록 합니다. 예수님께서는 "아무도 두 주인을 (동시에) 섬길 수 없다. … 너희는 하느님과 재물을 함께 섬길 수 없다."(마태 6,24) 하고 복음에서 말씀하십니다.

효성의 은사

"하느님께서 여기 계신다." 이것은 신심 깊은 사람의 기본자세입니다. 하느님께서는 마치 긴 침묵 끝에 비로소 말을 들을 수 있게 되는 밝은 구름이나 또는 번개가 치는 것처럼 제 위에 계십니다. 하느님께서는 제 안에 계십니다. 그분의 영께서는 제 안에 거처하시며, 제 마음 깊은 곳에서 저에게 말씀하십니다. 하느님께서는 또한 여기 당신께 머물 곳을 내어드리는 다른 사람들 안에도 계십니다. 그리고 마침내 하느님께서는 저와 다른 사람들 사이에서도 살아 계십니다. 그분께서는 우리를 친교로 한데 묶으시려고 하십니다. 우리는 교회이어야 합니다.

효성에는 많은 유형과 특징들이 있습니다. 그것을 감명 깊게 확인해 보기 위해서라면, 교회의 성인들을 살펴볼 필요가 있습니다. 거기에 모든 열정이 대표적으로 드러나고 있습니다. 많은 성인들이 종교적 절정의 체험들과 일상에서 신비적 탈혼 상태를 겪었습니다. 사도 바오로는 그의 서간에서(2코린 12,2-4) 그가 신비적 탈혼 상태에서 하늘로 높이 들어 올려진 일을 들려주고 있습니다.

그러나 효성은 열심히 종교적으로 비범한 것을 찾지 않고, 특히 평범하지 않은 신뢰 속에서 일상에서 주어진 일을 실천하는 평범한 것을 지향합니다. 많은 영적 스승들이 말했던 것처럼, 효성에서 중요한 것은 하느님을 모든 것들 안에서 찾는 것입니다.

효성이란 하느님의 현존 안에서 살아가는 것을 말합니다. 많은 삶의 무게에도 불구하고 그 삶이 하느님의 선물임을 아는 것입니다. 여기에서부터 감사라는 의미를 가진 성찬례의 거행 안으로 흘러들어가는 기쁨과 감사하는 마음이 자라나게 됩니다.

두려움의 은사

예언자 이사야는 환시 중에 하느님의 영광을 극심한 충격으로 체험하였습니다. 하느님의 광채를 접하면서 예언자는 자기 자신의 유한함과 죄를 고통스럽게 의식하게 되었습니다. 입술이 더러운 백성 가운데 살면서 "입술이 더러운 사람"으로서 그는 완전히 순수함과 거룩함과의 만남으로 살아남을 수 없다고 믿었습니다(이사 6,5). 그러나 한 천사가 하느님에 의한 정화의 표지로 타는 숯을 예언자의 입에 갖다 대었습니다.

하느님의 거룩하심은 사람들에게 이중의 방식으로 체험됩니다. 그분의 거룩하심은 한편으로 마음을 끌며 행복하게 합니다. 다른 한편으로 그 거룩하심의 빛은 불순한 것을 태워버리는 고통스러운 불길입니다.

우리는 자주 "사랑하는 하느님"에 관해 말하곤 합니다. 이 표현 방식은 하느님께서 사랑이시므로 타당성을 가집니다. 하느님의 아드님이신 예수님께서는 우리에게 이 진리를 결정적으로 계시하셨습니다. 그러나 사랑하는 하느님에 관해 말하는 것이 위대하신 하느님을 이웃 아저씨처럼 대수롭지 않게 왜곡된 모습 뒤로 가리려 해서는 안 될 것입니다. "우리 하느님은 다 태워 버리는 불이십니다."(히브 12,29) 라는 말씀은 신약성경에서도 여전히 유효합니다.

물론 하느님에 관한 가장 적절한 말은 두려움을 불러일으키는 그분의 영광이 아니라, 아버지와 같은 그분의 사랑입니다. 그분께 우리는 "우리 아버지" 하고 말해야 한다고, 예수님께서는 우리에게 가르쳐주셨습니다. 그리고 예수님께서는 그것을 넘어 그분께 "아빠abba" 라고 말씀하셨습니다. 이 아빠라는 말은 그 넘치는 다정다감함을 다른 말로 옮기기 힘든 호칭인데, 대략 "사랑하는 아버지"라는 뜻을 담고 있습니다.

"사랑에는 두려움이 없습니다."(1요한 4,18) 하고 요한의 첫째 서간에서는 말합니다. 성령의 일곱 가지 은사 중 하나로서 하느님께 대한 두려움은 하느님에 대한 사랑으로 완성됩니다.

그리스도인의 매력 – 은사들

어렵지 않게 다른 사람들을 이어주는 다리를 놓고, 사람들을 이롭게 하는 분위기를 만들어 낼 수 있는 사람들을 두고 프랑스 말로 매력적charmant이란 단어를 씁니다. 이 프랑스 말 매력Charme이나 매력적 charmant은 카리스마Charisma라는 말을 연상시킵니다. 복수로 카리스멘 Charismen라고도 하는 이 말은 그리스 말 카리스Charis에서 파생된 것입니다. 이 말은 "기쁘게 하는 것" 또는 "은총"을 뜻합니다.

카리스마(은사)는 그리스도인 모두에게 똑같은 방식으로 선사되지 않는 하느님의 특별한 선물입니다. 견진성사를 거행하면서 청하게 되는 성령의 일곱 가지 선물이 그리스도인 모두에게 기본적인 영적 지참금으로 주어지고 있는 데에 비하여, 카리스마들은 각자에게 다르게 나뉘어 주어지고 있습니다. 사실 모든 그리스도인이 이러한 카리스마들을 받을 수 있지만, 그러나 아무도 그 모든 것을 다 가질 수 없습니다. 이 카리스마들은 서로에 대한 경쟁 관계에 있지 않고, 서로를 보완하며 강화하는 것이어야 합니다. 이 카리스마들은 전체를 통틀어 거대하고 다채롭기 그지없는 꽃다발에 비길 수 있습니다.

사도 바오로의 서간들 속에서 우리는 많은 카리스마들이 언급되고 있고, 종종 연송 호칭기도의 형식으로 나열되고 있음을 찾아볼 수 있습니다. 그렇게 코린토 신자들에게 보낸 첫째 서간 12,1-11에서는 병을 고치는 은사, 기적을 일으키는 은사, 예언을 하는 은사, 영들을 식별하는 은사, 신령한 언어를 말하고 그리고 해석하는 은사가 열거되고 있습니다. 이렇게 열거된 것이 전부가 아닙니다. 실제로 카리스마들은 언어로 표현할 수 있는 것보다 훨씬 더 풍요롭고, 훨씬 더 다채롭습니다.

서로 함께 그리고 서로 안에서 이 모든 카리스마는 그리스도인들 각자뿐만 아니라, 온 교회를 "매력적"이 되도록 해 줍니다. 교회에는 카리스마들이 넘치도록 풍성하게 주어져 있기 때문입니다. 교회 안팎의 많은 사람들이 다른 면들보다 교회의 얼굴에서 주름지거나 일그러진 모습만을 보려 합니다. 실제로 교회는 어느 시대나 많은 실수들을 저질렀고, 앞으로도 그렇게 될 수 있을 것입니다. 왜냐하면 하느님께서는 죄인들이 회개하기를 바라는 뜻으로 그들 또한 부르시기 때문입니다. 1988년 8만 명의 젊은이들이 비엔나 운동장에서 교황과 만났을 때, 한 젊은 여성 그리스도인이 "교회는 결점을 가지고 있습니다. 그래서 교회는 나에게 자리를 마련해 주었습니다. 나도 결점을 가지고 있기 때문입니다." 하고 기쁜 마음으로 자신을 비판하며 말했습니다. 그렇지만 또한 교회는 어느 시대에나 아름답고 매력적입니다. 교회 안에는 마데 데레사와 같은 독보적인 훌륭한 여성 그리스도인이 있는가 하면, 내면으로부터 환하게 빛을 내며 그래서 굳이 화장하지 않고도 아름다운 젊은 남녀들과 같은 수많은 나이든 이들도 있습니다.

그리스도인 모두는 자기에게 맡겨진 카리스마들을 펼치고, 동료 그리스도인들과 그리고 이웃 사람들의 카리스마들을 펼치게 할 책임이 있습니다. 사도 바오로가 자신이 쓴 최초의 서간 말미에 "성령의 불을 끄지 마십시오."(1테살 5,19) 라고 한 특별한 당부는 모든 이에게 해당됩니다.

견진을 살다

제2차 바티칸공의회 이후 전례에서 모국어의 사용이 허용되기 전, 미사 성제는 라틴말 "이떼 미사 에스트Ite missa est"로 마쳤습니다. 이 말은 "가십시오, 여러분은 파견되었습니다!"라는 의미로 번역됩니다. 미사와 전례 밖에서의 삶은 긴밀하게 결합되어야지, 서로 어긋나지 말아야 할 것입니다. 미사는 미사가 주는 선물을 받을 준비가 되어 있는 사람에게 일상에서 신심 깊은 그리스도인으로 살아가도록 힘을 실어 줍니다. 마찬가지로 다른 성사들에 그리고 그렇게 견진성사에도 해당됩니다. 이 견진성사는 특히 유아 세례를 받은 이들에게 의식 있는 그리스도인으로 살아가는 출발이 되어야 할 것입니다.

우리가 일상에서 흔히 쓰는 말들 중에 "견고하다firm sein"라는 상투어가 통용되고 있습니다. 견고한 그리고 견진이라는 말들은 라틴어에서 유래하며, 확고히 하다나 굳건하게 하다 내지 확고함이나 굳셈이라는 의미를 담고 있습니다. 이 굳셈이란 말은 그리스도교적 삶에서 기본적으로 실천해야 하는 모든 것에 해당됩니다. 이 기본 행실들 가운데 다음과 같은 몇 가지는 간단명료하게 숙지하고 실천되어야 할 것들입니다. 기도, 전례, 신앙의 전달, 그리고 이 기본 행실들 가운데 어떤 것이 손상되었을 때 돌아서서 회개하려는 준비와 참여.

기도

기도는 하느님과 나누는 대화입니다. 사람들 사이의 모든 관계는 대화가 중단되면 죽습니다. 하느님과 사람 사이의 관계도 사람이 하느님과 대화하기를 중단하면 소멸합니다.

하느님께서는 성삼위이십니다. 그분 안에는 성령 안에서 성자와 함께 나누는 성부의 대화가 끊임없이 지속되고 있습니다. 사람이 기도하면, 이 성삼위 하느님의 대화 속으로 들어갑니다. 이는 사도 바오로가 "우리는 올바른 방식으로 기도할 줄 모르지만, 성령께서 몸소 말로 다할 수 없이 탄식하시며 우리를 대신하여 간구해 주십니다."(로마 8,26) 하고 말한 데서 잘 드러납니다. 사람의 마음 깊은 곳에서 하느님의 영께서는 몸소 아버지이신 하느님과 아드님과 함께 말씀을 나누십니다. 이렇게 대화를 나누시는 가운데 사람은 성령께서 자신을 대신하여 말씀해 주시도록 해야 할 뿐만 아니라, 스스로도 말해야 합니다. 말하자면 기도해야 합니다.

기도에는 많은 형태가 있습니다. 먼저 청원 기도가 있습니다. 사람은 뭔가 "부족한 존재"이고, 연약한 피조물이며, 다른 사람들의, 특히 하느님의 도움을 필요로 하기 때문입니다. 그래서 예수님께서는 제자들이 당신께 기도하는 것을 가르쳐달라고 청했을 때, 그들에게 주님의 기도에서의 일곱 가지 청원을 신앙의 동반자로 주어 보내셨습니다. 그리고 기도는 청원에 그치지 않고, 감사와 찬양으로 자라나기도 합니다. 인간적인 약점이 하느님과 사람들에게 마땅히 감사해야 하는데도 불구하고 그러지 않게 만듭니다. 예수님께서도 당신께서 치유해 준 열 명의 나병환자들 가운데 한 사람만이 돌아와 감사를 드렸을 때 실망하셨습니다(루카 17,11-19).

기도의 완성은 흘러넘치는 찬양 속에 생깁니다. 하느님을 찬양하는 사람은 그분께 뭔가를 바라거나 또는 얻었기 때문이 아니라, 자기 스스로 그분을 찬양합니다. 청원과 감사 그리고 찬양은 기도 속에서 내적으로 서로 연결됩니다. 불완전한 인간은 짧은 순간에만 하느님을 찬양하는 가운데 자신을 잊을 수 있습니다. 그가 살아 있는 동안, 그는 항상 무언가를 위해 분투해야 하고, 그리고 또한 무언가를 위해 청해야만 합니다. 그러나 찬양은 사람과 사람 사이에서처럼, 하느님과 사람 사이에서 관계의 완성입니다. 그것은 언제나 새로운 말들에서 '당신께서 여기 계시니 참 좋습니다.' 라는 한 가지 사실만을 말합니다.

기도는 종종 하느님과 함께 사람이 나누는 둘만의 고독한 대화입니다. 그래서 특히 한 밤중이나 이른 아침 시간에 기도합니다.

홀로 기도하는 이는 대개 다른 사람들이 만들어 놓은 기존의 기도문들을 사용합니다. 많은 그리스도인들은 그들에게 몇 몇 특별히 소중한 기도문들을 외우도록 배웠습니다. 무엇보다도 시편 기도들이 그렇습니다. 원래 모든 그리스도인은 자신의 기억 속에 그 기도의 보화를 지녀야 했습니다. 묵주기도 또한 그렇습니다. 이 기도는 많은 가톨릭 신자들이 날마다 드리는 하나의 축복받은 기도 방식입니다. 그러나 그 것을 넘어서 기도는 하느님과 자유롭게 나누는 대화가 되어야 하고, 기쁨과 근심 걱정과 감사를 자신의 말로 말하는 것이 되어야 합니다.

그리스도인들이 개별적으로 바치는 기도는 서로 멀리 떨어져 지구상의 도처에서 하느님께 자신들의 목소리로 소리 높여 기도하는 남녀 신자들의 거대한 합창 속에 담긴 한 목소리입니다. 개별적으로 기도하는 사람은 또한 그것을 넘어서 전례 안에서 바치는 교회의 공동 기도에도 동참해야 합니다.

미사의 발견

그리스도인의 기도는 하느님과의 고독한 대화에만 머물지 않습니다. 그것은 언제나 공동으로 드리는 전례 속에 합류합니다. 교회 안에서 바치는 모든 공동 기도의 정점은 거룩한 미사입니다. 미사라는 오래된, 그리스말에서 유래하는 이름을 우리는 오이카리스티아Eucharistia라 부릅니다. 그 뜻은 감사입니다.

당신의 죽음이 가까워지고, 시바작의 그늘이 이미 드리워지고 있는 가운데, 예수님께서는 사도들과 마지막 저녁 식사를 하시면서 이 성찬례를 제정하셨습니다. 그것은 단지 친구들과 나눈 축제의 식사였을 뿐 아니라, 당신의 수난을 가리키고 있었습니다. 거기에서 나누어진 빵은 힘을 가해야만 쪼개질 수 있었고, 거의 산산조각으로 뜯겨져야 했습니다. 이것은 사람들에 대한 하느님 사랑의 가장 극단적인 형태로서 세상을 구원하신 예수님의 참혹한 죽음을 위한 상징이었습니다. 그리고 최후 만찬에서 사용된 으깨어진 포도에서 짜내어 만든 포도주는 다음날 당신의 찔린 심장에서 흘러나오게 될 예수님의 피를 위한 상징이었습니다.

"나를 기억하여 이를 행하여라." 하고 예수님께서 말씀하셨습니다. 그리고 그분께서는 교회가 살아가며 항상 새로워지도록 하는 일곱 가지 성사들 중의 하나의 성사를 주셨습니다. 이후 가톨릭교회는 이 성사를 날마다 거행합니다. 그리고 교회는 자신에게 속한 그리스도인들에게 오래 전부터 주일과 특정한 대축일에 의무적으로 이 성찬례에 참여하도록 하고 있습니다. 오늘날 중서부 유럽의 많은 나라들의 경우 소수의 가톨릭 신자들이 이 계명을 지키고 있습니다. 그 밖의 다수는 드물게, 주로 가장 큰 축일들에만 참여합니다. 교회에 나오지 않는 이들은 성찬례에 참여하는 이들을 더 초라하게 만들고, 크든 작든 공동체를 쇠약하게 합니다.

많은 이들은 그들이 전례에서 보다도 자연 속에서 더 쉽게 종교적 체험을 할 수 있을 거라고 말합니다. 그들 중 일부는 성당에 혼자 있을 수 있을 때만 기도하러 옵니다. 열심히 미사에 참여하는 사람들 가운데에는 신앙 말고 바깥 일상생활을 진지하게 받아들이지 않는 바리사이들이 있다고 말하기도 합니다. 그래서 차라리 그들을 만나지 않으려 합니다.

이 모든 핑계와 변명은 예수님께서 "나를 기억하여 이를 행하여라."(루카

22,19) 하신 분명한 명을 따르지 않는 것입니다. 이들은 종교적 "자급자족자" 유형의 특징을 보여줍니다. 저는 듣기 싫지만 상황을 적절하게 묘사해 주는 이 말을 여러 해 동안 휴가를 보냈던 북유럽에서 겪은 종교 생활의 체험들을 들려 준 적이 있는 한 학생에게서 들었습니다. 그가 거기서 만났던 대부분의 사람들은 그들이 일반적으로 종교적이었던 경우 종교를 사적인 일로, 그들은 종교를 개인이 자신의 하느님과 해결해야 하는 그 어떤 것으로, 교회나 그 밖에 그 누구도 끼어들 수 없는 것으로 보고 있었다고 하였습니다.

많은 사람들, 특히 젊은이들은 통상적인 전례를 그리 마음에 들어 하지 않고 지루하다고 느낍니다. 그러한 원인이 주로 별다른 감동을 주지 않는 강론이나 적절한 리듬이 따르지 않는 음악에만 있는 것은 아닌 것 같습니다. 받기만 하고 스스로 나누어 줄 선물을 가지지 않고 오는 사람은 성찬례 거행이 실제로 의미하는 것에 대해 거의 이해하지 못하고 있습니다.

"도대체 미사가 제게 무엇을 줍니까?" 하고 저에게 한 젊은이가 제가 대학생 사목을 맡아 있던 시절에 물었습니다. 그는 규칙적인 주일미사 참여를 이제 그만 두려고 하였습니다. 성령께 화살기도를 바치고 나자 그의 물음이 다음과 같이 뒤바뀌어야 한다는 생각이 떠올랐습니다. 이를테면 "당신이 미사에 올 때, 당신은 무엇을 줍니까? 당신은 공동체와 강론과 음악에 대한 기대만을 가지고 옵니까? 아니면 당신은 그 모든 것 안에서, 그 모든 것을 넘어서 예수 그리스도를 만나기를 바랍니까?"라고 말이지요. 도시에 있는 성당에 들어서면서 자기 자신과 하느님께 "저는 저의 바람과 관심사를 내려놓으렵니다." 하고 말하는 사람은 자기 자신에게만 집착할 때 느끼지 못하던 평화와 기쁨을 체험하게 될 것입니다. 그리고 도시에 있는 그러한 크긴 하지만 반쯤 비어 있는 성당 안에서 몇 몇의, 아니 많은 그리스도인들이 이러한 자세를 유지한다면, 성전 내부의 분위기가 바뀔 것이고, 냉기는 사라질 것입니다.

견진성사는 미사를 향한 파견이기도 합니다. 그것도 성탄절이나 부활절과 같은 소위 "거룩한 시기"만이 아니라, 매 주일 거행되는 미사에 대한 파견입니다. 미사에 충실히 참여하는 사람은 교우들에게 자신을 선물하고, 자신에게도 선물이 됩니다.

나눔

그리스도인으로 살아가는 데에 필수불가결하게 속하는 것은 나눔입니다. 그것은 구체적으로 빵이나 돈을 나누는 것으로 시작해서 마침내는 나누고 전달할 수 있는 모든 것, 예를 들어 시간이나 삶의 공간이나 이념과 가치 등을 포함합니다. 자신의 신앙을 진지하게 받아들이는 그리스도인은 또한 이 신앙을 다른 사람과 나누고 전하고 싶어 합니다. 그러기 위해서는 순수한 의도가 요구되며, 계략이나 폭력의 포기도 요구됩니다. 교회 역사 안에서 어두운 이야기들은 신앙을 불과 칼로 확산시키려는 시도들이 자주 있었다는 것을 알려주고 있습니다. 이러한 시도들을 통해 생겨난 상처들은 그리스도교를 지금도 괴롭히고 있습니다. 아우구스티노는 오랜 고군분투 끝에 세례 받기를 청했던 한 친구에 대해, 그리고 이미 이전에 그리스도인들이 되었던 그의 친구들의 기쁨에 대해 다음과 같이 설명하고 있습니다. "우리는 그를 오래 전부터 형제로 여기고 살았지만, 그럼에도 우리는 그를 그리스도 안에서 형제로 여기고 살기를 바랐다." 자신의 빵을 다른 누구와 나눌 준비가 되어 있지 않은 사람에게는 그리스도교 신앙의 불티가 이 다른 사람에게 옮겨가는 선물이 주어지지 않을 것입니다.

올바른 나눔에서 주는 이는 늘 자기 자신의 일부도 내어줍니다. 그는 모든 것을 두고 부분적인 것으로 대신하려하지 않습니다. 최후만찬에서 빵과 포도주를 제자들과 나누시면서 당신 자신을 모두 내어 주셨을 때, 예수님께서는 그렇게 하셨습니다. "이것은 내 몸이다, 내 피다."

나눔은 여분의 것을 내어주는 것이 아닙니다. 수많은 사람들이 혹독한 가난에 시달리고 있는 세상에서 손가락 끝으로만 돕는 것은 충분치 않습니다. "아프도록 도와야 합니다." 하고 마더 데레사는 말했습니다. 이 말은 자기 학대가 아니라, 커다란 도전에 대한 사랑의 응답을 의미합니다.

그리스도의 이름으로 나누고 도우면서 자기 관심사들을 제쳐놓는다면, 빵과 시간과 영적 에너지가 기적처럼 더 많아지는 일이 자주 벌어집니다. 이스라엘에 기근이 들었을 때 사렙타의 한 가난한 과부가 배고픈 예언자 엘리야에게 마지막 남은 밀가루와 기름으로 빵 과자를 만들었을 때가 그랬습니다. 예언자가 과부에게 "주님이 땅에 비를 다시 내리는 날까지, 밀가루 단지는 비지 않고 기름병은 마르지 않을 것이다." 라고 약속했던 말은 지켜졌습니다(1열왕 17,8-16)

사도 바오로는 우리에게 "주는 것이 받는 것보다 더 행복하다."(사도 20,35)는 예수님의 말씀을 전해줍니다. 이 말씀은 우리 가운데 격언으로 자리 잡고 있는데, 그 출처를 아는 이는 물론 그리 많지 않습니다. 이 말씀이 참되다는 것을 발견하기 위해서는 그 일에 관여해야 하고, 안정적인 보장들을 포기해야만 합니다.

다른 이들을 위해 자리를 마련하다

진정으로 이웃 간의 정을 아직 쌓지 못한 사람은 다른 사람들과 자신의 관계를 형성하는 데에 있어서, 자신의 조그마한 세계의 중심에 자신을 두고 다른 사람들에게는 가장자리에다 자리를 내어주려는 유혹에 쉽게 빠지게 됩니다. 그러기 위한 기하학적 모델은 둥근 원이지, 두 개의 초점을 가진 타원형이 아닙니다. 그래서 하느님마저도 당신 자신으로 인해 사랑 받게 되실 만한 영광스러운 분으로 체험되지 못하고, 오히려 원하는 목표에 도달하기 위한 하나의 수단으로 격하되어 버리고 마십니다.

그러나 예수님께서는 다른 사람들을 향해 상대적인 태도를 취하셨습니다. 그러기 위한 감동적인 상징이 발 씻김입니다. 그분께서는 최후 만찬에서 사도들의 발 앞에 무릎을 꿇고, 당신 실존의 무게를 그들을 향해 옮기시며 말씀하셨습니다. "내가 너희에게 한 것처럼 너희도 하라고, 내가 본을 보여 준 것이다."(요한 13,15) 그렇게 하는 것은 쉽지 않습니다. 발 씻김의 영성을 사는 것은 쉽지 않습니다. 사도들마저도 그러기 위해 먼저 교회의 첫 성령강림절에 성령으로 무장되어야 했습니다.

"성령께서 너희에게 모든 것을 가르치시고 내가 너희에게 말한 모든 것을 기억하게 해 주실 것이다."(요한 14,26) 하고 예수님께서는 그들에게 당신의 수난의 죽음을 바로 앞두고 약속하셨습니다. 성령께서는 무엇보다 그리스도의 사랑을, 로마 군사의 창에 찔려 피가 흘러나온 그분의 심장을 기억하게 해 주십니다. 예수 그리스도께 사로잡히도록 하는 사람, 자신의 심장을 예수님의 심장을 따라 형성되도록 하는 사람, 그 사람은 다른 사람들을 위한 심장을 가집니다. 사람들은 예수님과 더불어 살아갈 수 있고, 다른 어떤 곳에서보다 더 편하게 숨을 쉴 수 있습니다. 하느님께서 그분과 더불어 거처하실 수 있고, 거처하시기 때문입니다. 예수 그리스도께 사로잡히도록 하는 사람, 그 사람은 다른 사람들을 거부하는 자세로 팔짱을 끼지 않고 팔을 벌려 초대함으로써, 십자가에 못 박혀 펼쳐진 당신의 두 팔을 통해 이 초대를 눈으로 볼 수 있도록 하신 그리스도를 본받습니다.

견진성사를 이해하고 산다는 것은 한 원의 중심점에서 타원의 한 초점으로 옮겨가는 것을 그리고 하느님과 사람들에게 진정으로 당신이라고 말하는 법을 배우는 것을 의미합니다.

신앙에 관해 올바로 알다

우리는 교육 사회에 살고 있습니다. 이전 그 어느 때에도 인구의 대부분이 고등교육 기관에 다니고, 수많은 사람들이 학업을 마친 다음에도 계속해서 교육을 받았던 시대는 없었습니다. 그들은 자기 직업을 수행하기 위한 전문 지식 뿐만 아니라, 자기 직업과는 관련이 없는 분야에서의 지식도 쌓고 있습니다.

일반적인 것으로서의 종교와 특수한 것으로서의 교회는 오늘날 많은 대화들에서 주제가 되고 있습니다. 이러한 주제에 대해 이야기하는 사람들은 비단 신앙인들뿐만 아니라, 또한 신앙을 찾는 사람들이거나 종교와 교회에 대한 적대자들입니다.

자신이 그리스도인이라는 것을 숨기지 않는 사람, 그 사람은 왜 믿는가라는 질문을 늘 받게 됩니다. 묻는 이들은 이 그리스도인에게서 그가 논거들을 제시하고, 이 논거들이 그의 정신적 수준에서 다른 영역에 부합하기를 기대합니다.

그리스도인으로서 세상과 인간 존재의 서로 다르거나 상반되는 의미들 사이에서 오늘날 벌어지는 논쟁 속에 뛰어 들어 대화에 참여하려는 사람은 우선 믿음에 걸 맞는 삶을 살아야 하고, 좋은 표양을 보여주어야 합니다. 그러고도 지속적으로 교육을 받아야 하고, 그리스도교 신앙의 내용에 대해서, 그리고 또한 타종교들에 대해, 철학과 예술에 대해, 자연과학에 대해 그리고 사회적 물음들에 대해서도 많이 알아야 합니다.

이러한 지식을 얻기 위해서 그는 읽고, 묻고, 그리고 질문을 받아야 합니다. 그가 언제나 손에서 놓지 말아야 되는 책들 가운데 다른 어떤 책들보다도 "책 중의 책"인 성경이 있습니다. 신앙 잡지들과 신문들도 빼놓을 수 없습니다. 그것들은 매주 마다 조금씩 대화 능력을 갖춘 신앙의 길로 이끌어 줄 것입니다.

그러한 대화 능력을 갖춘 신앙을 신약성경의 베드로의 첫째 서간은 그리스도인들에게 다음과 같은 말로 요구하고 있습니다. "여러분이 지닌 희망에 관하여 누가 물어도 대답할 수 있도록 언제나 준비해 두십시오." (1베드 3,15)

만약 그리스도인들이 침묵하고, 자신들의 신앙을 더 이상 전하지 않는다면, 돌들이 말을 하게 될 것이라고 교황 요한 바오로 2세는 말하면서, 아울러 무너진 교회들의 돌들이 탄식하면서 그들의 교회를 세우신 분의 지쳐 말을 못하게 되었다고 덧붙여 설명하였습니다.

하느님을 위해 입을 열다

제가 소장하고 있는 현대 미술의 그림들 가운데, 제 손님들 중 많은 사람들이 처음 보면서 그런 것도 작품이냐고 묻는 그림 하나가 있습니다. 그것은 흰색을 칠한 큼직한 판입니다. 작가는 그 판을 뒤쪽에서부터 조금 찢어 앞으로 불룩 튀어나오게 만들었습니다. 그것을 본 사람은 막 열리는 입술 같다고 말합니다. 그림 아래쪽에는 「예언자」라는 제목이 붙어 있습니다.

예언자가 무엇인지 이 보다 더 간결하게 표현될 수는 없을 것입니다. 그리스말에서 예언하다는 어떤 다른 사람을 위하여 말하다는 것을 뜻합니다.

성경에 등장하는 예언자는 하느님을 위하여, 하느님으로부터 사명을 받아 입을 여는 사람입니다. 견진성사를 받은 그리스도인 역시 예언자적 사명을 받은 사람입니다. 그는 하느님을 위하여, 그리스도를 위하여 그리고 교회를 위하여 말을 해야 합니다. 사람들은 그가 작은 예언자처럼 처신하기를 기대하고 있습니다. 그러기 위해 견진성사를 받은 성숙한 그리스도인에 대해 말합니다. 말 많고 수다스러운 세상 한복판에서 그는 하느님의 말씀에 자신의 목소리를 내어드려야 합니다. 하느님께서 일상의 시끄러운 소음 한 가운데에, 그리고 자주 심한 불협화음을 내는 여론의 소란 속에 조용한 목소리로 말씀하시기 때문입니다.

"그리스도께서 오늘날 사람들에게 내미시기 위한 손은 네 손 말고 없다. 그분께서 그들에게 말씀하시기 위한 목소리는 네 목소리 말고 없다. 네 삶은 많은 이들에게 있어서, 그들이 읽는 유일한 성경이다." 오늘날 자주 인용되고 있는 글귀입니다. 이 글은 "성숙한" 그리스도인들에게 신앙의 확산을 위한 그들의 기회와 책임에 대해 알려주고 있습니다.

현대 미술가 기젤베르트 혹케Gieselbert Hoke의 작품으로 린츠Linz의 대학생 경당에 있는 다른 그림 하나는 십자가에 못 박히신 그리스도와 그분 주위를 둘러싸고 있는 사람들을 보여줍니다. 둘러싼 사람들은 그분을 감추기 위해, 볼 수도 없고 들을 수도 없게 하기 위해, 탑과 같은 것을 쌓고 있는 중인데 이미 상당히 진척되어 있습니다. 얼마 떨어지지 않은 곳에는 선동가들이 큰 소리로 자신들의 선전구호들을 외쳐대는 연단들이 설치되어 있습니다. 이 구호들은 발사체 같고, 그 중 몇 개는 날아가는 도중에 터지고 있습니다. 이 그림은 사회의 현재 상황을 그리고 선전으로 지배당하는 현실을 상징적으로 묘사하고 있습니다. 말하자면 그리스도께서는 이 상황과 현실에서 당신의 진리를 위해 입을 여는 신앙인들이 없다면, 정치 노동 예술 학문 스포츠 등의 삶의 여러 분야에서 목소리를 내지 못하실 것입니다.

교황 요한 바오로 2세는 1988년 두 번째 오스트리아 방문에서 구르크 대성당 앞 광장에 모인 대중을 향한 강론 중에 "만약 그리스도인들이 자신들의 신앙을 자신들의 삶의 모범과 말을 통해 더 이상 증언하지 않는다면, 빛은 그들에게서 치워질 것입니다(묵시 2,5). 다른 이들이 와서 그리스도인들이 채우지 못하는 자리를 차지하게 될 것입니다." 하고 경고하였습니다. 그리고 이어서 교황은 " 그리스도의 제자들이 침묵하게 되면, 돌들이 말을 하게 될 것입니다. 버려지고 무너진 교회의 돌들이 말입니다. 여러분이 아름다운 오래된 성당들을 보존하는 것은 잘 하는 일입니다. 그러나 그보다 더 중요한 것은 이 성당들에 매 주일 마다 삶으로 가득 채우는 것입니다. 더 더욱 중요한 것은 여러분 자신이 살아있는 돌들로 지어진 건축물인 교회가 되는 것입니다." 하고 말했습니다. 이 말은 견진과 그리고 견진성사를 진지하게 받아들이는 그리스도인의 삶 안에 나타나는 그 효과에 대한 말이기도 합니다.

끊임없이 회심하기

430년 북아프리카 히포의 주교로 선종한 교부 성 아우구스티노가 지은 아름다운 기도들 가운데 하나에서 하느님께 다음과 같이 기도합니다. "제가 당신께 드릴 수 없는 제 마음을 받아주소서. 제가 당신을 위해 지킬 수 없는 제 마음을 지켜주소서. 그리고 제 자신에게서 저를 구원하소서." 이 기도는 이미 오래 전에 회심하였으나, 그럼에도 이 회심은 확고하게 자리 잡지 못하고 끊임없는 쇄신을 필요로 한다는 것을 아는 사람의 청원입니다.

교회 역사는 이상들을 위해 불태우는 사람이 소위 180도 돌아서게 되었던 극적인 회심들에 대한 이야기를 들려주고 있습니다. 교회를 박해하던 사람 사울에서 사도 바오로로 변화된 일이 그랬습니다. 이러한 극적인 회심은 오늘날에도 일어납니다. 오스트리아에서 많은 이들이 러시아 여성 타티아나 고리체바Tatjana Goritschewa을 알고 있습니다. 많은 사람들의 마음에 파고드는 깊은 신앙으로 회심하는 은총이 주어지기 몇 년 전까지 그는 레닌그라드 대학에서 철학을 강의하던 무신론자 강사였습니다. 회심 이후 그는 책들과 강연들에서 이 삶의 전환에 대해 증언해 주고 있습니다.

그러나 교회 안에서는 매일 수없이 조용한 회심이 일어납니다. 다만 소수의 사람만이 그것을 체험할 뿐입니다. 어떤 사람이 어쩌면 오랜 망설임과 분투 끝에 나태한 타협이나 타성이나 냉담을 털고 일어나 새로운 길을 시작합니다. 몇몇 가족과 친구들만이 그것을 알지만, 그들은 일종의 다시 태어남의 증인들로서 풍성한 선물을 받은 느낌을 갖게 됩니다.

회심한 그리스도인이 자신의 나침반을 잃어버리거나 내버리고, 그리스도를 따르는 길에서 다시 멀어졌다면, 그에게 교회 안에 고해성사의 문, 자비의 문이 열려 있습니다. 많은 가톨릭 신자들은 무심코 이 문을 지나치며, 때때로 이 문이 있는 것조차 잊고 있습니다. 그들은 의식하지 못한 채 용서 받지 못한 자신들의 죄로 괴로워하기도 합니다. 하지만 그들은 아버지가 아들을 다시 집안에 받아들이고, 집에 돌아 온 것을 기념하여 큰 잔치를 베풀어 주었을 때, 되찾은 아들의 기쁨을 알지도 못합니다.

루카 복음이 전해주는 되찾은 아들의 비유는 올바른 고해에 속하는 모든 것과 함께 고해에 대한 이야기처럼 구성되어 있습니다. 아들의 잘못됨에 후회와 회심 그리고 아버지 앞에서 잘못에 대한 고해가 따릅니다. 그러나 아버지는 용서해 줄 뿐만 아니라, 잃었다고 믿었다가 이제 다시 집으로 돌아 온 아들을 위해 큰 잔치를 베풀게 합니다. 예수님께서 들려주시는 이 비유 속에 아버지는 하느님이십니다. 하느님께서는 그런 아버지이시라고 예수님께서는 말씀하십니다.

교회는 고해성사에서 하느님의 아버지다움을 전하는 직무를 맡깁니다. 그래서 사람들은 이 직무를 수행하는 사제를 고해신부Beichtvater라고 부릅니다.

아버지의 집을 떠났던 길의 전환점에서 잃었다고 믿었던 아들은 "일어나 아버지께 가서 이렇게 말씀드려야지. '아버지, 제가 하늘과 아버지께 죄를 지었습니다.'"(루카 15,18) 하고 말합니다. 그렇게 오늘날에도 회개의 길이 시작될 수 있습니다. 이 길은 하느님과 이웃과 자기 자신과의 삼중의 평화를 회복함으로써 얻게 되는 기쁨의 샘으로서의 고해를 향해 나아가는 길입니다.

늘 그리스도를 더욱 닮아감

고딕 양식의 아름다운 성당들 중 하나는 파리 근교의 샤르트르 대성당입니다. 한 무명의 대가가 이 대성당의 외벽에다 세상과 사람의 창조에 대한 성경 이야기를 돌로 조각해 놓았습니다. 창조주께서는 하느님 아버지로 묘사되고 있지 않습니다. 아버지이신 하느님께서는 보이지 않는 존재이시기 때문입니다. 대신 아드님으로, 젊은 그리스도로 묘사되고 있습니다. 사도 바오로는 자신의 서간들 중 하나에서 그리스도, 하느님의 아드님께서는 "보이지 않는 하느님의 모상"이시며 "만물이 그분 안에서 창조되었다."(콜로 1,15-16) 하고 말합니다.

젊은 그리스도 곁에 샤르트르의 대가는 첫 사람, 젊은 아담을 세워놓았습니다. 두 사람, 그리스도와 아담은 서로 매우 닮았습니다. 그러나 그리스도께서 아담의 머리를 당신 손으로 잡고 있고, 그분의 얼굴이 하느님의 얼굴을 더 많이 닮도록 형상화하고 있습니다.

이 석상은 우리를 인류 역사의 시초로 되돌아가게 합니다. 그런데 그 역사의 한 가운데에서 하느님의 아드님께서 참으로 사람이 되셨습니다. 그리스도를 본 사람은 아버지 하느님을 본 것이고, 하느님의 성삼위의 깊이를 들여다 볼 수 있게 됩니다.

성경은 그 첫 번째 책에서 사람이 하느님의 모습에 따라 창조되었다고 말하고 있습니다. "하느님께서는 당신의 모습으로 사람을 창조하셨다. 하느님의 모습으로 사람을 창조하시되, 남자와 여자로 그들을 창조하셨다." (창세 1,27) 그러나 사람 속에 새겨진 하느님의 모습은 죄로 인하여, 말하자면 사람 자신의 죄나 다른 사람의 죄의 결과로, 수천 번도 더 일그러졌습니다. 그리스도께서는 사람 속에 새겨진 하느님의 일그러진 모습을 치유하기 위하여 오셨습니다. 세례와 견진은 인내로이 끈기 있게 스며들어 작용하는 누룩처럼 사람의 마음에 성령을 심어줍니다.

성령의 힘으로 사람은 세례와 견진을 받은 그리스도인으로서 사람이 되신 하느님, 그리스도를 늘 더욱 닮게 될 수 있습니다. 우리는 그리스도께서 어떻게 생기셨는지 알지 못합니다. 그러나 우리는 아씨시의 프란치스코와 마더 데레사와 같은 사람들이 그리스도와 닮은꼴이라고 말할 수 있습니다. 왜냐하면 성령을 거스르는 모든 것이 그분의 불길에 녹아 없어질 때 까지, 이들은 자신을 복음에 그리고 성령의 불길에 점점 더 사로잡히도록 하기 때문입니다. 견진을 산다는 것은 또한 샤르트르 대성당의 아담의 석상이 하느님의 조각가이신 그리스도에 의해 그분 자신의 얼굴을 닮은 모습으로 형상화되어 있듯이, 그렇게 늘 그리스도를 더욱 닮게 되는 것을 의미합니다.

거룩하다?

"성녀가 아님을 그녀가 슬퍼하였기에, 그녀에게 심리분석을 권하였다." 하고 에르네스토 카르데날Ernesto Cardenal(1925~)은 분명치 않은 상황 속에서 죽음을 맞이한 미국의 영화배우 마릴린 먼로에 대하여 자신의 논란의 여지가 없는 초기 시에서 말합니다. 성인 성녀이기를 바람은 오늘날 대체로 비정상적으로 여겨지고 있습니다. 이것은 비단 교회 밖에서만 그러한 것이 아닙니다. 그럼에도 그러기를 바라는 사람은 그래서 우울증에 시달리고 있는 사람처럼 심리상담가를 찾아가 보라는 충고를 받게 됩니다. 너무 높거나 혹은 너무 낮게 날지 말아야 하며, 종교적으로도 "정상적"이어야 한다는 의견이 지배적입니다.

그러나 사도 바오로는 자신이 보낸 서간을 받아 볼 로마와 코린도의 신자들을 성도라고 불렀습니다. 코린토의 신자들이 모든 면에서 완전히 성숙한 그리스도인들, 말하자면 오늘날의 일반적인 의미에서 성인들이 아니었음에도 불구하고, 바오로는 이 호칭을 결코 반어적으로 사용하지 않았습니다. 세례와 견진을 받은 그리스도인 모두는 적어도 씨앗의 형태로 성인입니다. 하느님께서 그 사람 위에 손을 얹으셨고, 이 그리스도인의 평범함이나 또는 악한 성향으로 약해진 작은 빛에도 불구하고, 성령께서 그 사람 안에 거처하십니다. 하느님의 이 빛은 점차 그 사람의 "영혼의 성"의 모든 방을 점령해 나가려 합니다.("영혼의 성"이란 말은 스페인의 신비가 아빌라의 데레사에 의해 만들어졌습니다.) "내가 문 앞에 서서 문을 두드리고 있다."(묵시 3,20) 하고 그리스도께서는 파트모스의 예지자를 통해 라오디케이아의 미지근한 공동체에게 말씀하십니다. "누구든지 나를 사랑하면 내 말을 지킬 것이다. 그러면 내 아버지께서 그를 사랑하시고, 우리가 그에게 가서 그와 함께 살 것이다."(요한 14,23) 하고 그리스도께서 요한 복음에서 말씀하십니다. 성삼위 하느님께서는 사람의 문을 두드리십니다. 그분을 철저하게 받아들이는 사람, 그 사람은 그 말의 온전한 의미에서 성인입니다.

사람들은 세계의 역사와 개인의 역사를 지식의 눈으로 읽을 수 있습니다. 그러면 의심할 여지없이 현실의 많은 것들을 알 수 있습니다. 그러나 사람들은 이 역사를 "신앙의 눈"으로도 바라볼 수 있습니다. 그러면 그 역사는 사람들을 위해 하느님께서 애쓰시는 구원 역사의 드라마로, 사람들이 하느님을 거부하는 드라마나 또는 하느님께 동의하는 역사로 보입니다. 하느님께서는 자기 신부를 위하는 신랑처럼 사람들을 위해 애쓰십니다.

성령께서는 사람들을 성인으로 변화시키기 위해 최선을 다하려 하십니다. 그분께서는 오늘날 거룩하게 되기를 바라는 사람이 정신과 의사에게 보내어지는 사회 한 복판에서도, 그리고 신비적 깊이 없이 윤리적이고 정치적인 능률주의 사회가 되도록 여기저기서 위협을 받고 있는 교회의 한 가운데에서도 최선을 다하려 하십니다.

새로운 성령 강림절

20세기 후반에 가톨릭교회가 젊어지도록 하는데 커다란 힘을 실어 주었던 한 노인이 있었습니다. 거의 여든 살이 다 된 교황 요한 23세였습니다. 그는 제2차 바티칸공의회를 소집함으로써 이 추진력이 생겨나도록 하였습니다. 그를 움직인 것은 오랜 전략적 숙고와 동료들의 조언들이 아니라, 그가 성령의 선물로 느끼고 받아들인 즉흥적인 영감이었습니다.

이 공의회의 고지는 1959년 1월 25일 "그리스도인들의 일치를 위한 세계 기도주간"이 끝나는 날 한 수도원에서 발표되었습니다. 이 수도승들에게 로마의 일곱 개 주요 대성당들 중의 하나인, 성벽 앞의 바오로 대성당을 관리하는 소임이 맡겨져 있었습니다. 공의회는 결국 바티칸의 베드로 대성당에서 개최되었는데, 그렇게 하여 두 으뜸사도인 베드로와 바오로 사이의 상징적인 가교가 놓이게 되었습니다. 두 사도는 참으로 성령강림절의 중요 인물들이었습니다. 요한 23세는 공의회가 개최되기 얼마 전 이번 공의회에서 기대하는 바가 무엇이냐는 질문을 받았을 때, 상징적인 행동으로 바티칸의 창문 하나를 열면서 "신선한 공기" 하고 말했습니다. 신선한 공기는 성령을 위한 상징들 중의 하나입니다. 캔터베리의 대주교 스테판 랭턴Stephan Langton이 지은 성령께 바치는 가장 아름다운 노래들 중의 하나인 "오소서, 성령이여Veni, Sancte Spiritus"라는 찬미가에서 이 성령에 대해 다음과 같이 말하고 있습니다. "생기를 불어넣는 당신의 바람 없이, 사람 안에 아무 것도 존속할 수 없나이다." 마찬가지로 공의회가 시작되기 직전 재차 교황은 공의회로부터 새로운 성령 강림절을 희망한다고 고백하였습니다.

성인품에 오른 영국의 대법관 토마스 모어에 대한 영화의 제목은 "사계절의 사나이"입니다. 용감한 각각의 그리스도인보다도 더 교회는 전체적으로 사계절의 공동체입니다. 교회는 봄날의 개화, 여름날의 성숙, 가을철의 수확 그리고 겨울철의 휴지의 시간들을 체험합니다. 교회는 씨를 뿌리고 추수하는 기쁨을 체험하고, 서리와 가뭄과 우박으로 인한 피해의 고통을 감내합니다. 세계 교회 안에서 그 모든 것은 시간적인 차례로 이어지며 일어날 뿐만 아니라, 동시에 발생하기도 합니다. 늘 어딘가에서는 주님 수난 성 금요일의 분위기가, 동시에 다른 곳에서는 부활절의 기쁨이, 그리고 또 다른 곳에서는 성령 강림절의 감동이 감돌고 있습니다. 교회가 공산주의가 통치하는 나라들에서 피의 박해를 당하는 동안, 아프리카나

서유럽 그리고 북아메리카의 많은 곳에서 번창하였습니다. 교회의 수난은 종종 새로운 전성기를 위한 전제임이 증명되기도 합니다. 그리스도를 증언하기 위해 순교자들이 흘린 피는 새로운 그리스도인들이 자라나는 씨앗이라고 2세기 경 테르툴리아노가 말했습니다. 몇 백 년이 지난 후 그리스 교부 나지안즈의 그레고리오는 "피를 주고, 영을 받으십시오." 하고 썼습니다. 끓어오르는 피와 붉은 핏빛 열정은 성령을 위한 상징입니다.

교회가 어떤 나라에서 오랫동안 겨울철의 추위로 마비되어 있거나 고통스러운 성 금요일 상황에 처해 있다면, 성령을 청하는 오래된 청원 노래들을 특별히 꾸준히 기도로 바치거나 노래로 부르게 됩니다. 9세기의 "임하소서, 성령이여, 창조주여Veni, Creator Spiritus" 라는 노래와 12/13세기의 "오소서, 성령이여Veni, Sancte Spiritus" 라는 노래가 그렇습니다. 두 노래 모두 성령께 급박하게 외치는 "오소서!Veni"로 시작하고 있습니다.

제2차 바티칸공의회를 소집한 목적은 이 외침에 대한 하느님의 답변이었습니다. 고통스러운 모든 불안에도 불구하고, 오늘날까지 지속되고 있는 교회 안에서의 모든 평형 장애에도 불구하고, 이 공의회는 "메마른 땅 물주시고, 굳은 마음 풀어주고, 차디찬 맘 데우시고, 빗나간 길 바루소서." 하고 성령께 드리는 청원으로 가득 차 있었습니다. 그것은 교회를 경직과 폐쇄로부터 지키도록 안전과 안락함을 대가로 치루고 도움을 준 새로운 성령 강림절이었습니다.

성령 강림절의 견진성사 강론

날마다 우리는 다른 사람들을 불행하게 만드는 사람들에 대하여 듣습니다. 그들은 견진성사에서 선물로 주어지는 영, 성령을 받지 못하였기 때문입니다. 그들은 폭력적이거나 아니면 정직하지 못합니다. 그들은 다른 사람들의 희생을 대가로 자신들의 이익을 추구합니다. 언론 매체들에서는 그들이 저지른 잘못들에 대한 보도로 넘쳐나고 있습니다.

그러나 세상에 기쁨과 평화를 가져다주는 다른 이들도 많습니다. 그들에 대해 자주 듣거나 읽지 못하는 까닭은 선이 악처럼 그렇게 요란스럽지 않기 때문입니다. 그럼에도 불구하고 일상의 영웅들과 성인들인 그들은 존재합니다. 예를 들어 자기 자녀를 위해 전적으로 헌신하는 어머니들과 아버지들, 어둠으로 가득 찬 마음에 빛을 가져다주는 간호사들, 젊은 이들이 자기를 발전시키는 데에 도움을 주는 교사들, 그리스도께서 그들 안에 살아 계시다는 것을 느끼게 해 주는 사제들이 그들입니다.

이렇게 선한 한 사람이 있는 곳에서, 다른 사람들은 보다 잘 살 수 있습니다. 거기에서는 다투거나 거짓말을 하거나 주먹다짐을 하거나 하지 않습니다. 거기에서는 다른 어떤 곳에서보다도 덜 이기적으로 그날그날 살아갑니다.

오늘 견진을 받는 젊은 그리스도인들이여! 많은 이들이 여러분에게 무엇이 되고자 하고, 어떤 직업을 원하는지 묻습니다. 여러분 스스로 여러분에게 그렇게 묻거나, 어쩌면 여러분이 이미 그 답을 알고 있는지도 모르겠습니다. 그런데 "나는 무엇이 되어야 하는가?"라는 물음보다 더 중요한 것은 "나는 어떻게 되어야 하는가?"라는 물음입니다.

그리스도인이라는 것을 진지하게 받아들이는 그리스도인에게 "나는 어떻게 되어야 하는가?"라는 물음에 대한 답변은 이러합니다. "나는 그리스도를 언제나 좀 더 닮게 되기를 바랍니다. 비록 이 목표에 이르는 길이 때때로 어렵다 할지라도 말입니다." 모든 사람은 세상의 한 부분을 밝히고 따뜻하게 하는 하나의 작은 태양과 같은 그 무엇이 될 수 있을 겁니다. 어릴 때 우리 모두 다 그랬습니다. 어린이들이 자라서 나이가 들어 늙게 된다면, 대부분의 사람들은 어릴 때 가졌던 광채를 거의 다 잃어버립니다. 그러나 하느님과 함께 사는 사람, 기도하며 자기가 가진 것을 나누는 사람, 하느님께 자신의 목소리와 손과 마음을 내어드리는 사람, 그 사람은 마음으로 늘 젊음을 유지합니다. 그는 오래 탈수록 더 밝아지는 빛입니다.

견진성사를 통해 빛이 마음속에서 점화됩니다. 여러분 내면이 그리고 여러분 주위가 어둡거나 추워지지 않도록 이 빛을 잘 간직하십시오. 여러분이 하느님과 함께 산다면, 여러분은 편안한 삶을 살지 못하게 될 것입니다. 하지만 의미로 가득 차고, 기쁨으로 충만한 삶을 살게 될 것입니다. 다른 사람을 위해 존재한다는 것은 아름답기 때문입니다. 우리 세상의 많은 영을 상실한 상황들의 한가운데에서 영을 지닌 사람들이 되십시오! 그 영의 불을 끄지 마십시오!

넘쳐흐르는 영

시골마을의 샘

"언제나 주는 것일 뿐, 이것이 내 삶이다." 이 말은 케른턴의 어느 산골마을에 있는 나무로 둘러친 샘에 새겨져 있는 격언입니다. 그 격언은 이 샘을 지나치는 모든 사람에게 던지는 하나의 질문입니다. 그들은 길가의 샘과 같은 그 어떤 것일 수 있을까요? 또 그러기를 원할까요? 도대체 어떤 사람이 아무런 요구도 하지 않으면서 그렇게 할 수 있을까요? 충분히 받고 그리고 받아들이는 것조차 없이, 지나치게 베푸는 가운데 실제로는 그럴 능력이 없어서 병이 나는 이상주의자들도 있습니다. 사는 것은 받는 것과 주는 것, 둘 다이고, 숨을 들이쉬고 내쉬는 사이의 주기적인 순환입니다. 샘은 다만 흘러 들어와 흘러 나갈 수 있습니다. 왜냐하면 샘은 오직 원천으로부터 끊임없이 흘러들기 때문입니다. 어떤 사람이 샘이기를 원한다면, 그의 원천은 어디에 있고 그리고 누구일까요?

목마른 여인

사도 요한의 이름을 딴 신약성경의 네 번째 복음서에서는 여러 번 사람의 목마름에 대해, 곧 육신의 목마름과 마찬가지로 영혼의 목마름에 대해 언급하고 있습니다. 여기서 예수님께서 한번은 지친 나그네로 나타나십니다. 그분께서는 전승에 따르면 성조 야곱이 팠다는 오래된 우물가에서 쉬고 계셨습니다. 그 때 인근 도시 사마리아에서 여자 하나가 물을 길으러 옵니다. 예수님께서는 그 여자에게 마실 물을 좀 달라고 청하십니다. 유대교로부터 인정받지 못한 종교를 가진 이방 민족 출신의 그 여자는 예수님께서 거리낌 없이 자신과 상종하는 것에 놀라며, "선생님은 어떻게 유다 사람이시면서 사마리아 여자인 저에게 마실 물을 청하십니까?" 하고 묻습니다. 이어지는 대화에서 예수님께서 그 여자에게 "생수", 다시 말해 넘쳐흐르는 물을 주실 수 있다고 말씀하십니다. 그 여자는 예수님께서 말씀하시는 생수가 성령을 의미한다는 것을 알지 못합니다. 살아오면서 겪은 갖가지 실망과 좌절로 말미암아 몸과 마음이 지칠 대로 지친 그 여자는 예수님께서 허리를 굽혀 물을 길어야만 하는 자신의 수고를 들어주시려니 하고 생각합니다. 그러나 예수님께서는 그 여자에게 야곱의 우물 물을 가리키며 말씀하십니다. "이 물을 마시는 자는 누구나 다시 목마를 것이다. 그러나 내가 주는 물을 마시는 사람은 영원히 목마르지 않을 것이다. 내가 주는 물은 그 사람 안에서 물이 솟는 샘이 되어 영원한 생명을 누리게 할 것이다."(요한 4,13-14)

성령께서는 여기에서 물이 솟는 샘에 비교되고 있습니다. 그분께서는 그 물을 마시는 사람을 영적 목마름에서 해방시켜 주시고, 그 사람 스스로 흘러넘치는 영의 샘이 되도록 하여, 다른 사람들이 그 물을 마실 수 있게 만드십니다.

샘으로서의 제대

오래된 교회의 대부분은 샘의 원천 근처에 자리를 잡고 있습니다. 그리고 대개는 이 원천 위에다 제대를 설치합니다. 비록 자연수는 솟아나지 않을지라도, 샘물의 상징과 관련되어 있는 새로운 제대가 구르크의 대성당에 놓여 있습니다. 그 제대는 돌로 만든 덮개판과 금속 테두리를 두른 주사위 모양으로, 그 안에 천을 얽어매어 놓고 있습니다. 이 천은 제대의 덮개판으로부터 바닥으로 흘러내리는 물결을 나타냅니다. 그 제대는 그리스도를 상징합니다. 그리고 넘쳐흐르는 물은 그리스도에게서 그분의 수난과 죽음과 부활의 열매로서 나오는 성령을 상징합니다. 이 오래된 대성당에 들어서는 사람들, 그리고 어쩌면 크고 작은 세상 안에서 자기 실존의 영적 빈곤함에 혹은 영적 결핍의 상황에 특히 괴로워하는 사람들은 오늘날에도 여전히 활동하시는 성령께서 계시다는 것을 떠올리게 될지도 모르겠습니다.

영의 능력과 무능력

기술적 거인들, 영적 난장이들

인류 전체가 오늘날처럼 학문적으로 많이 알고, 기술적으로 많은 능력을 가진 적이 한 번도 없었습니다. 우주여행, 행성들을 향한 탐사, 핵분열,

생명체의 유전자 구조 개입 등 이 모든 것은 더 이상 유토피아의 꿈이 아니라, 현실입니다. 이러한 현실 속에서 인간 정신의 능력, 또는 소박하게 표현해서 인간 지성의 능력이 인상적으로 분명하게 드러납니다. 정신이란 말은 지성보다 훨씬 더 많은 것을 포함합니다. 지혜는 많은 양의 지식보다 더 많은 것을 포함합니다.

"오늘날의 인간은 지식으로는 거인이고, 윤리로는 난장이로 머물 위험에 처해 있다."고 수십 년 전에 교황 비오 12세는 말했습니다. 언론 매체들이 전하는 소식들을 보면 앞서 지적된 위험이 그 이후 더욱 심각해지고 있음을 분명하게 확인할 수 있습니다. 그래서 "지식은 다시 지혜와 신앙과 결합되어야 합니다." 하고 1988년 잘츠부르크 방문한 교황 요한 바오로 2세는 당시 예술과 학문과 언론 매체의 대표자들 앞에서 말했습니다.

밤의 영

몇 년 전 사라예보와 보스니아의 여러 도시들의 병원에 떨어진 폭탄들은 정신을 적대시하는 이데올로기에 종사하는 인간 지성의 소행이었습니다. 파괴하기 위한 이러한 폭력에 평화를 건설하기 위한 확고한 비폭력이 맞서 왔고 그리고 맞서고 있습니다. 19세기에 시인 횔덜린은 예언적으로 "밤의 영"에 대해 말했습니다. 이 밤의 영이 풀려나게 되면, 그 영은 자신에 의해 파괴된 폐허를 나돌아 다닙니다. 횔덜린은 이를 두고 다음과 같이 말합니다.

… 하늘의 창문이 열리고
밤의 영이 풀려나면,
모든 한계를 뛰어넘는 그는 우리 땅에서
많은 엄청난 이야기들로 설득하며,
폐허를 나돌아 다닌다

이 시간까지.

이 말은 20세기에도 항상 다시금 입증되고 있습니다. 이 밤의 영은 시대의 정신 속에 많이 박혀 있기 마련입니다. 그것이 비록 폭력적이지 않고, 다른 사람의 운명에 대한 무관심의 형태로 나타날 때에도 마찬가지입니다. 오랜 전통에 따라 가톨릭교회에서 성령강림절 주간은 견진성사를 베푸는 데에 아주 적절한 때입니다.

성령께서 견진을 받은 사람들 안으로 흘러들어 가셔서, 그들의 생각과 정서와 의지의 힘이 되어 주셔야 합니다. 견진을 받은 사람들 중 많은 이들은 하느님의 영과 함께 하는 삶의 모험에 뛰어들지 않습니다. 그러나 구체적 시기에 그리고 특정한 나라에서 많은 이들이 성령을 거부하게 된다면, 사람들의 마음과 사회 그리고 탐욕스러운 착취를 위한 자원으로 전락하고만 자연은 점점 더 사막화되어 갈 것입니다.

거룩한 영

이제는 거의 잊혀 진 칼 마르크스가 종교를 비판하는 글에서 종교는 영을 상실한 상황에서의 영이라고 말했습니다. 진지한 그리스도인들이라면 이 말을 단호하게 뒤집어서 종교는 영을 상실한 상황에 맞서는 영이라고 말하게 될 것입니다. 전쟁과 민족학살 그리고 정치와 문화 속에 스며들어 있는 허무주의의 여러 다른 형태들에 직면한 우리의 세상 안에서 그 영, 곧 성령께서는 연약해 보입니다. 그러나 재 밑에는 뜨거운 불씨가 감추어져 있습니다. 그리고 언제나 이 재 속으로 바람결이, 영의 숨길이 다시 불어오고, 불씨가 드러나 넘실거리는 불꽃으로 피어납니다. 그리스도인들은 이 불꽃을 억지로 끌어올 수 없습니다. 그들은 영의 이 분출을 기다릴 수 있어야 합니다. 게으르고 소극적인 태도가 아니라, 적극적인 인내로 기다릴 수 있어야 합니다. "임하소서, 성령이여, 창조주시여Veni, Creator Spiritus."라는 아주 오래된 초기의 성령강림절 찬미가 속에 주제가 되고 있는 그 인내로 말입니다.

젊은 그리스도인 – 새로운 길

그리스도교가 출발한지 얼마 되지 않았을 때, 그리스도인들을 그저 "새로운 길을 따르는 이들"이라고 불렀습니다. 신약성경의 사도행전에서 그것을 확인할 수 있습니다(사도 9,2). 그렇게 해서 그리스도인들이 자기 주변 사람들과 다른 새로운 길을 갔다고 생각했습니다.

이 새로운 길은 2000년 전 예루살렘에서 있었던 최초의 성령강림절에서 시작하였습니다. 그곳에서 얼마 되지 않은 수의 그리스도인들이 문을 닫아걸고 모여 있었습니다(사도 1,12-14). 그들은 십자가에서 돌아가신 예수님을 더 이상 죽은 이들에게서 찾을 필요가 없었다는 것을, 그분께서 부활하셨다는 것을 알았습니다. 하지만 그들은 아직 이러한 체험을 다른 사람들에게 전하려는 충동이나 힘을 가지지 못했습니다. 먼저 그들을 성령께서 거센 바람과 불꽃 모양으로 만나주셨을 때, 그들의 문들이 밖을 향해 열렸습니다. 그리고 사람들이 두려워 예수님을 세 번이나 부인하였던 베드로는 처음으로 두려움 없이 밖으로 나갔습니다. 그의 설교는 언어의 장벽을 무너뜨리고, 바벨탑 쌓기 이후로 사람들을 서로 갈라놓았던 언어의 혼란을 극복하였습니다. 그의 말을 들은 사람들이 "우리는 어떻게 해야 합니까?" 하고 묻자, 그는 그들에게 "회개하십시오. 그리고 저마다 예수 그리스도의 이름으로 세례를 받아 여러분의 죄를 용서받으십시오. 그러면 성령을 선물로 받을 것입니다." 하고 말하였습니다(사도 2,37-38). 첫 성령강림절의 불꽃은 그때 이후 타오르기를 멈춘 적이 결코 없었습니다. 당시 성령께 사로잡혔던 사도들과 제자들은 이곳저곳에 이 불꽃을 퍼뜨리기 위하여 발이 부르트도록 달렸고, 매를 맞아 죽기도 하면서, 그리스도교 공동체들을 건설하였습니다. 그들은 그리스도교가 앉아서 수행하는 직무가 아니라, 솟아오르는 불꽃임을 알고 있었습니다.

2000년 전 예루살렘에서 시작된 새로운 그 길은 우리에게까지, 우리의 집들과 방들의 문턱에까지 이어집니다. 그리고 이 길은 여기서 끝나지 않고, 우리로부터 다른 사람들에게로 멈추지 않고 계속 나아갑니다. 성령강림절의 불꽃은 우리에게도 불을 붙이고 싶어 합니다.

우리가 성령강림절의 영을 맞아들였다면, 우리는 우리의 문들을 다시 밖을 향해 열어젖히고, 밖을 향해 밀어붙여서, 피조물로서의 그리고 사회로서의 세상으로 눈을 뜨고, 귀를 열고, 도움의 손길과 민감한 마음을 지니고 나아가야 합니다.

우리의 문 밖에서 우리는 하느님의 피조물로서의 세상, 사람들에 의해 변형되고 매우 위태롭게 된 자연으로서의 세상, 아씨시의 프란치스코가 해와 달과 바람과 물과 불을 자기 형제자매라고 부르며 사랑했던 그러한 세상으로서의 세상을 발견합니다.

그 문 밖에서 우리는 사회로서의 세상을 오래되고 또 새로운 많은 문제들과 함께, 희망들과 불안들과 함께, 말하자면 중요하거나 사소한 일 가운데 의로움을 향한 갈망과 함께, 사람들에게 받아들여지고 소중히 여겨지기를 바라는 갈망과 함께, 빵과 사랑을 향한 갈망과 함께, 자주 밀려나고 잊혀지시는 하느님, 당신의 그 결정적인 모습을 우리에게 그리스도의 얼굴 안에서 밝혀주시는 하느님을 향한 갈망과 함께 발견합니다.

그 문 밖에 사람들이 있습니다. 아는 사람과 모르는 사람, 백인, 흑인, 황인종으로 살아가는 인류의 형제자매들입니다. 그들 중 세계 인구의 큰 부분을 차지하고 있는 많은 이들이 꿈과 이상과 불안을 가지고 살아가는 젊은이들입니다. 이 젊은이들 중 많은 이들이 성경의 포도원에서 일할 일꾼들에 대한 비유 말씀에 나오는 것처럼, 아무도 그들을 필요로 하거나 불러주지 않기 때문에, 늦도록 삶의 장터에서 하는 일 없이 서성이고 있습니다(마태 20,6-7). 그들은 나침반을 가지고 있지 않습니다. 그들 중 많은 이들이 슬프거나 지루해서 약물로 가능한 환각의 세상, 어느 작가가 표현했던 것처럼 "화학적 휴가"에 빠져듭니다. 그들은 자신들을 도와줄 사람들을 기다립니다.

성령강림절은 삶을 앉아서 수행하는 직무로 택하지 않는 자극입니다. 그런데 많이 걸어 다니거나 차를 타고 돌아다니지만, 그 모든 것에 실제로 관여하지 않는다면, 보다 깊은 의미에서 그냥 앉아 있다고 할 수 있습니다. 성령강림절은 문을 열도록 초대합니다. 먼저 성령께서 우리에게 오실 수 있도록 내면을 향하여, 그러고 나서 그 영께서 우리를 통하여 우리 주위를 둘러싸고 있는 세상에 알려지도록 밖을 향하여 문을 열도록 초대합니다.

사람들은 거기서 비록 알지 못하거나 인정하지 못한다 하더라도 그리스도인들을 필요로 합니다.

사람들은 삶의, 말하자면 태어나거나 아직 태어나지 않은 삶의, 잘 풀리거나 잘 풀리지 않는 삶의, 젊거나 늙은 삶의, 유한하거나 영원한 삶의 친구로서 그리스도인들을 필요로 합니다.

사람들은 평화의, 다시 말해 예수님의 말씀대로 세상이 줄 수 없고, 하느님으로부터 선물로 주어져야만 하는 평화(요한 14,27)의 친구로서 그리스도인들을 필요로 합니다.

사람들은 교회 안에서 예수 그리스도의 증인으로서 그리스도인들을 필요로 합니다. 교회를 두고 사람들은 부끄러워할 필요가 없습니다. 아씨시의 성 프란치스코와 마더 데레사를 두고 부끄러워할 필요가 없기 때문입니다. 교회를 떠난다는 것은 이 두 사람으로부터 떠난다는 것을 뜻하기도 합니다. 교회에 들어온다는 것은 이 두 사람 곁에 그리고 그들과 비슷한 수많은 그리스도인들 곁에 선다는 것을 뜻합니다.

교황 요한 23세가 가장 최근의 공의회가 개최되기 전에 공의회에서 무엇을 기대하는가라는 질문을 받게 되었을 때, 그는 "나는 새로운 성령강림절을 희망합니다." 하고 대답하였습니다. 그리고 그는 창문 하나를 열어젖히고 "나는 교회 안에 신선한 공기를 희망합니다." 하고 말하였습니다.

만약 제가 성령강림절에 젊은이들과의 만남에서 무엇을 기대하는가라는 질문을 받게 된다면, 저는 "앞을 향한 하나의 길을 희망합니다. 그 길은 전혀 새로운 길이 아니라, 2000년 전 예루살렘에서의 첫 번째 성령강림절에서 시작되었던 길의 연장입니다. 이 길에서 모든 사람은 각자 뚜렷이 구분되는 한 구간을, 그에게만 배당되어 있고, 그만이 갈 수 있는 길의 한 구간을 거들 수 있습니다.

흘러내리는 성령 강림의 시 한편

제1차 세계대전이 발발하기 몇 년 전 20살 나이의 프라하 출신 작가 프란츠 베르펠Franz Werfel은 당시 사람들에게 획기적인 작품으로 평가되었던 자신의 첫 번째 시집을 『세상의 친구』라는 제목으로 출간하였습니다. 프란츠 카프카Franz Kafka도 이 시집을 보고 경탄하며, 베르펠에 대해 "그 사람은 거대하게 될 수 있다."고 말했습니다. 이 시의 특징은 어떤 커다란 공동체에 대한 걱정에 있습니다. "독자에게"라는 이 시의 첫 구절은 그에 걸맞게 "나의 유일한 바람은, 오 사람이여, 너와 같아지는 것이다."라고 씌어 있습니다.

이 서정적인 시집에 성령께 드리는 로마 교회의 천 년이나 오래된 찬미가 "오소서 성령이여Veni creator spiritus"라는 제목을 가진 시 한편도 찾아볼 수 있습니다. 베르펠은 공동체를 향한 수많은 사람들의 대변자가 되어, 고독과 사랑의 결핍에서 오는 그들의 아픔을 한탄합니다. 시의 첫 소절은 대리석으로 만든 우물가의 모습을 떠올리게 합니다. 생명의 영약인 물은 우물 아래 깊숙이 감추어져 있고, 그 깊은 곳으로부터 공동으로 물을 긷는 것은 잊혀지고 말았습니다. 이와 대비된 형상으로 커다란 불이 나타나고, 그 속에서 하나하나의 불꽃이 "위를 향해 … 서로 뒤엉키며 격렬하게 피어오릅니다."

오소서, 당신 성령이시여, 창조주시여!
우리를 가두는 대리석을 부수소서,
더 이상 담이 병들어 굳어버리지 않도록
이 세상의 우물을 굽어 살펴보소서,
우리가 함께 위를 향하도록
불꽃들이 서로 뒤엉키며 격렬하게 피어오르듯이!

셋째 소절에서는 한 병원에서 억지로 같이 있으면서 함께 하지 못하고 자신들의 죽음을 기다리는 가난한 노인들의 사례를 들어 인간 소외에 대한 한탄이 부각되고 있습니다.

우리 모두는 낯선 사람들 같지 않은가!
수의를 걸치고
끝까지 서로 미워하는
병원의 허깨비 같은 노인들처럼,
그리고 동쪽에 도달하기 전에
홀로 자신의 저녁놀에 불을 붙이는 사람처럼.

마지막 소절에서 이 어두운 장면이 더욱 짙게 그려지고 있습니다. 그러나 시인은 그것에 만족하려 하지 않습니다. 그는 본문의 처음으로 되돌아가 기도하며, 다시 성령께 청원을 드립니다.

그렇게 우리는 헛되이 얽혀 매인 채
우리의 가장자리에 웅크리고서,
식사 때마다 우리를 죽인다.
오소서, 당신 성령이시여, 창조의 힘으로
우리로부터 날아오르소서 수천의 날개로!
우리의 행렬 안에서 얼음을 부수소서 …

프란츠 베르펠은 대도시 비엔나, 프라하, 베를린에서 살아가는 많은 사람들이 자신들의 삶에서 영의 부재로 겪는 괴로움을 알고서 1911년에 이 시를 지었습니다. 몇 년이 지나, 제1차 세계대전이 끝난 직후, 그때까지 별로 이름이 알려져 있지 않았던 슐레지엔 지방의 한 병약한 가톨릭 사제 칼 존넨샤인Carl Sonnenschein이 자기 주치의에게 "의학적인 관점에서 제가 앞으로 얼마나 더 살 수 있습니까?" 하고 물었습니다. 의사는 10년이라고 대답했는데, 거의 빗나가지 않아 환자는 1929년에 죽었습니다. 어쨌든 그 대답을 들은 존넨샤인 신부는 "그러면 충분합니다." 하고 말하고서, 당시 종교적인 재난 지역에 속했던 베를린으로, 육체적 정신적 굶주림과 실업과 범죄의 환경 속으로 찾아 들어갔습니다. 10년 동안 칼 존넨샤인 신부는 베를린에서 엄청나게 많은 것들을 개선하였고, 헤아릴 수 없이 많은 가톨릭과 개신교 신자들 그리고 유다인과 무신론자들의 몸과 마음을 돌보는 사목자가 되었습니다. 그의 장례식에서 십만 명이나 되는 사람들의 관을 뒤따랐습니다.

시인 베르펠은 영이 없는 상태를 시의 힘으로 극복하려고 시도하였습니다. 존넨샤인 신부는 활동적인 사랑의 힘으로 그렇게 하였습니다. 둘 다 성령의 힘입니다.

6
그리스도의 성체 성혈 대축일
신앙의 신비

성체 찬미가

하느님께서 우리에게 표징으로 주신
신비를 선포하세,
우리 죄인들을 위하여 죽음에 넘겨진
예수님의 몸을,
곤경으로부터 구원을 얻는
예수님의 피를.

마리아에게서 우리에게 태어나시어
하느님의 아드님께서 우리 사람들과 같아지셔서,
잃어버린 것을 찾아오시고,
하느님에 관한 말씀을 전해주시며,
영혼들에게 약속하셨네.
나 언제나 너희와 함께 있겠다.

신비스러운 방식으로
그분께서는 이 약속을 지키시니,
제자들 무리와 함께
파스카 어린양을 드실 때,
빵과 포도주 안에서 그들에게
주님께서는 당신을 양식으로 내어주셨네.

하느님의 말씀이 살이 되어 오셔서,
당신의 말씀을 통해 빵과 포도주를
신자들의 잔치로 변화시키시고,
잃었던 이들도 초대하시네.

이성은 입을 감히 열지 못하고,
마음만이 홀로 그것을 알아보네.

하느님께서는 이 표징 안에서 가까이 계시니,
무릎을 꿇고 기도하여라.
두려움의 율법은 물러나야 하고,
새 계약이 시작되었으니,
유례없는 사랑의 잔치,
믿음으로 거기에 참여하세.

하느님 아버지와 아드님께
찬미의 노래를 부르라, 너 그리스도인아,
같은 옥좌에 앉으신 성령께도
찬미의 노래를 바칠지어다.
하느님께 환호성을 올려
명예와 영예와 영광을 드리세. 아멘.

(이 찬미가는 1263년/1264년 성 토마스 데 아퀴노에 의해 지어졌다.)

"신앙의 신비"

사제나 부제가 미사성제 중에 거룩하게 변화된 그리스도의 몸과 피 앞에 깊은 절을 한 다음, "신앙의 신비여!" 하고 외칩니다. 미사에 참여한 신자들은 이 외침을 받아 "주님께서 오실 때까지, 주님의 죽음을 전하며 부활을 선포하나이다." 하고 외칩니다.

"신비"라는 말은 최근 수십 년 간 그 영역을 많이 상실했습니다. 학문들, 특히 자연과학과 인문학은 지식의 한계를 끊임없이 넘어서며, 지식의 지도 위에 결점들을 지워나가게 하였습니다. 우주여행과 핵물리학은 외부를 향한 그리고 내부를 향한 인간의 여정을 연장하였고, 생화학과 유전공학은 이제껏 있지도 않았던 자기복제의 가능성을 열었으며, 인간의 사적 영역은 언론매체의 호기심 앞에 심각하게 침해받고 있습니다.

우리 인류는 전체적으로 우리 이전의 어떤 세대보다도 더 많이 알고 있습니다. 하지만 몇 년 전에 죽은 여류시인 마리아 루이제 카슈니츠가 「우리 시대의 어린이들」이라는 시의 말미에 "여전히 삶은 하나의 신비였고, 죽음은 다른 신비였다."라고 쓴 것은 적절한 표현입니다. 과학은 생명의 뿌리에까지, 세계의 뿌리에까지 손을 뻗치고 있지만, 왜 우리가 존재하는지, 무엇을 위해 우리가 존재하는지 말해 줄 수 없습니다. 과학은 또한 악착같이 이기적인 것보다 이타적으로 사는 것이 왜 더 나은지 말해 줄 수 없습니다. 과학은 하느님께서 우리 현존의 중심이 되고 말을 건넬 수 있는 근거로서 존재하는지 아닌지를 말해 줄 수 없습니다. 1922년 릴케는 "사랑은 배워지지 않고, 죽음 속에서 우리로부터 멀어지는 것은 드러내어지지 않는다."하고 오르페우스에 대한 소네트에서 썼습니다. 이 또한 오늘날에도 인간 지식과 능력의 한계에 대하여 시대에 뒤쳐진 표현이 아닙니다.

"신앙의 신비여!" 실체변화 후 사제의 이 외침은 그 어떤 것을 가리킵니다. 그것은 신체적 눈에는 한 조각의 빵과 약간의 포도주 말고 아무 것도 아닙니다. 그러나 신앙의 눈에, 마음의 눈에 그것은 그리스도의 현존입니다. 그리스도께서는 당신의 33년 지상 생애 동안 빵과 포도주처럼 존재하셨고, 그렇게 교회에 "생명의 양식"의 형상으로, 충만한 생명을 전해주는 수단으로 머물고자 하십니다. 우리가 그리스도의 성체 성혈 대축일에 그리고 매 미사 때마다 지극한 공경심과 사랑으로 만나는 이 한 조각 하얀 빵의 신비는 과학적으로 받아들여질 수 없습니다. 그것은 우리가 바라보기는 하지만, 들여다볼 수 없는 빛나는 구름과 같습니다. 그러나 이 신비를, 이 빛나는 구름을 바라보고 자신을 내맡기는 가운데 그 빛과 힘은 우리 안으로 들어옵니다.

신약성경에 나오는 말씀들 사이의 긴장 속에 성찬례와 우리의 관계가 있습니다. 그 하나는 만찬 방에서 "받아먹어라!" 하신 예수님의 말씀입니다. 다른 하나는 세례자 요한이 예수님을 가리키며 "보라, 하느님의 어린양이시다!"라고 한 말씀입니다. "받아먹어라!"는 첫 번째 말씀만을 들은 사람은 성급하게 알아듣고, 그래서 오해할 가능성이 큽니다. 그 사람은 아마도 별 생각 없이 성체를 받아 모시기 위해 나왔다가 텅 빈 마음으로 되돌아갈 겁니다. 다른 말씀, "보라, 하느님의 어린양이시다."는 말씀을 함께 들은 사람은 성체를 받아 모실뿐만 아니라, 그 앞에 항상 경배하며 무릎을 꿇습니다. 그 사람은 이 신비 앞에 경탄하며, 자신의 마음을 열고, 그렇게 해서 변화되고자 합니다.

"신앙의 신비여!" 이 신비는 늘어나는 지식을 통해 이 땅에서 저 땅으로 정복되어 가는 대륙에 비교될 수 없습니다. 그것은 영속적인 신비이고, 우리가 숨을 쉬지만 남김없이 다 호흡해 버릴 수 없는 무한한 공간입니다.

우리의 손은 세상을 움켜지고, 소유하고, 꾸미기 위한 도구입니다. 그러나 우리의 손은 풀어놓아주고, 빈 접시처럼 위를 향해 벌리고, 기도하며 모으기 위하여 있는 것이기도 합니다. 매년 인생의 많은 날들에서 우리는 이 손으로 움켜쥐려고만 합니다. 오늘 그리스도의 성체 성혈 대축일에 우리는 손을 모으고 무릎을 꿇어야 할 것입니다.

우리 순례길의 양식인 당신

거룩한 미사의 실체변화에서 사제는 흰 빵으로 된 제병을 조금 들어 올리며 그리스도께서 하신 말씀을 말합니다. "이는 내 몸이다." 이 말씀은 그 말한 것을 의미하는 동시에 실현합니다. "이는 내 몸이다." 라는 예수님의 말씀은 '나는 너희에게 필요한 빵과 같다', '나는 생명의 양식과 같다', '나는 여행용 식량이다', '나는 순례하는 너희의 양식이다'라는 의미를 담고 있습니다.

우리는 자주 성지순례를 갑니다. 보다 정확히 말하면, 우리는 차를 타고 성지로 여행을 떠납니다. 우리가 도보로 성지를 순례한다면, 훨씬 더 좋을 것입니다. 그러면 우리는 우리의 삶이 하나의 길이라는 것을 더 강하게 체험하게 될 것입니다.

우리 사회의 많은 사람들과 아마 우리 스스로도 꽤나 배가 부릅니다. 그들은 먹고 자고 입는 일차 생필품에 있어서 필요 이상으로 누리고 살아갑니다. 그들은 세계관과 인생의 의미들을 파는 슈퍼마켓에서 이론적으로나 실천적으로 별로 까다롭지 않은 품목을 고릅니다. 그렇다면 성광 안에서 그들의 도시와 거주지를 행렬하는 그저 단순한 빵이 아니라, 빵의 형상 으로 드러나는 그리스도이신 이 빵은 도대체 무엇입니까?

그러나 어떤 매끄러운 표면 아래에는 그럼에도 불구하고 많은 의문들과 반쯤 파묻혀버린 갈망들이 있습니다. 누가 나를 진정으로 사랑하는가? 젊음의 피상적인 매력이 사라진 다음에도, 누가 나를 여전히 사랑할까? 내가 늙고 병들고 보살핌을 필요로 하게 되었을 때, 누가 내게 헌신적으로 남아 있어 줄까? 내가 죽을 때, 나를 받아줄 이는 누구일까?

우리와 인접한 여러 나라에 사는 많은 사람들은 물질적으로 여전히 풍족하지 않습니다. 우리의 생활양식에 견주어 보면 그들은 물질적으로 차이를 줄이려고 하는 중입니다. 그들은 이따금 두 손으로 마치 오랜 굶주림으로 허겁지겁 먹고, 그 때문에 위를 상하게 하는 사람처럼 그렇게 처신합니다.

그러나 이러한 이웃 나라들에 수많은 그리스도인들도 있습니다. 그들은 그리스도교 신앙 때문에 박해를 받던 시기에 생명의 빵을, 참된 영혼의 양식을 그 이전 어느 때보다도 더 철저하게 발견하였습니다. 우리가 그들과 연대한다면, 그들은 피로가 누적된 우리의 신앙을 다시금 일으켜 세우는데 도움을 줄 수 있습니다.

오늘, 빵의 날에, 빵의 형상 안에 계신 그리스도의 성체 축일에 우리는 또한 지구의 남반부, 예를 들어 무수한 사람들이 굶주리며 굶주림으로 죽어가는 에티오피아를 생각해야 합니다. 그들이 이렇게 고통을 당하는 것은 그곳이 인구밀도가 높아서가 아니라, 이념들과 권력에 대한 서로 다른 이해관계들 사이에 살육적인 전쟁의 결과로 인해서입니다. 거기에 파견된 카리타스의 한 회원이 다음과 같이 말했습니다. "교회가 여기에서 실천하는 선행은 그리스도인으로서 자랑할 수 있고, 온 세상에 보여줄 수 있는 것입니다." 자랑하기 위해서가 아니라, 협력을 촉구하기 위해서 우리가 보여준다 해도, 얼마 안 되는 아주 적은 수의 사람들만이 주목할 겁니다. 하지만 지구 남반부에서 굶주리는 사람들에게 우리는 우리 식탁에서 남아도는 약간의 부스러기가 아니라 그 이상을 주어야 합니다.

"나는 생명의 빵이다." 하고 예수님께서는 말씀하셨습니다. 우리는 오늘 이 빵을 먹을 뿐만 아니라, 이 빵이 그리스도의 몸이라는 우리의 신앙을 증언하기 위하여, 그렇지만 우리가 이 거룩한 양식을 경외심 안에서 그리고 고해성사를 통해 정화된 마음과 함께 받아 모시는지 아닌지, 우리 자신을 살펴보도록 스스로 보다 깊이 성찰하기 위하여, 도시의 거리에서 성체거동 행사를 가집니다. 이 빵을 나누어 먹는 사람이 그러기 위해 준비하고 있다면, 스스로 빵처럼 될 것입니다. 그리고 빵처럼 있는 그리스도인이 있는 곳, 그곳에서 자기 인생의 무거운 짐을 진 많은 사람들이 그와 결합하여, 그에게서 선물을 받게 되기를 바랄 것입니다. 그럼에도 불구하고 그러한 그리스도인은 결코 마르지 않는 샘물과 같은 사람입니다. 그들은 성체 찬미가가 "당신, 영원한 생명으로 흐르는 강이여!"라는 말로 노래하고 찬미하는 그 그리스도에게서 양식을 받아먹게 되기 때문입니다.

하느님을 향해 가는 길에서

우리가 성경에서 신앙이 무엇인지를 묻는다면, 성경은 우리에게 길을 떠났던, 긴 그리고 때때로 굶주림과 죽을 위험을 겪으면서 사막과 물을 건너 힘든 길을 떠났던 사람들의 이야기를 들려줍니다.

우리 신앙의 아버지와 어머니들은 하느님께서 그들을 부르셨던 길을 가는 나그네였습니다. "떠나Egrede, 내가 너에게 보여줄 땅으로 가거라." 그렇게 하느님께서는 아브라함을 부르십니다. 성경에 등장하는 신앙의 선조들, 이를테면 이사악과 야곱 요셉 그리고 예언자들과 마지막으로 하느님께 특별히 간선된 백성 전체가 그와 비슷한 부르심을 받았습니다. 이집트에서 떠나라, 너의 낯선 고향에서 떠나라, 유배지에서 나가라! 그렇게 부르심을 받은 사람들은 밤과 광야를 통해 인도되었고, 그들 위에는 길을 알려주는 빛이 있었습니다.

이후 정착 시기에도 사람과 신앙은 성경에서 여전히 길로서 이해되었습니다. 한 시대가, 한 사회가 지쳐 있을 때, 때가 차자 하느님의 아드님이며 사람의 아들 서른 살 예수님께서 오셔서, 3년간을 쉼 없이 떠돌아다니시다가, 목적지인 예루살렘을 향해 가셨습니다. 거기에서는 십자가가 세워지고, 그분의 부활로 부수어져 열린 무덤이 마련될 것입니다.

'나는 길이요 문이며 빵이다.' '나는 포도나무이고 살아 있는 물이다.' 하고 예수님께서는 당신과 함께 길을 가거나, 길을 가시는 당신 주위에 서 있거나, 그냥 서서 머물러 있는 사람들에게 말씀하셨습니다. 최초의 그리스도인들도 길을 떠났습니다. 그들은 글자 그대로 길 위에 있었습니다. 그들은 새로운 신앙을 전파하기 위하여 신발 바닥이 닳도록 돌아다녔고, 발에서 피가 나도록 뛰어다녔습니다. 이방인들은 이러한 그리스도인들을 새로운 길을 따르는 이들이라 불렀습니다. 그리스도교는 당시 앉아서 수행하는 직무가 아니라, 도약하며 급속히 번져가는 불길이었습니다.

이 불길이 우리가 사는 땅에도 왔고, 이후 이곳에서 타오르고 있습니다. 자주 재들이 불씨를 덮지만, 그 불씨는 살아 있고, 언제나 습관이나 타성보다 더 강하신 하느님의 영께서 거센 바람처럼 이 불씨에 불어와 불을 지르실 것입니다.

우리 그리스도인들은 하느님과 대화하기 위하여 늘 무릎 꿇고 기도해야 합니다. 우리는 하느님께서 우리에게 고요함 가운데에서 말씀하시고자 하는 것을 듣기 위하여, 언제나 빈 접시처럼 자신을 열고 앉아 있어야 합니다. 그렇지만 우리는 또한 일어나서 이웃에게 신앙을 전하고 이웃과 함께 신앙을 나누기를 바라는 마음으로 이웃에게로 가야 합니다. 신앙은 성경에 나오는 만나와 같은 것입니다. 나누지 않으면 썩어버리는 것입니다. 그리고 우리 그리스도인들은 언제나 다시 일어나 이웃과 함께 빵과 삶을 나누려는 준비된 마음으로 이웃에게로 가야 합니다.

삶은 하나의 길이며, 그리스도인의 삶은 앉아서 수행하는 직무가 결코 아닙니다. 전례에서의 행렬이 주는 상징이 우리에게 바로 이 사실을 상기시키고 있습니다. 하나의 길은 어디에서 와서 어디로 가는지에 대해 묻도록 합니다. 누가 우리와 동행하는지 아닌지, 무엇이 우리를 길에서 먹여 살릴 수 있는지 없는지에 대해서도 묻도록 합니다. 예수님께서는 이 모든 물음들을 새롭게 제시하셨고, 새롭게 답을 주셨습니다. 곧 우리는 아버지라고 부르라고 우리를 가르치신 하느님의 창조적 손길로부터 온다는 것입니다. 우리는 우리 삶의 여정에서 만나는 모든 구비를 지나 아버지가 계신 고향으로, 하늘에 마련된 거처로 돌아간다는 것입니다. 그리고 그 길에서 혼란에 빠져 엠마오로 가는 제자들과 함께 가셨던 그리스도께서 우리와 함께 가십니다. 그분께서는 우리와 함께 가실 뿐만 아니라, 동행자이실 뿐만 아니라, 가는 길에서 필요한 양식이기도 하십니다. 받아먹어라, 이는 영양분을 주는 빵의 형상으로 너희를 위하여 내어 줄 내 몸이다. 받아마셔라, 이는 목마름을 해소하는 포도주의 형상으로 너희를 위하여 흘릴 내 피다.

오늘 그리스도의 성체 성혈 대축일에 가톨릭 신자들은 많은 곳에서 마을과 도시들을 가로질러 행렬해 가며, 빵의 형상으로 그들과 함께 계신 그리스도를 따릅니다. 그들은 예전보다 더 급하게 걷고 더 빠르게 차를 타고 가면서도, 전체적으로 예전보다 목적지에 대해 더 모르는 인류의 한 가운데를 행렬해 갑니다. 그들은 더 굶주리거나 또는 더 배부른 사회 한가운데를 행렬해 갑니다. 그러나 배부른 사람들도 들여다보면 삶의 의미에, 충만한 삶에 굶주려 있습니다.

행렬하는 이 그리스도인들은 길가의 사람들이나 또는 창문과 담 너머에 있는 사람들에게 "빵의 형상으로 우리와 함께 하시는 하느님을 보십시오. 여러분의 죄도 대신 짊어지고 없애주시려는 하느님의 어린양을 보십시오. 보고 경탄하며 공경하십시오. 찾고 있는 여러분, 무관심한 여러분, 굶주리고 있는 여러분, 겉으로 보기에 배부른 여러분! 와서 드십시오. 와서 마시십시오." 하고 말하고 싶어 합니다.

이 말은 그렇게 말하는 사람들이 스스로 그리스도를 따르는 가운데 변화되고, 영양분을 주는 좋은 빵으로 형태가 바뀌려고 준비되어 있을 때, 비로소 사람들이 귀담아 듣게 될 것입니다.

7
마리아 축일
새로운 인간

마리아의 노래

알려다오, 동이 트기 전 떠올라,
낙원 위에 여명으로 서 있는 이 여인은 누구이신가?
저 멀리에서 나타나시어, 달과 별들로 꾸미시고
태양 광채 속에 떠오르시는 분.

고귀한 장미, 지극히 아름답고 선택되신 분,
흠 없으시고, 주님과 혼인하신 동정녀.
오, 서둘러 그분을 보러 가세, 모든 여인 중에 가장 아름다우신 분을,
온 세상의 기쁨을.

태양의 광채로 빛나시는 당신, 마리아, 밝고 순결하신 분,
당신의 사랑스런 아드님으로부터 당신의 그 모든 빛이 오나이다.
이 은총의 광채를 통해 우리는 죽음의 그늘에서 나와
참 빛으로 나아가나이다.

(이 가사는 요한 쿠엔Johann Khuen이 1638년 지었다.)

성모 승천 대축일

"은총이 가득한 이여, 기뻐하여라. 주님께서 너와 함께 계시다." 가브리엘 천사가 마리아에게 한 이 세 마디 말 중에서 은총에 대한 말이 맨 먼저 나옵니다. 우리가 사용하는 말들에서 일상적이지 않고 낯설거나 거의 외래어처럼 되고 말았습니다. 예컨대 대통령은 범법자를 특별한 조건 하에 사면할 수 있다든가, 그리고 우리 사회의 일부 계층에서 부인들을 "마님"

으로 부른다든가, 어쨌든 이러한 호칭의 의미에 대해 별 생각 없이 그렇게 부릅니다. 또 프랑스말에서 유래한 "매력Charme"이나 "매력적charmant"이란 말도 쓰고 있습니다. 이 말의 배경에는 은총이란 뜻을 가진 그리스말 "카리스Charis"가 있습니다. 그리스어로 기록된 신약성경에서는 하느님으로부터 선물로 주어진 은사를 뜻하는 카리스마Charisma라는 말이 자주 나옵니다.

마리아는 "은총이 가득한 이"입니다. 하느님께서는 마리아에게 은총을 많이, 아니 그 어떤 다른 사람들보다도 더 많이 베풀어주십니다. 마리아는 태초부터 모든 세대를 거쳐 지속되어 오는 악의 흐름에서 벗어나 있습니다. 마리아는 근본에서부터 거룩하시고, 원죄 없이 잉태되셨습니다. 이를 교회는 12월 8일 대축일로 기념하고 있습니다. 이 모든 것은 그녀 자신의 업적에 의해서가 아니라, 인류 역사 안으로 들어오셔서 새롭게 시작하도록 하신 구세주이신 그녀의 아들과 관련한 순수한 은총에 의해서입니다.

마리아의 은총을 가득 입음이 그녀에게서 인간적인 고통을 면하게 해 주는 것은 아닙니다. 그 반대로 마리아는 엄청난 고통을 겪었습니다. 마리아의 일곱 가지 고통을 묵상하면서 대중적 신심으로 형성된 위로자의 모습은 그 점을 떠올리게 하며, 마리아를 슬퍼하는 이들의 위로자로 공경하게 합니다.

그럼에도 불구하고, 은총이 가득한 한 사람이 오늘날의 평범하고 결점이 많은 한 사람에게 무엇을 말하고, 어떻게 도울 수 있는가? 이 물음은 또한 독일 교회 지도자들과 여성 신학자 우타 랑케-하이네만Uta Ranke-Heinemann의 갈등을 생각나게 합니다. 하지만 적어도 이 두 번째 시각에서 보면 은총이라는 주제는 오늘날에도 매우 어려운 주제입니다. "나는 은총의 하느님을 어떻게 붙들어야 하는가?" 이것이 마르틴 루터의 핵심적 물음입니다.

오늘날 사람들은, 특히 하느님에 대한 신앙을 잃어버린 사람들은 비록 표현은 다르지만 "나는 은혜로운 이웃을 어떻게 붙들어야 하는가?" 하고 묻습니다. 내적으로 분열되어 있고, 고해성사의 위로를 알지 못하는 우리 시대의 많은 사람들은 "나는 나 자신에게 어떻게 은혜로울 수 있을까?" 하고 묻습니다.

자기 자신을 받아들이기 어려운 사람들도 어떠한 시기심이나 반감 없이 어린이의 사랑스러움과 매력Charme이나 또는 예술적인 재능을 풍부히 받은 동료의 카리스마Charisma를 보고 기뻐합니다. 바로 여기에 가톨릭 신자들이 비록 마리아가 받은 은총의 충만함에 미치지 못하거나 넘어설 수 없다하더라도, 그분을 바라보며 기뻐하는 것을 이해할 수 있는 단초가 놓여 있습니다. 그들이 마리아를 바라보며 말하는 것은 사람들이 평상시에 흔히 "당신이 계시니 참 좋아요!" 하고 말하는 바로 그 말입니다.

가톨릭 신자들은 이러한 동의를 넘어 시적으로 아름답게 표현한 성모 호칭 기도 속에 담아 두고 있습니다. "신비로운 장미, 샛별, 죄인의 피신처." 이처럼 아무런 시기심 없이 어떤 다른 사람이 은총을 입는 것을 보고 기뻐하는 사람은 이 은총으로 하여금 그 자신을 두고서도 힘을 발휘하도록 하며, 자신 안에 거룩한 빛의 광채를 받아들입니다.

은총이 가득한 사람, 마리아는 생의 마지막에 온 존재가 하느님 곁으로 들어올려졌습니다. 마리아에 대한 성경 말씀과 수백 년 동안 지속되어 온 마리아 공경으로부터의 당연한 이 결과를 1950년에 교의로, 기본적인 신앙조문으로 공식화하였습니다. 이 교리는 마리아에 대해서뿐만 아니라,

자신의 고유한 본질 안에서 마리아와 같은 존재로, 마리아와 한 가족으로 인식하고 있는 전체 교회에 대해서도 말하고 있습니다.

구르크 주교좌성당의 중앙제대 위에 우리는 마리아 승천 대축일을 예술적으로 표현하고 있는 것을 봅니다. 사도들과 다른 성인들의 한 가운데에서 마리아가 성삼위이신 하느님의 영광 속으로 들어 높여지고 있습니다. 남아 있는 이들은 자기 자신의 미래를 향하여 몸을 뻗치는 자세로 승천하는 마리아를 바라보고 있습니다.

구원되어 영광스럽게 변모된 피조물

"알려다오, 동이 트기 전 떠올라, 낙원 위에 여명으로 서 있는 이 여인은 누구이신가?" 이 물음과 함께 우리도 즐겨 부르는 마리아의 노래는 시작합니다. 이 노래의 가사와 멜로디는 30년 전쟁의 처참함 한가운데에서 만들어져 어두운 시대와 뚜렷한 대조를 이루고 있습니다.

이 물음은 신앙 지식의 기반이 별로 갖추어지지 않은 가톨릭 신자들과 그리고 이러한 가톨릭교회의 축일을, 예컨대 성모 승천 대축일도 그냥 덤으로 주어진 공휴일 정도로 받아들이는 교회 밖의 사람들을 겨냥하고 있습니다.

서두에 인용된 노래가 계속해서 "저 멀리 나타나시어, 달과 별들로 꾸미시고, 태양 광채 속에 떠오르시는 분"이라고 하는 이 사람은 누구이신가요? 구르크 주교좌성당의 중앙 제대 위에 환호하며 악기를 연주하는 천사들 한가운데서 성삼위이신 하느님께로 올라가시는 분으로 묘사되고 있는 이 여인은 누구이신가요? 이 제대 위에 다른 천사들이 마리아의 형상 주위로 라틴어로 글을 새긴 띠를 들고 있습니다. 그것은 "Rosa Mystica(신비로운 장미)", "Yanua Coeli(하늘의 문)", "Stella Matutina(샛별)", "Foederis Arca(계약의 궤)"라는 답변보다 먼저 이 질문이 더 강하게 부각되는 시적 아름다움에 대한 외침입니다.

예수 그리스도와 그분의 어머니를 바라보면서 그분들과 관계되는 신앙의 가르침을 진지하게 받아들이는 것을 두고 못마땅해 하는 분위기가 오늘날 교회 안에 확산되어 있습니다. 많은 사람들이 원칙적으로 "나자렛의 예수"에 대해서만 말하고, "예수 그리스도"에 대해서는 말하지 않습니다. 이러한 언어 규정은 부활하신 그리스도를 바라보는 시선을 차단하고, 예수님을 독창적인 재능을 가진 종교인이나 사회개혁적 예언자로 제한하는 위험이 있습니다. 이러한 언어 규정은 또한 마리아를 나자렛의 처녀라는 틀 속에 가두어버리고, 그래서 모두 성경의 원천으로부터 흘러나온 마리아가 부른 마니피캇 노래를 일종의 저항가요로 축소시켜버릴 위험이 있습니다. 왜냐하면 거기에서 "통치자들을 왕좌에게 끌어내리시고, 비천한 이들을 들어 높이셨으며, 굶주린 이들을 좋은 것으로 배불리시고, 부유한 자들을 빈손으로 내치셨습니다." 하고 노래하고 있기 때문입니다.

예수님께서는 도덕적 본보기나 현세적 해방자이실 뿐만 아니라, 구원자이십니다. 그분께서는 위대한 인물이실 뿐만 아니라, 동시에 사람이 되신 하느님이십니다. 그분께서는 죄로 말미암아 갈라져 있는 것, 말하자면 하늘과 땅, 하느님과 사람을 다시 한데 묶으십니다. 하느님과 사람이 서로 더할 나위 없이 만나는 곳, 그곳이 바로 하늘입니다. 하늘은 장소가 아니라 관계로서 이해될 수 있습니다. "하느님께서는 우리의 장소가 되실 것입니다." 하고 아우구스티노는 구원된 사람들의 미래로서 하늘에 대하여 말하였습니다.

이 하늘 안에서, 하느님과의 이 영속적인 관계 안에서, 성령 안에서 성자와 함께 성부의 이 영원한 삼위일체적 대화 안에서 예수님께서는 십자가와 죽음으로부터 부활하셔서 당신의 인간적인 부분뿐만 아니라, 또한 "원칙으로서의 몸"을 들어 높이셨습니다. 사람은 자신의 한 부분뿐만 아니라, 전인적으로 하느님과 더불어 영원한 미래에 들도록 정해져 있습니다.

예수님의 부활과 "승천"("오르다"라는 이 말은 천상적인 것을 적절하게 표현하기에 너무 현세 내재적입니다)은 하느님과 사람에 대한 사랑으로 성숙해진 모든 사람을 위해 마련되어 있는 미래를 앞당겨 보여주고 있습니다. 이 성숙함에 도달한 첫 사람이 바로 예수님의 어머니, 마리아입니다. 그러므로 마리아는 교회의 원형이자, 그리스도 안에서 새로워진 피조물의 시작입니다.

결정적으로 하느님께 도달하기 전까지, 사람은 자기 자신을 단편적으로만 알고 있고, 다른 사람들도 그를 그렇게만 알고 있습니다. 이를 두고 신약성경에서는 "우리가 어떻게 될지는 아직 드러나지 않았습니다."(1요한 3,2) 하고 말합니다. 이는 마리아에게도 마찬가지입니다. 마리아가 살아온 지상 여정의 한 지점에다 그분을 고정시켜 놓고 바라보는 사람에게, 그분은 이를테면 현대 사회에서 해방을 추구하는 흐름 속에서 자신의 보다 깊은 정체성을 찾는 한 젊은 여인의 본보기가 될 수는 있을 것입니다. 그러나 이러한 방식으로 "자기 나름"의 마리아상을 고집하는 사람은 보다 폭 넓은 진리를 비켜갑니다. 교회의 원형으로서 마리아는 연령과 사회적 신분과 심지어 성별의 차이 모두를 초월합니다. 마리아가 "마니피캇"에서 "이제부터 과연 모든 세대가 나를 행복하다 하리니" 하고 노래할 때 뜻하고 있는 바가 바로 그렇습니다.

자기보다 더 위대한 사람을 존경하지 않는 사람은 8월 15일을 대축일로 지내지 못합니다. 그러나 누군가에게 기뻐하고 감탄하면서 "멋있어, 네가 있어 너무 좋아!" 하고 말할 수 있는 사람은 이 대축일의 신비를 푸는 열쇠를 찾은 것입니다.

마리아, 새 사람

원죄 없이 잉태되신 동정 마리아 대축일에

역사의 흐름에서 가장 최근에 어떤 새로운 인간을 창조하려 한 것은 공산주의 권력자들이었습니다. 그들은 이러한 이상을 실현하려고 온갖 유형의 폭력을 행사하였고, 바로 그 때문에 실패하였습니다. 그리스도교에서도 마찬가지로 새 사람에 대하여 말합니다. 그러나 이 새 사람은 인간적인 강요로부터가 아니라, 하느님의 은총으로부터 태어납니다. 사도 바오로는 에페소 신자들에게 보낸 서간에서 "하느님의 모습에 따라 창조된 새 인간을 입어야 한다는 것입니다." 하고 쓰고 있습니다.

마리아는 교회를 위하여 가장 순수한 형상 속에서 이 새 사람입니다. 예수 그리스도께서는 하느님의 아드님인 동시에 사람의 아들이십니다. 그분께서는 세상 속으로 들어오신 하느님의 자기 비움인 동시에 인간 존재의 정점이십니다. 이와 달리 마리아는 사람일뿐입니다. 그러나 그분은 완전한 사람입니다. 마리아가 완전한 사람인 까닭은 자기 자신의 공로에 의해서가 아니라, 그분이 그리스도의 어머니이기 때문입니다. 마리아는 교회가 믿고 있듯이 그리스도로부터 나오는 은총 속에 뿌리를 두고 있습니다. 이를 두고 신학 용어로 마리아가 원죄에 물들지 않았다 하고 말합니다. 원죄란 말은 하느님께서 선조들, 태초의 부모들의 죄들을 그 후손들에게 묻게 된다는 뜻이 아닙니다. 그럼에도 후손들은 이 물려받은 무거운 무게에 연루되어, 바닥에 넘어지고 죄를 짓도록 내몰리고 있습니다. 마리아는 이 중력으로부터 해방되었습니다. 그러나 아담과 하와의 후손들에게 무겁게 나누어진 고통으로부터 해방된 것은 아니었습니다. 마리아는 가장 순결한 어머니인 동시에 가장 무거운 고통에 짓눌린 어머니입니다. 믿음을 가진 많은 이들은 그들의 삶의 무게를 그분에게, 그분의 형상 앞에 들고 와 "마리아여, 도우소서!" 하고 기도합니다.

마리아처럼 가장 깊이 하느님께 뿌리를 내린 사람은 다른 사람에게 고향을, 하느님과 더불어 살아가는 고향을 마련해 줄 수 있습니다. 8월 15일 성모 승천 대축일은 마리아의 생애에서 추수감사절입니다. 12월 8일 원죄 없이 잉태되신 동정 마리아 대축일은 그분의 생애에서 시작의 축제입니다. 가톨릭 신자로서 이 대축일들을 자신의 삶에서 밀쳐낸 사람은 위대한 빛의 원천으로부터 멀어지게 될 것입니다.

8
모든 성인 대축일
하느님의 작품

모든 성인 대축일

언젠가 아테네에서 온 어느 사랑스러운 노인이 유럽의 한 도시에서 대학생 사목 담당신부에게 자기 딸의 후견을 부탁하면서, 자기 딸이라서가 아니라 자연의 작품 혹은 더 좋게 말해 "하느님의 작품"이기 때문이라고 말했습니다.

이 젊은 그리스 여성보다도 교회가 공경하는 거룩한 남녀들이 더욱 더 "하느님의 작품들"이라고 불릴 수 있을 겁니다. 어떤 장인이 진흙이나 돌덩어리로 훌륭한 조각품을 만들어내는 것처럼, 성인들은 그런 작품이 물론 아니고, 살아 있는 관계 속에서, 하느님과의 약속 안에서, 그리스도를 따르는 길에서 작품으로 만들어집니다. 이 길은 이 많은 성인들에게 있어서 하나의 극적인, 많은 경우 밤과 광야를 통해 가야 하는 영웅적인 여정이었습니다.

우리가 공경하는 성인들의 수는 많고, 세대가 새로워질 때마다 계속 늘어나고 있습니다. 그들 가운데 가장 빛나는 형상이 예수 그리스도의 어머니이신 마리아입니다. 마리아는 대천사 가브리엘의 말에 따라 "은총이 가득한 이"입니다. 거룩함의 길로 이끄는 길은 자만에 가득 찬 자율의 힘에서 기인하는 자신의 업적이 아니라, 하느님께서 베풀어주시는 선물로서의 은총입니다. 이 은총은 선물을 받는 이가 수동적으로 받아들이도록 하지 않고, 자유로이 이 신적 에너지와 함께 협력하도록 합니다. "하느님께서는 우리를 우리 없이 거룩하게 하시지 않는다." 하고 성 토마스 데 아퀴노는 멋지게 함축적으로 말하였습니다.

성좌이신 마리아 주변으로 다른 성인들이 하늘의 별들처럼 무리를 짓고 있습니다. 사도들, 순교자들, 남녀 교회 박사들, 베네딕토와 프란치스코와 이냐시오와 같은 수도회 창설자들, 루이즈 드 마리약과 빈센트 드 폴과 캘거타의 마더 데레사와 같은 빈민들의 어머니와 아버지들, 아직 공식적으로 시성되지 않았으나 성인처럼 공경 받고 있는 수많은 이들이 바로 그들입니다. 성인들의 빛은 달빛과 같이 태양이신 하느님과 그리스도로부터 반사되는 광채입니다. 하지만 이 빛도 하늘의 광채입니다. 오스트리아 어떤 도시의 개신교 예배당 정면 벽에서 몇 십 년 전부터 "오직 그리스도"라고 쓰여 진 글을 읽을 수 있습니다. 그것은 가톨릭이나 정교회의 성인공경과 경계를 짓기 위하여 벽에 써 놓은 것인데, 그렇게 해서 오직 성삼위이신 하느님께만 경배를 드려야 한다는 말이라면, 그 말은 옳습니다.

그러나 그리스도께서는 홀로 계시기를 원치 않으십니다. 그분께서는 성인들, 곧 하늘에서 완성된 그리스도인들의 공동체를 당신 주위에 모으십니다. 이 여자들과 남자들은 그들의 지상에서 다른 많은 그리스도인들보다 더 철저하게 다른 사람들을 위하여 헌신하는 삶을 살았습니다. 그리고 이 '위하여 있음'은 죽음과 함께 끝나지 않습니다. 하느님 곁에 있는 완성된 그리스도인들은 아직 살아 순례 중인 그리스도인들과 다른 사람들을 위해 하느님 곁에서 기도하며 도움을 줄 수 있습니다.

거룩한 남녀들의 개별적인 기념일들에 대한 각양각색의 화관은 전례력 안에 잘 엮어져 있습니다. 하지만 오늘을 살아가는 사람들에게 그 이름이나 역사가 완전히 또는 거의 알려져 있지 않은 수많은 성인들도 있습니다. 매년 11월 1일은 그들을 공동으로 기념하는 대축일로 지정되어 있습니다.
성인들을 기념하는 것은 모든 세대의 모든 그리스도인에게 이 성인들을 보고 그저 경탄만 하거나 아니면 닮을 수 있고 닮아야 하는지를 묻도록 합니다. "여러분을 거룩하게 하는 것이 하느님의 뜻입니다." 하고 사도 바오로는 자기가 세운 한 공동체에 그리고 그것을 넘어 모든 그리스도인에게 말하고 있습니다. 수백 년이 지난 후 덴마크의 철학자 쇠렌 키에르케고르는 『천재와 사도의 차이』라는 제목의 소책자에서 천재는 단지 경탄의 대상이지만, 본받을 수 없다는 인상 깊은 말을 남겼습니다. 그러나 사도와 성인은 닮는 것과 따르는 것을 가능하게 합니다. 모든 성인 대축일은 이 진리에 대한 하나의 위대한 기억입니다.

9
위령의 날
죽은 이들은 어디에?

죽은 이들은 어디에 있는가?

우리들 중 많은 이들에게는 사정없이 흘러가는 "격동의" 시간이었고, 그러나 힘든 수고의 짐을 진 많은 이들에게는 "암울한" 시간으로 체험되었던 한 해의 끝 무렵에 우리는 다시 위령의 날을 지냅니다. 가톨릭 신자들은 물론 다른 많은 동시대의 사람들에게 이날은 다 함께 죽은 이들을 기억하는 날입니다.

60억 명의 사람들이 오늘날 지구상에 살고 있습니다. 그보다 훨씬 더 많은 이들이 이 아름다운 행성에서 이미 그들의 생을 마감했습니다. "우리 죽은 자들이 더 큰 무리이다." 하고 그리스 비극에서 죽은 이들의 합창단이 살아 있는 사람들에게 소리쳐 알려줍니다.

살아 있는 우리는 함께 하고 있으며, 모두 이 죽은 이들의 각각의 상속자입니다. 비유적으로 표현하자면, 우리는 그들의 어깨를 딛고 서 있습니다. 우리가 충실히 우리의 전통들을 고수해야 한다면, 우리는 이 죽은 이들에게 우리의 삶에 참여할 발언권을 부여하게 됩니다. "전통은 죽은 이들을 위한 민주주의이다." 하고 몇 십 년 전에 영국의 신심 깊은 가톨릭 신자 길버트 케이트 체스터톤Gilbert Keith Chesterton이 말한 바 있습니다.

유명 무명의 죽은 이들의 거대한 무리로부터 다른 이들과 확연히 구분되는 이들, 예컨대 친척들과 친구들 그리고 비록 살아온 인생 여정에서 아무 관련이 없다하더라도 그들의 영성적인 모범과 문화 창조적 독창성으로 인해 결코 잊을 수 없는 이들이 우리 각자에게 다가옵니다.

많은 사제들이 감사 기도 중에 죽은 이를 추모할 때 잠시 거룩한 미사를 중단하고 조용히 개인적으로 알던 친구들을 기억하곤 합니다. 스코틀랜

드의 개종자 브루스 마샬Bruce Marshall이 쓴 『아무도 적게 받은 이는 없다』라는 소설에서 주인공인 소박한 노 사제 아베 가스통Abbe Gaston은 미사를 드리면서 기억해야 할 죽은 이들의 이름을 열거하기 위해 점점 더 긴 시간을 필요로 했다고 말하고 있습니다. 죽어서 이미 그를 떠났거나, 아니면 떠났을지 모르는 사람들이 그리도 많았던 것입니다.

죽은 이들은 어디에 있을까요? 이 물음은 모든 성인 대축일과 위령의 날에만 국한되지 않습니다. 그들은 무덤 속에만 그리고 그들을 축복하거나 아니면 심판하는 사후 세계의 기억 속에만 존재할까요? 그리스도교 신앙에서는 사람들은 본질적으로 죽지 않는다고 말합니다. 이 신앙은 교회에서 떨어져나간 많은 종교 집단들이 말하는 것처럼 악인들은 그저 파멸하여 "흔적 없이 사라져" 버린다고 믿지 않습니다. 그보다는 모든 이가 하느님의 기억 속으로 들어 높여짐으로써, 우리가 몸으로 체험할 수 있는 세상보다 훨씬 더 현실적인 하나의 현실이 그들에게 주어진다고 믿고 있습니다.

잃는 일이 없는 고향, 하느님 곁으로 영원히 들어 높여지는 것을 일컬어 우리는 하늘이라고 부릅니다. 하느님에게서 멀어져 결정적으로 고향을 잃어버리게 되는 것을 일컬어 우리는 지옥이라고 부릅니다. 따라서 지옥이 비어있다고 주장하는 것은 그리스도인에게 용납되지 않습니다. 그러나 하느님께서는 정화를 통하여 야수 같이 난폭한 인간일지라도 마지막에 자비를 베푸실 수밖에 없다고 주장하는 것도 그리스도인에게 용납되지 않습니다. 순례의 길을 가는 때인 지상에서의 삶은 하늘과 땅 이 두 지점 사이의 긴장의 장 안에서 이루어지며, 그리고 하늘빛에 점점 더 가까이 다가감으로써 완성을 목표로 하고 있습니다.

개인으로서 한 사람의 실존은 70년 내지 100년 후에 흔적 없이 사라져갈

뿐이라고 믿는 사람은 비극적인 영웅주의와 이기적인 쾌락주의 사이에 매달린 채 자신의 길을 가게 됩니다. 그는 죽은 위인들을 존경하게 되거나 아니면 그들의 모습이 불편하기 때문에 기억에서 지워버리게 됩니다.

그러나 죽은 이들은 죽은 것이 아니라고 믿는 사람은 완성에 이르지 못한 채 죽은 이들을 위하여 기도하게 됩니다. 그리고 그는 하느님 곁에서 완성이 이른 죽은 이들에게 기도해 주기를 청할 수 있게 됩니다. 그들은 세상에 살아 있는 동안 그를 위하여 또는 다른 사람들을 위하여 존재했던 것처럼, 그렇게 하느님 곁에서 도움을 주며 존재하고 있기 때문입니다.

위령의 날은 많은 사람들에게 다른 어느 때보다도 더 자신의 죽음을 생각하는 기회를 주기도 합니다. "확실히, 언젠가 Certus an, incertus quando" 하고 고대 로마인들은 죽음에 대해 라틴말로 간결하게 표현하였습니다. 많은 이들은 자신의 죽음을 떨쳐버리려고 애쓰며, 많은 이들은 죽음을 두려워하고, 많은 이들은 죽음을 갈망하기도 합니다. 어느 대학 병원의 간부 의사가 저에게 신학자 칼 라너가 이 병원에 입원하기 몇 달 전에 '지금 어떤 신학을 연구하고 있습니까?' 라는 물음에 '나는 지금 나의 죽음을 준비하고 있습니다.' 하고 간결하게 대답했다는 이야기를 들려주었습니다.

우리 역시 지금부터라도 미리 죽음을 준비해야 할 것입니다. 그리하여 선한 죽음을 마주하며 성숙할 수 있도록 선한 삶의 은총을 간청해야 할 것입니다. 적어도 성모송을 바칠 때마다 우리는 그러한 죽음을 위해 다음과 같은 말로 기도합니다. "이제와 우리 죽을 때에 저희 죄인을 위해 빌어주소서. 아멘!"